Андреа Пето

НАСИЛИЕ И МОЛЧАНИЕ

Красная армия в Венгрии во Второй Мировой войне

Andrea Peto

NASILIE I MOLCHANIE

Krasnaia armiia v Vengrii vo Vtoroy Mirovoi voine

ibidem
Verlag

Bibliografische Information der Deutschen Nationalbibliothek

Die Deutsche Nationalbibliothek verzeichnet diese Publikation in der Deutschen Nationalbibliografie; detaillierte bibliografische Daten sind im Internet über http://dnb.d-nb.de abrufbar.

Bibliographic information published by the Deutsche Nationalbibliothek

Die Deutsche Nationalbibliothek lists this publication in the Deutsche Nationalbibliografie; detailed bibliographic data are available in the Internet at http://dnb.d-nb.de.

Cover picture: Fortepan / Vörös Hadsereg

ISBN-13: 978-3-8382-1636-2

© *ibidem*-Verlag, Stuttgart 2023

Alle Rechte vorbehalten

Printed in the EU

Soviet and Post-Soviet Politics and Society (SPPS)   Vol. 272

ISSN 1614-3515

General Editor: Andreas Umland,
Stockholm Centre for Eastern European Studies, andreas.umland@ui.se

Commissioning Editor: Max Jakob Horstmann,
London, mjh@ibidem.eu

Soviet and Post-Soviet Politics and Society (SPPS)

ISSN 1614-3515

Founded in 2004 and refereed since 2007, SPPS makes available affordable English-, German-, and Russian-language studies on the history of the countries of the former Soviet bloc from the late Tsarist period to today. It publishes between 5 and 20 volumes per year and focuses on issues in transitions to and from democracy such as economic crisis, identity formation, civil society development, and constitutional reform in CEE and the NIS. SPPS also aims to highlight so far understudied themes in East European studies such as right-wing radicalism, religious life, higher education, or human rights protection. The authors and titles of all previously published volumes are listed at the end of this book. For a full description of the series and reviews of its books, see www.ibidem-verlag.de/red/spps.

Editorial correspondence & manuscripts should be sent to: Dr. Andreas Umland, Department of Political Science, Kyiv-Mohyla Academy, vul. Voloska 8/5, UA-04070 Kyiv, UKRAINE; andreas.umland@cantab.net

Business correspondence & review copy requests should be sent to: *ibidem* Press, Leuschnerstr. 40, 30457 Hannover, Germany; tel.: +49 511 2622200; fax: +49 511 2622201; spps@ibidem.eu.

Authors, reviewers, referees, and editors for (as well as all other persons sympathetic to) SPPS are invited to join its networks at www.facebook.com/group.php?gid=52638198614 www.linkedin.com/groups?about=&gid=103012 www.xing.com/net/spps-ibidem-verlag/

Содержание

Благодарности

С 1996 года я занимаюсь изучением случаев сексуализированного насилия, совершённого советскими солдатами в Европе во время Второй мировой войны. Практически невозможно перечислить всех коллег и коллежанок, которые в последние двадцать лет помогали мне советом, редактировали мои тексты и комментировали выступления. Первое исследование по теме я подготовила, работая по программе «Переоценка послевоенной истории» (Rethinking Postwar History) в венском Институте гуманитарных наук под руководством Тони Джадта. Я благодарна Центрально-Европейскому Университету (ЦЕУ), чей кампус до 2019 года располагался в Будапеште, а после в Вене, за поддержку в виде исследовательского гранта для младшего преподавательского состава. Благодаря творческому отпуску, который ЦЕУ предоставил мне в 2017–2019 годах, я смогла завершить работу над этой книгой.

Хочу выразить признательность своим венским коллежанкам, чьи советы и публикации помогли мне в работе над моим исследованием в Будапеште. Это Эла Хорнунг (Ela Hornung), Ирена Бандхауэр-Шёфман (Irene Bandhauer-Schöffmann), Марианна Баумгартнер (Marianne Baumgartner) и Мария Меснер (Maria Mesner). За поддержку во время поиска материалов в Будапеште я в долгу перед Иштваном Видой † (István Vida), Андрашем Шипошем (András Sipos), Петером Шипошем † (Peter Sipos), Дьордьем Немет (György Németh), Ласло Сючем † (László Szűcs), Магдой Шомьяи † (Magda Somlyai), Андрашем Й. Хорватом (András Horváth J.) и Маргит Фьольдеши † (Margit Földesi). За материалы из Кечкемета я благодарна Роберту Риго (Róbert Rigó), из Ходмезовашархей — Петеру Бенчику (Peter Bencsik), а из Сомбатхей — Кристине Керберт (Krisztina Kerbert). Благодарю Александру Скорихнак за поиск источников на русском языке. Сориентироваться в чешских документах мне помогли Лукаш Вит (Lucas Vit) и Ондрей Клипа (Ondrej Klipa), в польских — Вероника

Гжебальска (Weronika Grzebalska), Ежи Целиховски (Jerzy Celi-chowski), Марианна Щигельска (Marianna Szczygielska) и Марцин Заремба (Marcin Zaremba), в источниках 1849 года — Роберт Херман (Robert Hermann) и Илдико Рошнци (Ildiko Rosonczy), в источниках 1956 года — Янош М. Райнер (Janos Rainer M.) и Ласло Эрши (László Eorsi), в российских архивах — Анна Шиклошне-Кострич, в архиве виртуальной истории Фонда Шоа Университета Южной Калифорнии — Петер Берци (Peter Berczi). Я признательна Дьордью Немету (György Németh), который великодушно поделился со мной материалами по истории искусственного прерывания беременности в Венгрии. Подготовить эту исследование было бы невозможно без помощи моих зарубежных коллег и коллежанок. Среди них Наталья Ярска (Natalia Jarska), Айше Гюл Алтынай (Ayşe Gül Altınay), Вилле Кивимяки (Ville Ki-vimäki), Кэрол Риттнер (Carol Rittner), Джон К. Рот (John K. Roth), Санна Каркулехто (Sanna Karkulehto), Лина-Майя Росси (Leena-Maija Rossi), Регина Мюльхойзер (Regina Mühlhäuser) и Рут Зайферт (Ruth Seifert). Я благодарна Фружине Шкрабски (Fruzsina Skrabski) за многочисленные дискуссии и переписку, которые помогли мне чётче сформулировать собственную позицию. За помощь на финальных этапах работы над рукописью я признательна Миклошу Верешу (Miklós Vörös), Габору Дьяни (Gábor Gyáni), Андрашу Ковачу (András Kovács), Золтану Ковачу (Zoltán Kovács), Герегею Силваю (Gergely Szilvay). Слов благодарности заслуживают Чилла Танцош (Csilla Táncos) и Тибор Танцош (Tibor Táncos). Я особенно признательна работникам и работницам библиотеки Центрально-Европейского Университета, которые были для меня надёжной опорой на протяжение нескольких лет, что я писала эту книгу. Я также признательна Кристиану Немешу (Krisztián Nemeš) и Юлии Йолшваи (Yulia Jolsvai) за сотрудничество. Наконец, за работу над русскоязычным изданием этой книги спасибо переводчице Ольге Зубковской, редакторке Анне Кострич и выпускающей редакторке Анне Е.

Предисловие к русскому изданию

В 1997 году, уже приступив к работе над темой сексуализированного насилия, совершённого советскими солдатами во время Второй мировой войны, я отправила запрос на доступ к российским архивам. Венгерский национальный архив помогает местным исследователям договариваться об архивной работе в России через собственного уполномоченного в Москве. Но коллеги из этого учреждения либо проигнорировали мою просьбу, либо отказали со словами, что архивная работа по данной теме невозможна. Я не знаю, действительно ли пытались они связаться с российской стороной. Так или иначе, моё первое исследование по теме было написано без консультации с российскими источниками. С тех пор ситуация несколько изменилась. Цифровая революция заставляет российские архивы всё активнее переводить свои фонды в электронный вид. Немало материалов, в том числе видео и отсканированные копии семейных документов, публикуют в Интернете российские любители истории. После того, как мои попытки получить разрешение на работу в российских архивах в очередной раз обернулись неудачей, эта книга, «Насилие и молчание. Красная армия в Венгрии во Второй мировой войне», была издана для широкого читателя в Венгрии и стала бестселлером. Это произошло в 2017 году. Я посчитала, что международный характер темы, которую она поднимает, обязывает меня издать её в том числе на немецком и русском языках.

Перевод этой книги на немецкий язык вышел в 2021 году в издательстве Wallstein Verlag. Российское издание имеет свою историю. Перевод книги спонсировало венгерское государственное учреждение, чьё название должно остаться в тайне. В противном случае может оказаться под угрозой сотрудничество России и Венгрии в сфере архивного дела. Таково условие сделки. Ни одно из российских издательств, с которыми мы связались, не заинтересовалось изданием этой книги. При этом мы обращались только к тем, кто считал себя в оппозиции к действующей власти. Отказывая, некоторые были вежливы и любезны, другие — не очень, но было ясно, что и те, и другие действуют с опаской. Полномасштабная война России против Украины сделала тему военного сексуализированного насилия как никогда актуальной. К сожалению, то, как разворачивается эта война, подтвердило вывод, в которому я пришла ещё в 2017 году. Российская государственная историография уничтожила практически любую возможность осмысленной дискуссии об ужасах Второй мировой войны. В мировых СМИ снова пишут, что российские солдаты занимаются мародёрством и насилуют гражданских лиц и военных в Украине. [1] Старая истина, что сексуализированное насилие — не что иное, как орудие войны, в очередной раз подтвердилась. Трагическая актуальность этой книги в том, что она объясняет, почему военнослужащие огромной имперской армии по-прежнему фигурируют в заголовках СМИ под одним обобщающим эпитетом «русские» [2], почему насилие над женскими телами — это инструмент пропаганды и почему его жертвы брошены один на один со своим горем.

Я старалась писать эту книгу доступным языком, но не жертвуя научностью, чтобы её оценили как привыкшие к профессиональному жаргону историки, так и широкая аудитория. Это важно не только потому, что она рассказывает о процессах, о которых пока умалчивают учебники истории.

---

[1]   Подробнее см.: «Думаешь, я этого хочу? Я больной. Я ненормальный». Российские солдаты насиловали женщин и убивали мужчин в мирном селе под Киевом. Расследование «Медузы». Медуза. 18 апреля 2022. https://meduza.io/feature/2022/04/18/dumaesh-ya-etogo-hochu-ya-bolnoy-ya-nenormalnyy; "Российские военные убили моего мужа, а меня изнасиловали". Русская служба ВВС. 13 апреля 2022. https://www.bbc.com/russian/features-61082173. – *Прим. ред.*

[2]   В английском языке прилагательное Russian несёт два значения — «русский» и «российский». – *Прим. ред.*

Практически ни одну семью не обошла стороной Вторая мировая война. Невыносимо горько говорить о случаях насилия, когда государственная пропаганда отрицает сам факт их существования, а архивная работа по теме невозможна. Я искренне надеюсь, что эта книга подтолкнёт читателей к критическому осмыслению истории Второй мировой войны независимо от того, считают они себя русскими или представителями других национальностей, находятся они в России или за её пределами. Я надеюсь, это станет первым шагом к осмыслению той войны как нашего общего прошлого.

Я благодарна всем своим коллегам и коллежанкам, благодаря чьим поддержке и сотрудничеству стало возможным издание этой книги на русском языке, независимо от того, предпочли они сохранить анонимность или нет. Российское законодательство грозит арестами и штрафами тем, кто рассказывает отличную от той, что предлагает пропаганда, историю Второй мировой войны. Моих коллег из венгерского государственного учреждения, российских издателей, русскоязычных редакторов объединяет одно — страх. Задача этой книги — помочь преодолеть замалчивание прошлого и страх перед тем, о чём, кажется, никому нельзя рассказать. Для меня большая честь, что Андреас Умланд (Andreas Umland) и издательство «Ибидем-Верлаг» (Ibidem Verlag) поддержали издание этой книги на русском языке. Так мы можем вместе попытаться ответить на вопрос: что находится там, за границами нашего страха?

Андреа Пето,
3 мая 2023, Вена

Введение

В 1997 году лёгкий развлекательный фильм Петера Тимара «Долли» и картина Аттилы Янича в жанре роуд-муви с медленно развивающимся сюжетом «Долгие сумерки» стали лауреатами Венгерского кинофестиваля. Историки тем временем сдержанно обсуждали цветной художественный фильм Шандора Шары «Обвинение»[3]. Картина рассказывала о многодетной семье, в конце Второй мировой войны живущей на ферме недалеко от Ясберени, провинциального городка к востоку от Будапешта.

По сюжету семью хладнокровно грабят советские военные, которые находились в Венгрии с 1944-го года. Два советских солдата, тайком пробирающиеся на родину, насилуют дочь главы семьи. Его сын, дезертировавший из армии, в отместку убивает одного из солдат. Другого пристреливает советский офицер, который расследует убийство и испытывает отвращение к сексуализированному насилию. Офицер, едва говорящий на венгерском, благодаря умелой технике допроса добивается, чтобы члены семьи дали показания против друг друга, разрушая их хорошо продуманное алиби. Родители и сын пытаются сбежать, но безуспешно. Их казнят. Тем временем командир отряда приказывает следователю изменить текст обвинения по делу: «Советские солдаты женщин не насилуют, советские солдаты несут мир». Самого следователя предупреждают: за неповиновение он может кончить так же, как один его сослуживец, убитый выстрелом в спину. Женщину-военнослужащую Красной армии просят дать ложные показания, будто на ферме насиловали её, а солдат, изнасиловавших девушку-венгерку, застрелили, когда те якобы пришли на помощь. Когда она отказывается, её убивают. В конце фильма сообщается, что одна из сестёр

---

3   Шандор Шара (1933–2019) - известный оператор и режиссёр, удостоенный множества наград.

изнасилованной девушки смогла выжить в советском лагере и была реабилитирована. Остальных членов семьи, обоих родителей и сына, суд, теперь уже российский, по-прежнему считает виновными в «совершении террористического акта». Их приговор остаётся в силе.

Этот фильм, как и реакция на него, отлично иллюстрируют методологические и теоретические сложности, с которыми сталкивается исследователь темы сексуализированного насилия в Венгрии во время Второй мировой войны. Среди них отсутствие источников, неустойчивые фреймы анализа и чрезвычайная сложность темы.

Методологические проблемы: источники

Историк не может работать без первоисточников. Однако документов, свидетельствующих о насилии во время Второй мировой войны, чрезвычайно мало, а к тому, что есть, следует относится с осторожностью. И преступники и жертвы — каждый по своим причинам — не стремятся обсуждать эту чувствительную тему. Жертвы молчат о прошлом, испытывая стыд за него, не зная, как подобрать слова, чтобы описать пережитое, или, возможно, не имея чуткой аудитории, готовой их выслушать. Ни свидетелей, ни доказательств преступлений не осталось и потому, что в военных условиях изнасилованных девушек и женщин нередко убивали. В фильме Шандора Шары советский следователь в документах обвинения напишет, что семья фермера убила советского солдата в целях самозащиты, однако его начальство требует изменить формулировку. Проанализировать даже такие сфальсифицированные документы мы не можем: релевантные военные и медицинские источники о Красной армии хранятся в закрытых архивах, доступа к которым нет по сей день.

Другая проблема — очень сложно найти все документы, которые имеют отношение к тому или иному делу. Часто до нас доходят только разрозненные свидетельства, по которым нельзя восстановить обстоятельства преступления и которые не подскажут, какие источники будут более полезны в этом отношении. К единичным документам следует относиться с предельной осторожностью. Когда детали и последствия преступления неизвестны, сделать какие-либо общие выводы достаточно сложно.

В хаосе военного времени и политического вакуума производство официальных документов в Венгрии резко сократилось. Поэтому историкам ничего не остаётся, как довольствоваться косвенными источниками, нередко носящими случайный характер. В первый период советской оккупации полиция и государственные служащие свергнутого режима Хорти-Салаши [4] вряд ли хотели привлекать к себе внимание, говоря о зверствах советской армии, не говоря о том, чтобы их расследовать. После отвода линии фронта некоторые венгерские служащие пытались было довести проблему до сведения представителей Союзной контрольной комиссии [5], но безуспешно. Советское руководство было глухо к таким просьбам: преступники не заинтересованы в том, чтобы собирать улики против самих себя.

В распоряжении исследователя сексуализированного насилия остаются источники венгерского Министерства иностранных дел, государственной администрации, военных и медицинских учреждений, системы правосудия и церкви. В Национальном архиве Венгрии среди документов бывшего МИДа можно найти письма из разных частей страны с жалобами на преступления против гражданского населения. Однако во время советской военной оккупации Венгрии

---

4   Ференц Салаши (1897–1946) — венгерский офицер и руководитель правой радикальной Партии скрещённых стрел. С 15 октября 1944 года — союзник нацистской Германии. Повешен за военные преступления в 1946 году. - *Прим. ред.*

5   20 января 1945 года с Венгрией было заключено перемирие, вступавшее в силу 15 сентября 1947 года. До того Венгрия находилась под наблюдением Союзной контрольной комиссии (СКК). Несмотря на то, что СКК состояла из советской, американской, британской и чехословацкой миссий, советская миссия занимала доминирующее положение и фактически управляла Венгрией. Зарубежные представители пытались бороться со своим подчинённым положением, из-за чего в комиссии возникали конфликты. - *Прим. ред.*

министерство едва ли могло довести их до сведения руководства СССР и надеяться на ответ.

Драматична судьба дипломатических документов, которые описывают события последних дней войны в Венгрии. В стране оставалось только несколько зарубежных представительств, но с приближением Красной армии и те отправили дипломатов более высокого ранга домой. Благодаря любезности посольства Швейцарии мне удалось получить доступ к важным документам того времени.[6]

Первый источник — это запись от 15 марта 1945 года, в которой начальник военного отдела консульства Швейцарии в Вене Макс Феллер описывает, что довелось пережить бежавшей из Венгрии одной швейцарской семейной паре. По их словам, советские солдаты насиловали всех женщин младше 60 лет, раздевали догола прохожих, а продовольствие и личные вещи, которые не могли унести с собой, уничтожали. Говорил Феллер и с венгерским офицером, который после осады Будапешта вырвался из окружения и добрался до немецких позиций. Он рассказал, что советские войска стреляли по подвалам из огнемётов, не задумываясь, а нехватка воды в городе была такая, что за глоток просили сто пенгё[7].

Второй дипломатический документ — это доклад политического отдела швейцарского посольства о штурме Будапешта от главного судьи Й. О. Керли. Отдельная глава в нём посвящена нарушениям экстратерриториальности, преступлениям против собственности и насилию над женщинами. Керли скрупулёзно изложил сведения, полученные от проживавших в Венгрии граждан и дипломатов других стран, в том числе Швейцарии, а также аристократов и служащих компаний с иностранными

---

6   Благодарю Роберта Риго, обратившего моё внимание на этот источник, и Катали Зёллер, доставившей материалы из Швейцарии. У двух документов, полученных в посольстве Швейцарии в Будапеште, нет архивных номеров. На длинном отчёте номер Е2001 (D) 7/15 помечен карандашом. Среди венгерских дипломатических документов, доступных на странице посольства Швейцарии, такого номера нет.

7   Венгерская денежная единица в 1927–1946 гг. - *Прим. ред.*

инвестициями. Отчёт даёт представление о положении иностранных граждан, надеявшихся, что статус гражданина третьей страны защитит их во время военных действий. Неформальные связи помогали делиться информацией и помогать друг другу советом. Документ дотошно перечисляет стоимость и формы реквизиций, проводившихся солдатами, которых Керли называет исключительно «русскими», а также описывает попытки воспротивиться этим реквизициям с помощью охранных грамот. Первое предложение 15-страничного отчёта о преступлениях в отношении женщин сообщает: ни одна из швейцарских женщин не пострадала, потому что переводчик посольства доктор Виг, который, по его собственным словам, хорошо знал «русских», зарнее посоветовал спрятать женщин, материальные ценности и автомобили.

В докладе содержится рассказ о прогулке по Будапешту госпожи Ленман, работавшей в посольстве секретарём. Она встретилась с «русским» в штатском, который, по её словам, был не офицером, а «русским евреем», и разговаривал с ней на хорошем немецком. Если русский солдат говорил по-немецки, это всегда особо отмечалось. Пятеро служащих поделились слухами о пьяных солдатах, насиловавших женщин в подвалах, куда им приказывали спуститься под предлогом почистить картошку. Сопротивлявшихся застреливали, из подвалов потом доносились женские крики. Те же солдаты участвовали в групповом изнасиловании медсестёр Красного креста в больнице. В этом документе рядом с «русским солдатом» в скобках уточнено: «монголоидного типа». Согласно докладу, солдаты, выпив, превращались в «зверей». Автор выражал надежду, что прибывающие части оккупационных войск будут вести себя не так дико. Беженцы упоминали о массовых изнасилованиях на будайской стороне и в Ваце. Однако в докладе подчёркивается, что венгерки не всегда вступали в сексуальные отношения с солдатами против своей воли. Нередко причиной был доступ к материальным ценностям, который открывали такие отношения. Особенно горячо советские войска приветствовали еврейки: обнимали и целовали солдат, называли их освободителями. Те, в свою очередь, «быстро просили заплатить по счетам», многозначительно отмечает доклад.

Сведения об отдельных происшествиях можно найти в административных отчётах и докладах губернаторов, но и их недостаточно, чтобы получить полное представление о событиях тех дней. Доступные нам медицинские документы, описывающие последствия изнасилований, в том числе половые инфекции и нежелательные беременности, представляют собой всего несколько отчётов сельских санитарных врачей. В хранящихся в городском архиве Будапешта документах санитарных врачей и больниц тема освещается с существенными пробелами. Кроме того, возможности исследователя ограничивает право на тайну частной жизни. По правовым, этическим и логистическим причинам трудно работать и с материалами приютов, актами усыновления и удочерения.

Возвращаясь в регионы, во время боёв несколько раз переходившие из рук в руки, нилашисты[8], члены венгерской нацистской партии, собирали сведения о бесчинствах ушедших советских войск. Они мгновенно отправляли свои следственные комиссии на временно отвоёванные у советской армии территории. Информацию о преступлениях против гражданского населения распространяли как можно шире, мотивируя утратившие боевой дух войска необходимостью защищать женщин и родину. Однако ценность этих документов невелика.

С такой же осторожностью следует оценивать документы Народных судов[9]. Протоколы их заседаний полезны прежде всего в написании микроистории. Из-за недостатков законодательства загруженные и вынужденные заниматься микроменеджментом руководители Народных судов судили граждан, оказавших сопротивление мародёрствовавшим

---

8   A. Peto The Women of the Arrow Cross Party. Invisible Hungarian Perpetrators in the Second World War. Palgrave, Macmillan, 2020.

9   Чрезвычайный трибунал, расследовавший военные преступления и преступления против венгерского народа в 1944–1945 гг. - *Прим. ред.*

советским солдатам, по тем же законам, что и тех, кто во время Второй мировой войны убивал евреев и доносил на них.[10] Народные суды также разбирали личные споры, и венгры не теряли возможности воспользоваться этим в собственных целях. Так произошло, например, с делом Н. Дь, разбиравшемся 31 августа 1945 года в Народном суде Сегеда. На Н. Дь донесла служанка, утверждавшая, что та оскорбляет советских людей. Обвиняемую после долгих слушаний оправдали, поскольку оказалось, что ранее солдаты вломились в её квартиру и изнасиловали женщину — это подтверждала справка от врача. Суд постановил, что в таких обстоятельствах ожидать безусловной любви к советским солдатам невозможно.[11] Народный суд разбирал и такие дела, как дело жителя города Балашшадьярмат П. Дж., обозвавшего свою жену «русской шлюхой» за то, что та якобы вступила в связь с русским солдатом. Суду пришлось решить, можно ли считать это безусловно личное заявление преступлением военного времени в рамках закона о народных судах. Дело закончилось 25 сентября 1947 года оправданием П. Дж., поскольку его утверждение касалось сексуального поведения супруги, а не разместившейся в стране Красной армии.[12]

Не все дела о сопротивлении насилию разбирал Народный суд. В некоторых случаях, как в фильме Шандора Шары, провинившихся советских солдат убивали немедленно, а сопротивлявшихся венгров казнили. Письменных свидетельств об этом не осталось. Советские военные забирали родственников мужского пола, которые вступались за женщин. Их судили по советским законам, обычно по статьям о «террористической деятельности», под которой могло скрываться всё что угодно от самообороны при изнасиловании до сопротивления грабежу. К материалам этих дел на сегодняшний день доступа нет.

10 Barna Ildikó – Pető Andrea: A politikai igazságszolgáltatás a II. világháború utáni Budapesten. Budapest, Gondolat, 2012.
11 L. Balogh Béni (szerk.): „Törvényes" megszállás. Szovjet csapatok Magyarországon 1944–1947. Budapest, Magyar Nemzeti Levéltár, 2015, 341–345.
12 L. Balogh: „Törvényes" megszállás 402–404.

В заключение этого обзора повторю, что простого анализа состояния письменных источников достаточно, чтобы убедиться, как непросто разобраться в событиях, связанных со случаями сексуализированного насилия в последние годы Второй мировой войны.

Вопросы теории

Политический контекст

Первая сложность, с которой сталкивается исследователь сексуализированного насилия, связана с постоянным изменением политической ситуации после Второй мировой войны. Позаимствовав метафору из естественных наук, Чарльз Майер говорит о «холодных» и «горячих» воспоминаниях о нацизме и коммунизме.[13] До 1989 года «горячими» в Венгрии были воспоминания о нацизме. Это значит, что в рамках институционализированной политики памяти тон в диалоге об исторических событиях тех лет задавали именно воспоминания о нацистской оккупации. Этот диалог реализовал себя в форме государственных праздников, приуроченных к освобождению от нацизма, возложения венков к памятникам героям войны и могилам солдат, школьных линеек. После 1989 года история коммунизма перестала быть запретной темой. Об этом говорило всё — музейные выставки, памятные даты, торжественные церемонии, кино. Память о нацизме, таким образом, стала «холодным» воспоминанием.[14] Из-за политических перемен политика памяти актуализировала другие события и опыт. Так тема сексуализированного насилия, пережитого венгерскими женщинами, которая до 1989 года была табу, стала «горячим»

---

13   Maier, Charles S.: Hot Memory, Cold Memory. On the Political Half-Life of Fascist and Communist Memory. IWM Newsletter, Transit Online, 22 (2002). http://www.iwm.at/transit/transit-online/hot-memory-cold-memory-on-th e-political-half-life-of-fascist-and-communist-memory

14   Подробнее см.: Pető, Andrea: Revisionist Histories, "Future Memories": Far-right Memorialization Practices in Hungary. East European Politics and Society 18.1 (2017) 41-51. Roots of Illiberal Memory Politics; Sántha István: Remembering Women in the 1956 Hungarian Revolution. Baltic Worlds 10.4 (2017) 42-58.

воспоминанием. Теперь её было можно и нужно исследовать. Этот процесс и иллюстрирует фильм Шандора Шары.

Акош Силади в критической статье, опубликованной в журнале «Фильмвилаг» («Киномир»), отметил, что фильм Шары опоздал на десятилетие. На самом деле он опередил своё время на двадцать лет. До 1989 года в Венгрии невозможно было снять реалистичное кино о зверствах советских солдат и системе, которая создала и поддерживала существование homo soveticus. Добош Ласло (1930–2014), писатель из Верхней Венгрии, отвечая Акошу Силади, так отозвался о картине: «Возможно, теперь наши драмы приобретут европейское звучание». Он надеялся, что история советской оккупации Венгрии станет частью европейской истории. Действительно, с расширением Европейского союза на Восток возникла новая инфраструктура политики памяти. В её рамках речь шла не об «освобождении» от нацизма, а о «двойной оккупации» нацистскими и советскими войсками. [15] Нарратив «двойной оккупации» подразумевает, что нацистская Германия и коммунистический Советский Союз по очереди оккупировали находившиеся между ними территории. Местные власти могли только наблюдать за развитием событий со стороны, как пассивные жертвы истории, не несущие ответственности за происходящее.

С приближением линии фронта административная система Венгрии пала, и жертвам изнасилований стало не на кого рассчитывать. Полиция была не в силах защитить женщин. От мародёрствовавших советских войск нередко укрывались в монастырях и церквях. До 1944 года христианские церкви в Венгрии были важной частью общества и всеми силами помогали его достойным членам. Но на политический, военный и ценностный кризис конфессии отреагировали по-разному. Приходские священники католической церкви, известной своей железной дисциплиной, остались на местах по приказу Юстиниана

---

15   Dobos László: Sára Sándor Vád című filmjéről. Filmvilág online, 1997. november. http://filmvilag.hu/xista_frame.php?cikk_id=1701

Шереди (1884–1945), кардинала в 1927–1947-х годах.
Реформатская церковь после 1945 года столкнулась с бегством
священнослужителей, бросавших паству. Она была вынуждена
предпринять действия, чтобы смягчить моральный ущерб.
Прежде чем регистрировать зверства советских солдат,
возрождавшейся после войны церкви пришлось преодолеть
двойное табу. Во-первых, табу на сопротивление мифу, что
советская армия несла мир, а не насилие. Во-вторых, табу на
высказывание церковнослужителей в публичном
пространстве, возникшее летом 1945 года, когда Венгерская
коммунистическая партия выставила церковь символом
реакции в идеологической борьбе.[16] В этом свете очень важно
начавшееся совсем недавно изучение церковных документов
того времени.[17] Сборники материалов, посвящённые военным
потерям, опубликованы в диоцезах [18] Дьора, Сатмара и
Веспрема.[19] Приходские Historia Domus, дневники приходских

---

16   Perger Gyula (szerk.): „…félelemmel és aggodalommal…" Plébániák jelentései
a háborús károkról a Győri Egyházmegyéből 1945. Győr, Győri Egyházmegyei
Levéltár, 2005.

17   Bánkuti Gábor: A frontátvonulás és a diktatúra kiépülésének egyházi recepciója. в: Csikós Gábor – Kiss Réka – Ö. Kovács József (szerk.): Váltóállítás: diktatúrák a vidéki Magyarországon 1945-ben (Magyar vidék a 20. században I).
Budapest, MTA BTK, NEB, 2017, 411–424. Köszönöm Bánkuti Gábor
segítségét.

18   Церковно-административная единица территориального деления в
некоторых церквях, например римско-католической и англиканской. –
Прим. ред.

19   Mózessy Gergely (szerk.): Inter arma, 1944–1945. Fegyverek közt. Válogatás a
második világháború egyházmegyei történetének forrásaiból (Források a
Székesfehérvári Egyházmegye történetéből 2). Székesfehérvár, Székesfehérvári Püspöki és Székeskáptalani Levéltár, 2004; Perger: „…félelemmel és aggodalommal…"; Muhi Csilla – Várady Lajos (szerk.): „A múltat be kell vallani…" Szatmár egyházmegye papjainak visszaemlékezései a második
világháború helyi eseményeire és más háborús dokumentumok. Szatmárnémeti, Szatmári Római Katolikus Püspökség, 2006; Varga Szabolcs: A
plébániai levéltárak forrásértéke a pécsi egyházmegyében. в: Varga Szabolcs –
Vértesi Lázár (szerk.): A magyar egyháztörténet-írás forrásadottságai. Egyháztörténeti kutatások levéltári alapjai különös tekintettel a pécsi egyházmegyére
(Seria Historiae Dioecesis Quinqueecclesiensis 2). Pécs, Pécsi Püspöki Hittudományi Főiskola Pécsi Egyháztörténeti Intézet, 2012, 135–161; Varga Tibor
László (szerk.): Folytonos fegyverropogás közepette. Források a veszprémi
egyházmegye második világháborús veszteségeiről I. (A veszprémi egyházmegye múltjából 27). Veszprém, Veszprémi Főegyházmegye, 2015; Dr.

священников, а также доклады и акты об ущербе, составленные по их просьбе, диоцезные административные и епископские документы — всё это очень ценные источники. Они позволяют понять, как священнослужители думали о массовых изнасилованиях и как фиксировали так называемые «необычные происшествия» на языке церковной терминологии, следуя жёстким церковным предписаниям. Тем не менее, если пострадавшие от советской армии местные жители и обращались к церкви с жалобой или за советом, духовники и приходские священники вряд ли специально записывали услышанное. Даже если такие документы и существовали, они не дошли до наших дней, исчезнув в вихре истории. Но на основании материалов церковных архивов можно предположить, что духовники и приходские священники оказались в непростом положении, когда к ним стали обращаться верующие женщины, забеременевшие в результате сексуализированного насилия и решившиеся на аборт.

Не так давно были обнародованы сведения о деяниях католических мучеников, пытавшихся спасти женщин от советских солдат. В марте 1945 года епископ Дьора Апора Вилмоша был убит, пытаясь защитить укрывшихся в его церкви женщин. [20] Гораздо позже, 9 ноября 1997 года, его причислили к лику блаженных. Корнеля Хуммеля (1907–1945) застрелили в будапештском Институте слепых, после того как он, прервав исповедь, попытался спасти от советского солдата слепую девушку. Эта история, опубликованная под громким заголовком «Мученик веры и советский убийца», широко обсуждалась в венгерских онлайн-СМИ. [21] Нарратив, что

Csepregi Imre: Napló 1. 1944–1946. Makó, Makó Város Önkormányzata 2011, http://www.sulinet.hu/oroksegtar/data/egyhaz-tortenet/dr_csepregi_imre_naplo_1_1944_1946/index.html; Grősz József kalocsai érsek naplója 1944–1946. Sajtó alá rendezte Török József. Budapest, Szent István Társulat, 1995.

20 Soós Viktor Attila: Apor Vilmos vértanúsága. Rubicon 2 (2014) 57–59.
21 Nyáry Krisztián: A hit vértanúja és szovjet gyilkosa. Index, 2017. szept. 3. https://index.hu/tudomany/tortenelem/2017/09/03/a_hit_vertanuja_es_sz ovjet_gyilkosa/

женщины — это пассивные жертвы преступления, а пережитое ими насилие — мученичество, появился уже после поворота в политике памяти.[22] Поэтому женщины опираются на разные понятийные системы, когда рассказывают, что с ними произошло. Религиозный мученический нарратив также распространен в Польше.[23] В Германии он встречается редко, хотя, как видно по польским примерам, во многом помогает адекватно передать опыт насилия.[24]

Радушная встреча советских солдат. Венгрия, 1945

Территориальные различия

Исследовать тему сексуализированного насилия сложно не только из-за нехватки источников и динамичного развития интерпретационных фреймов. Важно учитывать особенности

---

22   Az egyházi áldozatok listáját lásd: Horváth Attila: Egyházi áldozatok. Rubicon 2 (2014) 58–59.

23   Zaremba, Marcin: Wielka Trwoga Polska 1944–1947 [Величайший ужас Польши 1944–1947]. Wydawnictwo Znak, Instytut Studiów Politycznych PAN, 2012 (глава «Я ужасно их боюсь»: 158–184.) Спасибо автору, что поделился со мной готовящимся переводом книги на английский язык.

24   Karwowska, Bożena: Gwałty a kultura końca wojny [Изнасилования и культура в конце войны]. в: Majchrowski, Zbigniew – Owczarski, Wojciech (eds.): Wojna i postpamięc. Wydawnictwo Uniwersytetu Gdańskiego, 2011, 163–171.

территории, где произошло преступление. Части Красной армии имели разную боевую ценность и подчинялись разным дисциплинарным требованиями, но дело не только в этом. Поведение солдат одной и той же части могло отличаться в разных регионах страны. В Кечкемете или Секешфехерваре изнасилования и грабежи долго оставались повседневным явлением. Причиной было перемещение военных во время длительных боёв за Будапешт. [25] При этом в архиве Ходмезёвашархей мне не удалось найти ни одного источника, упоминавшего бы случаи изнасилования. Из этого, однако, нельзя сделать вывод, что их там не было вообще. Нам известно только то, что отсутствуют документы, которые могли бы их подтвердить.[26] Не сохранилось сведений о насилии, авторами которого были дезертиры и отставшие от своих частей солдаты, а также офицеры, заселённые в пустые квартиры или в дома к гражданским лицам.

Сексуализированное насилие и история Холокоста

Проблему изнасилований в время Второй мировой войны часто обсуждают в отрыве от исследования Холокоста. Хелене Синнрейк говорит о Холокосте как о периоде равенства всех жертв, иными словами, с её точки зрения, все жертвы были равны и одинаковы. [27] Анетт Ф. Тимм, анализируя историографию Холокоста, показала, как история сексуальности не без борьбы и сопротивления стала неотъемлемой частью исторического нарратива. Ортодоксальные работы о Холокосте не обсуждают изнасилования, поскольку они считались запретной темой. Такое положение дел изменили два методологических новшества. Во-первых, исследователи осознали: отсутствие упоминаний о явлении в письменных источниках ещё не

---

25   Rigó Róbert (szerk.): Sorsfordító évtizedek Kecskeméten. Kecskemét, Kecskemét Írott Örökségéért Alapítvány és a Neumann János Egyetem Pedagógusképző Kar Hely- és Családtörténeti Kutatóműhely, 2017.

26   Bencsik Péter: Hódmezővásárhely politikai élete 1944–1950 között (Emlékpont Könyvek 8). Hódmezővásárhely, Tornyai János Múzeum és Közművelődési Központ, 2018.

27   Sinnreich, Helene: "And It Was Something We Didn't Talk About": Rape of Jewish Women During the Holocaust. African Studies Review 14.2 (2008) 1-22.

доказывает отсутствие этого явления в тот или иной период. Поэтому внимание учёных постепенно переключилось на непосредственный опыт пострадавших. У переживших насилие женщин брали интервью, а сборники их воспоминаний публиковали. Исследователи стали прибегать к междисциплинарным методам в анализе устных источников. Вторым новшеством стало осознание ведущей роли насилия в истории войн. Солдаты нацистской Германии создали милитаристскую субкультуру, поставившую под сомнение половую неприкосновенность человека. Они превратили сексуальность в инструмент власти. Под влиянием этих теоретических и методологических новшеств появились первые труды об изнасилованиях, совершённых солдатами вермахта. Как следствие, в научной литературе по этой теме события европейской военной истории стали рассматривать через призму насилия, боли и чувств. Это также способствовало переоценке сложных отношений между жертвой и преступником в условиях войны.[28]

Само по себе отсутствие источников никогда не было препятствием для исследователей Холокоста. Выжившие делились шокирующими подробностями о сексуализированном насилии в концентрационных лагерях вскоре после освобождения, в 1940-х годах. Но истории спасения приходилось держать и в тайне. Чтобы сохранить свою жизнь, еврейские женщины отвечали на сексуальные домогательства тех, кто помогал им спрятаться. Когда после войны начались поиски «праведников», спасавших евреев от нацистов, говорить об этом стало не принято. Джоан Рингельхайм, описывая интервью 1982 года, в котором жертва рассказывала ей об пережитом изнасиловании, отметила: «... услышать то, что она хотела мне сказать, я, очевидно, была не готова».[29] Из последующих интервью видно, что сами вопросы

---

28   Timm, Annette F.: The Challenges of Including Sexual Violence and Transgressive Love in Historical Writing on World War II and the Holocaust. Journal of the History of Sexuality 26.3 (2017) 351–365.

29   Ringelheim, Joan: Genocide and Gender: A Split Memory. в: Lentin, Ronit (ed.): Gender and Catastrophe. London, Zed, 1997, 26.

были сформулированы так, что рассказать об этом опыте было невозможно. Общество не хотело знать о страданиях женщин. Всё изменилось после судебного процесса над Эйхманом[30]. У жертв насилия впервые появилась возможность самим рассказать о пережитом. В первый раз их опыт не реконструировали на основании документов, созданных преступниками, а за них самих не говорили историки-мужчины. [31] В 1991–1996 годах научные, политические и правозащитные движения, реагируя на новые случаи, разработали понятийную систему, сделавшую разговор о массовых военных изнасилованиях возможным и нужным.[32]

Вопросы хронологии

Ещё одна проблема тесно связана с особенностями периодизации в историографии. Что для историка или библиотекаря станет началом новой исторической эры, для местных жителей — просто ещё один прожитый день. Шандор Шара с холодным рационализмом показывает, как для семьи венгерского фермера война начинается, только когда его сына забирают в армию, а «наши» бегут на запад от наступающих советских войск. В фильме не упоминается, что «наши» — это ранее оккупировавшие Венгрию немецкие войска. Не задумываются об этом и деревенские жители. Немецкая армия вошла в страну как союзник. Для гражданского населения эта короткая оккупация не представляла особых проблем. В фильме венгерская семья, как и многие другие, живёт иллюзией нормальной жизни в кровавой, фатальной военной игре. Они не были готовы к грядущим событиям. Хотя герои картины не раз повторяют, что нескольким женщинам опасно оставаться одним на заброшенной ферме, только две девушки из трёх прячутся в укрытии. Поведение советских войск при

---

30 Адольф Эйхман был одним из исполнителей Холокоста. Суд над ним состоялся в 1961 году в Израиле, куда Эйхмана доставили из Аргентины, где тот скрывался. Приговорён к смертной казни. - *Прим. ред.*

31 Pető, Andrea: Digitalized Memories of the Holocaust in Hungary in the Visual History Archive. в: Braham, Randolph L. – Kovács, András (eds.): Holocaust in Hungary 70 years after. Budapest, CEU Press, 2016, 253–261.

32 Timm: The Challenges 354.

этом полностью соответствовало мрачным прогнозам немецкой и венгерской военной пропаганды.

Церковные документы служат важным источником информации о том, что современники думали о новых исторических обстоятельствах. Записки приходских священников описывают опыт встречи обычных людей с армией, о которой в последние десять лет они слышали столько плохого. Немецкая оккупация не доставляла людям особых неудобств. Как и Холокост для нееврейского населения, Вторая мировая война для венгров началась именно в момент встречи с советским солдатом.

Вот типичное описание того времени: «Одна половина движется к Сасвару, вторая к Домбовару. Дорогу из Манфа до Мадьярсек держат под миномётный огнем из Зобака и мешают беспорядочному отступлению немцев! Тяжёлое время! Местный сброд, «товарищи», обсуждают как будут встречать красных — достали флаги, ждут «освободителей» (??!!), а те уже идут из Зобака, и 30 ноября 1944 года в 10.45 утра по деревне прошел батальон под монотонную русскую песню; чернь была вне себя от радости, но радость длилась ровно до тех пор, пока часы и прочие мелочи не сменили владельцев, доставшись освободителям! И что можно сказать об этом народе?? Только что у себя дома, на просторах огромной Российской империи, живут они примитивнее, чем пещерные люди. Уровень жизни — ниже нулевого, гораздо, гораздо ниже! Их умственного развития хватает только на попить, поесть, украсть и поволочиться за женщинами. Без меры есть, без меры пить, в отсутствие женщин удовлетворять похоть с животными (а в Комло так и было!). Похвастаться 6–8 парами часов — вот заветная мечта и солдата, и лейтенанта. У нас сержант — уже человек, офицер — полубог, а там всё на одно лицо, все звери. В Комло «освобождение» пережили относительно спокойно: пропало несколько пар часов, угнали лошадей из деревни и с шахты, умереть никто не умер. Всё потому, что они оказались в стороне от манёвров; «товарищи» тут так и не увидели подлинного лица русских!».[33]

Военная оккупация вызвала у гражданского населения чувство беспомощности и безучастия. Поэтому на приход к власти коммунистов после периода беззакония они отреагировали равнодушно. «Наши» в фильме Шандора Шары бесстрастно наблюдают за депортацией евреев. Таким же взглядом молодые советские солдаты смотрят на местных жителей, когда отнимают у них часы и когда возвращаются вечером, чтобы увести женщин. Таким же взглядом временно оставшиеся будут провожать депортированных [34] и соотечественников, угоняемых в советские трудовые лагеря. Напускная бесстрастность, беспомощное молчание, непрерывность насилия — всё последствия военной оккупации.[35] Сопротивляющихся убивают из необходимости. Так советская пуля настигает защищающего сестру брата в фильме Шандора Шары. Так советские военные суды, единственная в то время форма правосудия на венгерской территории, убивали тех, кто пытался противостоять изнасилованиям.

Табу на обсуждение насилия

Бывают ситуации, когда рассказать о сексуализированном насилии невозможно. Жертвы не могут или не хотят идти на контакт: не могут подобрать слова, чтобы описать свой опыт, или найти понимающую аудиторию. В фильме Шандора Шары показано, как истории изнасилованных женщин исчезли из публичного дискурса и на глазах превратились в запретную тему для разговора из-за мифов об оккупировавшей страну Красной армии. Изнасиловать «можно» было только советскую военнослужащую: пусть она и занимала самое низкое место в армейской властной иерархии,

---

33   Цит. по Bánkuti Gábor: A frontátvonulás 414.

34   После 1945 года из Венгрии депортировали представителей некоторых этнических групп, в первую очередь немцев (220 000) и словаков (72 000). - *Прим. ред.*

35   Teo, Hsu-Ming: The Continuum of Sexual Violence in Occupied Germany, 1945–49. Women's History Review 5.2 (1996) 191–218.

возможностей, чтобы отстоять свои интересы, у неё было больше, чем у венгерки. В одной из глав я поговорю об особенностях положения женщин в советских войсках[36].

Венгерские женщины не рассказывали родным, что пережили насилие. Не только потому, что это трудно описать. Они боялись лишиться положения в обществе. Так появился новый тип повествования, когда пострадавшие в разговоре представляли собственный опыт как события из жизни другой женщины. Свидетели преступления в критический момент отворачивались и молчали, как пожилая супружеская пара учителей из фильма Шандора Шары, на чьей квартире проживали советские офицеры. Они не были готовы рискнуть собственной жизнью ради девушек. Ласло Добош в отзыве о фильме отметил, что «"Обвинение" — это вопль смерти. То, что мы принимаем, когда не можем добиться справедливости». [37] Преступление остаётся безнаказанным, потому что наказать за него в этот исторический период невозможно. Эта безнаказанность ещё сыграет свою роль в перестройке системы после войны.

Методологический национализм

Изучение массовых военных изнасилований связано с ещё одной теоретической проблемой. Изнасилования — часть военного конфликта. Прежде чем найти что-то общее между случаями сексуализированного насилия, совершёнными в разное время и в разных местах, мы должны проанализировать каждый из них в историческом контексте конкретного национального государства. Однако такой анализ ответит только на вопросы, связанные с этим государством. На эту проблему, получившую название «методологический национализм», обратили внимание Ульрих Бек и Эдгар Гранде. [38] Её важно учитывать при анализе такого транснационального явления, как изнасилования,

---

36   См. главу «Россия: ненаписанная история». – *Прим. ред.*

37   Dobos László: Sára Sándor Vád című filmjéről.

38   Beck, Ulrich – Grande, Edgar: Beyond Methodological Nationalism. Extra-European and European Varieties of Second Modernity. Soziale Welt 61.3–4 (2010) 329–331.

совершённые Красной армией. Дело не только в том, что мы получим искажённый результат, анализируя межнациональную историю Второй мировой войны через призму аналитического аппарата, принятого учёными одного национального государства. Сравнительные исследования национальных кейсов по теме сексуализированного насилия редки. Поэтому в этой книге я постараюсь рассмотреть случаи, произошедшие в Венгрии, через призму зарубежного опыта, проводя параллели и сравнения.

Причины сексуализированного насилия

Учёные спорят, почему одни солдаты и войска совершают массовые изнасилования, а другие — нет. В Венгрии к этому вопросу в последнее время подходят чрезвычайно упрощённо. Многие считают, что военные изнасилования — это оружие политиков и армейского командования, с помощью которого те специально наказывают те или иные этнические группы. В научной литературе этот подход называют интенционалистским. Анализом в этом подходе руководит национальный признак, т. е. «русские» виноваты в изнасилованиях «венгров». Иными словами, ответственность за сексуализированное насилие приписывают конкретной этнической группе, представляя её таким образом однородной и монолитной. Существует и другая интерпретация. Согласно ей, изнасилование — это мерило гендерных отношений между мужчиной и женщиной. На войне мужчины используют сексуализированное насилие как орудие, чтобы укрепить власть над женщинами. Вследствие этого возникает мужское доминирование. Из-за ценностей и структурных особенностей милитаризма автором насилия может оказаться любой солдат. Такой анализ, уделяющий основное внимание структуре явления, в научной литературе называют структуралистским.

Дискуссия о военных изнасилованиях в рамках интенционалистского подхода сводится к объективирующему упрощению: «Солдат изнасиловал женщину». Женщина — это жертва, в личной трагедии которой проявляется трагедия всей нации (т. е. «венгров» или «немцев»). В этой книге я покажу, почему такой упрощённый анализ опасен. Говоря, что венгерских женщин насиловали советские солдаты, а корейских — японские [39], мы забываем о структурной и властной сущности сексуализированного насилия. Интенционалистский нарратив проблематичен по двум причинам. Во-первых, он не отражает структурную природу сексуализированного насилия и в долгосрочной перспективе препятствует борьбе с любыми формами насилия. Во-вторых, он искажает историческую память и оставляет в ней множество пробелов. Проанализировать структурную природу сексуализированного насилия в рамках этого подхода невозможно, поскольку насилие становится отправной точкой анализа, а не его предметом. Кроме того, нарративы, созданные в рамках этого подхода, не создают условий для того, чтобы жертвы насилия могли с достоинством справиться с последствиями пережитого и обрести надежду на будущее.

Заключение

К теме сексуализированного насилия следует подходить, тщательно продумав теоретическую основу и методологию исследования. В этой книге я анализирую историю изнасилований в военной Венгрии в рамках двух понятийных систем. Первая разработана феминистками второй волны[40] и

---

39 С начала 1930-х до середины 1940-х годов несколько сотен тысяч женщин с оккупированных японской армией территорий Кореи, Филиппин, Китая, Вьетнама и других стран попали в сексуальное рабство в качестве так называемых «женщин для утешения». Подробнее см. главу «Молчание и замалчивание». – *Прим. ред.*

40 Развитие феминистского движения на Западе условно разделяют на три этапа. О феминизме первой волны (конец XIX — начало XX века) обычно говорят в связи с движением суфражисток за юридическое равенство полов. Вторая волна феминизма (1960–1990 гг.) дала понимание, что равные права не приносят равных возможностей, а общественное устройство воспроизводит и поддерживает неравенство. Поэтому феминистки стали активно обсуждать проблемы и политической, и частной жизни, например сексуализированного и домашнего насилия. Феминистки третьей волны, начавшейся в 1990-е годы, разработали несколько принципов, фундаментальных для современных гендерных исследований. Во-первых, это интерсекциональный подход, согласно которому опыт обуславливают не только пол и гендер, а их пересечение с другими категориями, такими как класс, раса, сексуальность. Во-вторых,

привнесла множество интересных новшеств в теорию. Именно благодаря им было признано, что проблемы насилия встроены в систему властных отношений. Вторая понятийная система связана с анализом динамики молчания и замалчивания, то есть того, как замалчивание опыта изнасилований становится частью национальной идентичности. Я также использую метод сравнения, чтобы избежать редукции проблематики исследования к этнической составляющей. Я сравниваю события в Венгрии и соседних странах во время Второй мировой войны, чтобы показать, как на сексуализированное насилие, средства судебной защиты женщин и политику памяти влияют различные факторы, например коллапс государственной власти, наличие влиятельных политиков-коммунистов и другие.

Сексуализированное насилие было орудием войны на Восточном и Западном фронте. Не только немецкие войска были причастны к изнасилованиям на оккупированных территориях. Ситуация в Венгрии больше напоминает ту, что сложилась на территориях, занятых французами. Управление оккупационными войсками здесь было организовано более хаотично, чем на других участках Западного фронта. Предоставленные сами себе французские солдаты могли совершать массовое насилие над гражданским населением, не опасаясь последствий. Непрекращающаяся борьба за признание того, что советские солдаты насиловали женщин, также напоминает борьбу за память о южнокорейских секс-рабынях. В Венгрии и Южной Корее к концу Холодной войны женские воспоминания оказались инструментом геополитической борьбы. Наконец, случаи сексуализированного насилия в Будапеште я сравню с положением дел в Вене в тот же период.

Перечисленные исследовательские и аналитические сложности связаны с явлением, которое (к слову, не столь удачно) Габор Дьяни вслед за Яном Вансиной по-венгерски

это принцип контекстуальности, согласно которому опыт необходимо рассматривать в конкретном историческом контексте. – *Прим. ред.*

назвал «дрейфующей лакуной» (floating gap по-английски, sodródó hasadék на венгерском). Он определил её как «такой отрезок прошлого, который сохраняется не в исторической, а в коллективной памяти. Это не то прошлое, которое оживает только благодаря воспоминаниям о личных переживаниях и опыте, но то, которое становится темой исторического романа, фильма или предметом иконографии. [...] пока воспоминание ещё встроено в культурную память, оно сохраняет своеобразную ауру, которая передаётся каждому посредством прямого (преимущественно или исключительно устного) общения. Наблюдаемый разрыв между представлениями, которых в прошлом придерживались объединённые одним опытом общины, и последующей культурной (исторической, литературной, иконографической) символической репрезентацией не статичен, он есть результат процесса. Этот процесс — дрейфующий разрыв, который некоторое время сохраняет актуальность опыта прошлого, соответствующую ему духовную чувственность и высокий эмоциональный градус». [41] Это показывает, какого рода вопросы могут возникнуть, если определённое событие уже вошло в коллективную память, но традиционных источников, составляющих основу исторического анализа, пока нет. В таких случаях романы, воспоминания, художественные и документальные фильмы и отчасти фотографии снова и снова создают воспоминания об историческом факте в постоянно изменяющемся контексте, превращая «горячие» воспоминания в «холодные».

В 1997 году картина Шандора Шары не вызвала резонанса, поскольку «дрейфующая лакуна» не тронула чувства и эмоции зрителей. Акош Силади назвал фильм «неловким, художественно фальшивым, морализаторско-дидактическим русофобным китчем» и тем самым вывел его за границы тематической критики. [42] Дискуссия после выхода

---

41   Idézi Rigó: Sorsfordító évtizedek 10.
42   Szilágyi Ákos: Tájkép Filmszemle után. Filmvilág online, 1997. november. http://filmvilag.hu/xista_frame.php?cikk_id=1701, http://www.filmvilag.hu/xista_frame.php?cikk_id=1450

фильма в венгерском журнале «Филмвилаг» предвосхитила дискуссию о военных изнасилованиях в 2000-х годах, которую я тоже затрону в этой книге. Силади не понял, что фильм Шары говорит об имперском характере Красной армии. В нём показано, как солдаты из разных частей СССР говорят по-русски с акцентом и часто с ошибками, ведь это не их родной язык. Истории советских военнослужащих и их эмоции тоже не были учтены при анализе картины. Я попытаюсь понять и представить точку зрения советских военных, опираясь на первоисточники.

Силади, обвиняя режиссёра, что тот изображает советских солдат «чуть ли не карикатурно» и выставляет их «недолюдьми», «варварами», бездушными животными, ставит под сомнение достоверность реконструкции, опирающейся на воспоминания. [43] Тем самым автор отрицает личный опыт сотен тысяч людей, в том числе Добоша Ласло, автора ещё одной критической статьи о фильме, в 1944–1945 годах жившего в Словакии. Именно отрицание и непризнание чужого опыта стало причиной замалчивания женской истории во время советской военной оккупации Венгрии. [44] Когда на фоне смены политического режима в 2000-х годах замалчивание спровоцировало поворот в политике памяти, воспоминания и интервью оказались единственными заслуживающими доверие источниками. [45] Добош Ласло был прав, когда говорил, что изнасилования военного времени нельзя рассматривать только в контексте отношений между нациями. Тем не менее, необходимо учитывать национальный контекст, чтобы осознать транснациональный характер военных разрушений и убийств. «Фильм Шандора Шары невозможно свести только к венгерско-русской междоусобице», – пишет Ласло. [46] Однако в Венгрии всё

43   Szilágyi Ákos: A vád tanúja. Filmvilág online, 1997. november. http://www.filmvilag.hu/xista_frame.php?cikk_id=1702

44   Dobos László: Sára Sándor Vád című filmjéről.

45   Gyáni, Gábor: Memory and Discourse on the 1956 Hungarian Revolution. Europe-Asia Studies 58.8 (2006) 1199–2008.

46   Dobos László: Sára Sándor Vád című filmjéről.

произошло наоборот. Политические изменения привели к тому, что воспоминания об изнасилованиях стали рассматривать через призму этничности и популизма, а вложенные в них смыслы «были сведены к венгерско-русскому противостоянию». «Дрейфующая лакуна» в этом смысле превратила коллективные воспоминания в официальную историю.

Если и далее использовать метафору Вансины, то «дрейфующая лакуна» каждый раз заключает в себе разный опыт. Задача историка — понять, какие события и нарративы попадают в «лакуну», а какие — нет. В этом задача этой книги. Я начну с того, что реконструирую историю изнасилований в оккупированной советскими войсками Венгрии и расскажу, из каких источников мы знаем, что произошло, и о чём они предпочли умолчать. Далее я проанализирую последствия насилия — аборты, заболевания, передаваемые половым путем, рождение детей и замалчивание. Продолжит книгу анализ интерпретационных фреймов в юридической и исторической литературе, визуальном искусстве и цировой среде. Опираясь на советские источники, я также попробую представить не освещавшуюся до сих пор точку зрения военнослужащих Красной армии. Наконец, я покажу, почему история изнасилований останется «заложницей» геополитических игр, в которых жертвы насилия играют совсем незначительную роль.

Историография военных изнасилований

У военного насилия есть смысл. Оно помогает армии добиться стратегических целей. Поэтому оно случается не всегда и везде, а там, где оно было запланировано как часть военной стратегии в конкретных обстоятельствах. В последние пятьдесят лет эти обстоятельства исследовали в связи с массовыми изнасилованиями в Бангладеш (1971), Югославии (1991–2001), на Шри-Ланке (1983–2009), в Руанде (1994) и Конго (с 1999-го по настоящее время).

На ранее запретную тему изнасилований исследователи обратили внимание в 1970-х годах. Сюзан Браунмиллер первой осмыслила его как форму войны мужчин против женщин в своей ставшей классикой книге.[47] По определению Браунмиллер, военные изнасилования — «это не что иное, как сознательное запугивание женщин, позволяющее держать их в страхе».[48] Исследования этой окружённой молчанием части истории Второй мировой войны начались в Германии. [49] Феминистки второй волны разработали терминологию, которая стала рассматривать изнасилование в рамках новой понятийной системы. [50] До того военное насилие считали нормальным ещё со времён похищения сабинянок явлением, в котором, кроме того, всегда винили пострадавших женщин: якобы они недостаточно о себе позаботились.

---

47   Susan Brownmiller: Against Our Will. Men, Women and Rape. London, Simon&Schuster, 1975.

48   Brownmiller: Against Our Will 15.

49   О забытой истории сексуализированного насилия над женщинами во время Второй мировой войны см. Sander, Helke – Johr, Barbara: BeFreier und Befreite. Krieg, Vergewaltigung, Kinder. Frankfurt, Fischer Verlag, 2005; Liebman, Stuart – Michelson, Annette: After the Fall: Women in the House of the Hangmen. October 72 (1995) 4–14.

50   Fiegl, Verena: Der Krieg gegen die Frauen. Die Zusammenfang zwischen Sexismus und Militarismus. Bielefeld, Tarantel Frauenverlag, 1990.

Начало изучения военных изнасилований положило движение за гражданские права. Одним из его главных требований было соблюдение прав человека в отношении женщин, в том числе права распоряжаться собственным телом. Его деятельность совпала с протестами против войны во Вьетнаме, на которых говорили о военных изнасилованиях. Появилось понимание, что сексуализированное насилие — это не просто элемент военной стратегии, а инструмент колониальной власти и орудие колониальной войны. Колонизаторы наделяют себя правом распоряжаться телами женщин на завоёванных территориях, чтобы лишить местных мужчин маскулинности. Вторым теоретическим новшеством, привнесённым движением за гражданские права, стал тезис, что военное насилие не отличается от домашнего. Оба — крайнее проявление неравенства между участниками властных отношений. На примере ветеранов Вьетнама учёные впервые продемонстрировали, что, вернувшись с войны, ветераны продолжали прибегать к насилию в собственных семьях. Это подтвердило теорию континуума насилия.

Появившиеся в те годы понятия для описания жизни женщин пригодились в ретроспективном анализе женского опыта 1944–1945 годов. Однако поскольку они были придуманы после исторических событий, которые описывают, их следует применять с осторожностью. Кроме того, несколько методологических проблем создаёт сдвинутый во времени нарративный режим. Первая проблема состоит в том, что в отсутствие письменных источников анализировать тему можно исключительно с опорой на интервью и воспоминания. Но беседовать об опыте изнасилования стоит, только если жертва может рассказать, что произошло, сама и своими словами. Выступление от её имени сомнительно с политической точки зрения. То, что выступающий облекает опыт жертвы в собственные выражения, делает её невидимой. Для Венгрии, например, типично, что о случаях насилия над женщинами — то есть о том, что видели и пережили исключительно женщины — рассказывают мужчины. Сами женщины обычно молчат. Итак, наша задача —

проанализировать, кто, почему и как рассказывает историю или молчит о ней. Стоит учитывать, что молчание может быть формой сопротивления. При этом исследователь должен с особой деликатностью «обращаться с субъектом исследования и включать прожитый опыт в материалы исследования» [51]. Нельзя преувеличить, насколько важно фиксировать воспоминания, многократно искажённые молчанием. Нередко они наш единственный источник.

Во время второй волны феминизма молодые историки в Австрии и западной Германии стали собирать любые доступные письменные источники о том, чем для женщин, которых в тылу было большинство, была советская оккупация. Эту тему в отношении Венгрии я подняла в моих исследованиях через десять лет после смены в стране политического режима. Ещё через пятнадцать лет своим фильмом это сделала Фружина Шкрабшки. Известная венгерская журналистка, придерживающаяся консервативных взглядов, Шкрабшки в 2013 году выпустила картину об изнасилованиях, совершённых советскими солдатами во время Второй мировой войны. На обсуждении этой темы в венгерском обществе тогда ещё лежало табу. Фильм был неоднократно показан по телевидению и набрал несколько сотен тысяч просмотров на Youtube. Электронные диски с его записью бесплатно разослали библиотекам общеобразовательных школ.[52]

Венгерским исследователям пришлось разработать специальный теоретический и методологический подход, чтобы сделать возможной научную дискуссию о женской истории, пока даже не затрагивая проблему изнасилований.[53]

---

51   Kell, Liz – Burton, Sheila – Reagan, Linda: Researching Women's Lives or Studying Women's Oppression. Reflections on What Constitutes Feminist Research. в: Maynard, Mary – Purvis, Jane (eds.): Researching Women's Lives from a Feminist Perspective. Taylor and Francis, London, 1994, 35.

52   Andrea Pető, Shame revisited in the memory politics of illiberal states. in Shame and Masculinity. ed. Ernst von Alphen. Plural, Valiz, Amsterdam, 2020. 103-113.

53   Pető Andrea: „Több mint két bekezdés." A női történeti emlékezés keretei és 1956. Múltunk 4 (2006) 82–91; és Pető, Andrea: A Missing Piece? How Women

Венгерский фем-активизм и женское движение не сделали практически ничего для развития дискуссии на эту болезненную тему. Гражданские инициативы по борьбе с домашним насилием не стремились анализировать проблему с исторической точки зрения. Частично это объясняется связью возродившегося после 1989 года женского движения с левым, антифашистским дискурсом. В его рамки просто не укладывался факт, что в военных изнасилованиях были виновны в основном воины-освободители из Красной армии. Антикоммунизм, давший толчок к дискуссии о советских военных изнасилованиях, стал идеологией правых. Они выступили против гендерного равенства и за так называемую традиционную модель семьи. Таким образом, в Венгрии об изнасилованиях изначально говорили с позиций интенционализма, а не их структурализма.

В отличие от Венгрии, местные и международные некоммерческие организации по защите женских прав в Косове, где албанских женщин массово насиловали сербские отряды, действовали сообща. Они выступили против государства, которое превратило женщин в немых жертв, назвав главной причиной сексуализированного насилия их этничность. Организации требовали учесть точку зрения пострадавших в правосудии переходного периода. В Венгрии тем временем не было ни прогрессивных, ни консервативных женских общественных организаций, которые бы записывали воспоминания жертв насилия. Препятствовали также пожилой возраст последних и отсутствие у них политического голоса.[54] В Косове активисты движения за сохранение памяти и представители гражданского общества вместе добивались, чтобы государство признало значимость воспоминаний жертв насилия. Им пришлось столкнуться не только с тем, что виновные отрицали свои преступления, а государство

---

in the Communist Nomeclature are not Remembering. East European Politics and Society 16.3 (2003) 948–958.

54   Di Lellio, Anna: Seeking Justice for Wartime Sexual Violence in Kosovo: Voices and Silence of Women. East European Politics and Societies and Cultures 30. 3 (2016) 621–643.

пыталось «замять» произошедшее. Абстрактное страдание и виктимизация стали фундаментом национальной идентичности молодого косовского государства. Страдание изнасилованных женщин и детей могло «запачкать» «высокую» национальную идею и поэтому в неё не вписывалось. По этой же причине тема изнасилований женщин советскими солдатами стала табу в странах Балтии.[55] Аналогичная ситуация наблюдалась в Венгрии, где не было активного женского движения или движения за сохранение исторической памяти. История народных страданий, принесённых советской оккупацией, была лишена конкретики и совсем не учитывала повседневный опыт обычных женщин.

Начавшиеся на Западе систематические эмпирические исследования пытались отреагировать на методологические проблемы, связанные с использованием метода конкретных ситуаций, или кейс-стади (case study). Например, первые австрийские краеведческие работы по теме показали, что женщины обычно с готовностью указывают на кого-то, с кем «это произошло», но умалчивают о собственной истории насилия. Мужчины, напротив, охотно делились семейными историями и тем, как оно влияло на судьбу женщин, если «русские» изнасиловали кого-либо из их родственниц. Этот пример иллюстрирует, что изнасилования конструируются как элемент нарратива о войне как о сфере мужского. В Венгрии краеведческие исследования войны начались позже, а женские воспоминания приобрели значимость только после «нелиберальных» изменений в политике памяти.[56] При этом нелиберальная политика памяти стремится дискредитировать изучение изнасилований, лишить его легитимности и финансирования. Это, с моей точки зрения, не политическое

---

55   Skultans, Vieda: The Testimony of Lives: Narrative and Memory in Post-Soviet Latvia. New York – London, Routledge, 1998.

56   Pető: Roots of Illiberal Memory Politics; Sántha István: A front emlékezete. A Vörös Hadsereg kötelékében tömegesen és fiatalkorúakon elkövetett nemi erőszak kérdése a Dél-Vértesben. в: Csikós – Kiss – Ö. Kovács: Váltóállítás 127–165.

искусство лжи и обмана, но сам modus operandi нелиберальных режимов. Нелиберальная политика памяти так успешна, потому что её нормы и практики, например потребность признать опыт жертвы, позаимствованы у модели памяти о Холокосте. Однако нелиберальная политика памяти эффективна не только потому, что она эксплуатирует понятийные рамки, институты и ценности конкурирующей системы. Её секрет в том, что она строит свою собственную систему.[57]

То, что военные изнасилования признали легитимной темой для научных изысканий, дало толчок к её изучению. По мере расширения научного поля учёные заинтересовались темой эмоциональных и сексуальных отношений в военное время. Была опубликована серия работ, проанализировавшая отношения военных и гражданских лиц с позиции критики расизма. Во время Второй мировой войны располагавшиеся на континенте войска часто рассматривались через призму колониальных стереотипов. Женщин запугивали «чрезмерной сексуальностью» цветных солдат и «азиатов» с Восточного фронта. Действия русских и советских солдат в венгерских источниках, как правило, описаны в рамках колониального нарратива. Особенно сильны были расовые предрассудки в отношении детей, рождённых в результате «смешанных» отношений.[58]

В последнее время военные изнасилования изучают через призму критики европоцентризма, свойственного современной системе наказания. С точки зрения структурализма, то, как европейская правовая система наказывает сексуализированное насилие, представляет пострадавших в невыгодном свете. Поскольку современный колониализм распространил европейскую систему и на другие части света, местные системы наказания утратили свою

57   Pető Andrea. The Illiberal Memory Politics in Hungary, Journal of Genocide Research, (2021) DOI: 10.1080/14623528.2021.1968150

58   Fehrenbach, Heide: Race after Hitler: Black Occupation Children in Postwar Germany and America. Princeton, Princeton University Press, 2005.

значимость. [59] Исследования изнасилований также стали одним из ключевых направлений, по которому развивается изучение геноцида. [60] Роль сексуальности и сексуализированного насилия в истории войн и истребления наций всё чаще считают приемлемой темой для научного труда.[61]

В рамках этого дискурса изнасилования рассматривают как проявление кризиса маскулинности, поэтому речь о женщинах, виновных в изнасилованиях, идёт очень редко. Но новые исследования сексуализированного насилия над мужчинами восполняют этот пробел. [62] Основополагающий труд Сюзан Браунмиллер, рассматривающий изнасилования как орудие войны и заложивший основание для структуралистского анализа явления, в 2000 году перевели на японский язык, тогда как на русском или венгерском он не издан по сей день.[63] Также стоит отметить, что военная история до последнего времени считалась прерогативой исследователей-мужчин. Их же не интересовал женский опыт во время войны и, соответственно, на труды об изнасилованиях они не ссылались.

Венгерские исследования

В 1996 году, когда я получала стипендию венского Института гуманитарных наук, мне в руки попал фотографический

59 Тематические исследования Африки демонстрируют, что до колонизации континента роль женщин в системе местной права была гораздо более значительной. Shadle, Brett L.: Rape in the Courts of Gusiiland, Kenya, 1940s–1960s. African Studies Review 51.2 (2008) 27–50.

60 Altınay, Ayşe Gül – Pető, Andrea (eds.): Gendering Genocide. Special issue of European Journal of Women's Studies 22.4 (2015).

61 Pető, Andrea (ed.): Gender: War (Macmillan Interdisciplinary Handbooks). Gale, Cangage Learning, 2017.

62 Gorris, Ellen Anna Philo: Invisible Victims? Where Are Male Victims of Conflict-related Sexual Violence in International Law and Policy? European Journal of Women's Studies 22.4 (2015) 412–427.

63 Brownmiller: Against Our Will.

альбом 1945 года, подготовленный музеем истории Вены. [64] Среди прочих там оказалась фотография женщины, которую изнасиловали и убили в Пратере, венском парке развлечений. Фотографию сделали сотрудники полиции. Под впечатлением от увиденного я занялась историей военных изнасилований в Венгрии. Вернувшись домой, я расспросила своих знакомых, известно ли им что-нибудь об аналогичных случаях в Будапеште. Они отправили меня к своим родственникам и соседям, с которыми, по их мнению, «такое случилось». Я также стала посещать архивы, чтобы составить представление об источниках. В 1998 году вышла книга Кристиана Унгвари под названием «Осада Будапешта», содержавшая интересные для меня подробности. Однако я не могла принять её ориенталистский подход и игнорирование опыта женщин. В 1999 году журнал «Историческое обозрение» опубликовал первые результаты моих исследований. Появившаяся в 2003 году англоязычная версия этой статьи стала наиболее цитируемой моей работой. Не в последнюю очередь потому, что она была выложена в Интернете и получила много отзывов. Кроме того, статью часто цитировали в преддверии символических дат 13 февраля и 4 апреля — «освобождения» Будапешта и Венгрии от нацистов. Я неоднократно получала приглашения на приуроченные к этим датам интервью от журналистов консервативного и крайне правого толка. Летом 2004 года я прочитала лекцию смелым фем-активисткам из разных частей бывшего Советского Союза на летней школе в Крыму.[65] После лекции в зале повисло молчание. Наконец одна из слушательниц произнесла: «Но ведь мой дедушка был героем». Она рассказала его историю. Её дедушка героически сражался до

---

64 Frauenleben 1945: Kriegsende in Wien. 205. Sonderausstellung des Historischen Museums der Stadt Wien 21.09.–19.11.1995. Wien, Eigenverlag der Museen der Stadt Wien, 1995.

65 Я выступила с лекцией под названием Framing women in national history (Женщины в национальной истории) на Восьмой международной летней школе по гендерным исследованиям, которая прошла в крымском посёлке Форос в Украине с 29 августа по 18 сентября 2004 года.

конца Второй мировой войны. Этот случай помог мне понять, насколько сложно прервать молчание вокруг моей темы и насколько сильно это молчание связано с работой машины политики памяти.

Гендерная историография, заложившая теоретические основы для дискуссии о военном сексуализированном насилии в других странах, в Венгрии была институционализирована достаточно поздно. [66] Пока на факультетах истории зарубежных университетов студентов и финансирование для учёных привлекали разнообразием специализированных курсов, в Венгрии везде преподавали практически одно и то же. Неудивительно, что военная история не выходила за пределы простого перечисления фактов. Теоретическая неопределённость, которую ощущали прогрессивно мыслящие представители общества, а также двусмысленность ситуации, вызванная присутствием в Венгрии советских войск, имели серьёзные последствия для политики и науки. Они проявились не только в спорах, был приход Красной армии в Венгрию «освобождением» от нацистов или повторной «оккупацией», но и в том, с каким удивлением и непониманием венгерские профессиональные историки в начале 2000-х отреагировали на изменения в политике памяти.

Появление на английском языке работы Алэн Польц «Женщина и война» (1991) разбудило у литературоведок-феминисток интерес к тому, как женщины описывают военные бедствия. Они тоже занялись разработкой теоретических и методологических подходов к теме в рамках своей дисциплины. [67] Документальный фильм Фружины Шкрабшки «Тихий стыд» (2013) стал толчком к появлению новых научных работ и актуализации процессов в коллективной памяти. Свою точку зрения высказала в картине

---

66 Pető Andrea: Társadalmi nemek és a nők története. в: Bódy Zsombor – Ö. Kovács József (szerk.): Bevezetés a társadalomtörténetbe. Budapest, Osiris, 2003, 514–532.

67 Polcz, Alaine: A Wartime Memoire. Budapest, Corvina, 1998. (На русском языке см. Алэн Польц «Женщина и война» // Нева, 2004 № 2, перевод Е. Шакировой).

и я. Кроме того, во время открытых дискуссий на показах фильма мы с режиссёркой смогли обсудить расхождение в наших взглядах на тему. Тем не менее, нас объединяла готовность вместе работать ради общей цели — чтобы о забытом и замолчанном недалёком прошлом снова заговорили.[68]

Фильму удалось добиться того, чего не смогла моя научная статья в 1999 году. Благодаря ему «дрейфующая лакуна» Вансины в коллективной памяти медленно тронулась. Газеты, журналы и блоги начали публиковать воспоминания о преступлениях советских военных.

Поворот в политике памяти

Если фильм Шандора Шары «Обвинение» после нескольких показов в 1997 году положили на полку, то «Тихий стыд» долго шёл в кинотеатрах. Несколько раз его транслировали по общественному телевидению. Также он был доступен на двух платформах в Интернете, где к 2017 году набрал около двухсот тысяч просмотров. Своим успехом картина обязана повороту в политике памяти.

Эти изменения, начавшиеся в 2000-х годах, проходили в три этапа. Первым был этап популяризации и локализации истории. Тогда предметом и героем исторического исследования, как в фильме «Обвинение», стал обычный человек. Историки начали пользоваться местными архивами и публиковать мемуары жертв в сотрудничестве с их родными. Мы узнали о тысячах случаев военного сексуализированного насилия. Эти воспоминания, представленные обществу как исторические факты, превратились в достоверные и «правдивые» источники, более важные, чем все другие. Приватизация памяти, или представление, что индивид знает, что на самом деле произошло в прошлом, лучше, чем историк, анализирующий факты в контексте, была свойственна

---

68   Skrabski Fruzsina: Az Elhallgatott gyalázatról vitatkoztunk. Mandiner, 2017. márc. 3. http://mandiner.hu/cikk/20170303_skrabski_fruzsina_az_elhallgat ott_gyalazatrol_vitatkoztunk

венгерской политике памяти и до 2000-х. Личная жизненная история стала «истиной» сразу после 1989 года, поскольку сменила идеологически ограниченное подцензурное описание истории в период коммунизма. Личная история локализует и индивидуализирует память, противопоставляя её глобальным тенденциям.

Второй этап — так называемый поворот к женской истории, когда события из жизни женщин стали частью историографии, но проанализированы были так, что уязвимое положение женщин только усиливалось. Исследователи, знакомые с гендерной проблематикой, которые прежде жаловались на отсутствие женщин в историографии, стали свидетелями смены парадигмы. Появилось множество «женских» тем или тем, считавшихся «женскими». В Венгрии, однако, на передний план вышел не анализ структурных причин, мешающих «появлению» женщин в истории, а конструирование женщин как монолитной группы, которая символизирует жертвенность нации.[69]

Третий этап ознаменован геополитическими изменениями. В путинской России анализ прошлого стал вопросом государственной безопасности, а миф о Великой Отечественной войне — идеологической базой для великодержавных притязаний. Одновременно расширился на Восток Европейский Союз. В новых странах-членах ЕС антикоммунизм был основной политической силой, придававшей консервативным партиям легитимность в глазах населения. Они добились учреждения Дня памяти жертв коммунизма, а после умело использовали своё лобби в Брюсселе, чтобы разрушить доминирующую в Европе политику памяти изнутри. Консерваторы предложили парадигму, которая позволила дезинтегрировать универсальный европейский нарратив «Больше никогда!», краеугольным камнем которого была всеобщая память о Холокосте, и использовать элементы этого нарратива в собственных целях.

---

69   Pető: Roots of Illiberal Memory Politics; Sántha István:

Получившиеся в результате когнитивные фреймы действуют в качестве механизмов «репрессивного стирания» (repressive erasure). Они способствовали формированию нового господствующего нарратива. [70] Механизмы «репрессивного стирания» стали теоретической и идеологической базой для защитной стратегии памяти венгерских консерваторов. Те верят в «двойную оккупацию» и возлагают вину за травму, оставленную событиями XX столетия, на немцев и СССР.

Эти изменения в политике памяти отразились на сборнике научных статей под редакцией Тамаша Крауса и Варга Евы Марии, опубликованного в 2013 году. Сборник посвящён анализу роли венгерских войск в немецкой оккупации Советского Союза. [71] Несмотря на ряд методологических ошибок, один из их ключевых выводов — венгерские солдаты разделяли культуру насилия. Они совершали преступления на оккупированных венгерскими войсками территориях Советского Союза, т. е. в зоне боевых действий или оккупации действовали подобно любым другим, в том числе советским, военным. Но направить фокус научных исследований на военные изнасилования — только первый шаг на пути к тому, чтобы преодолеть заговор молчания. Надеюсь, ещё появится тщательная и профессионально обоснованная работа, соответствующая методологическим нормам и стандартам исследовательской этики. Точка зрения редакторов сборника, в свою очередь, ясна. Венгерские военнослужащие в нём показаны участниками нацистского геноцида. Это резонирует с политикой памяти, проводимой российским правительством. Изданный малым тиражом из-за тенденциозного обращения с источниками и неточностей

---

70   Connerton, Paul: Seven Types of Forgetting. African Studies Review 1.1 (2008) 60-61.

71   Krausz Tamás – Varga Éva Mária (szerk.): Magyar megszálló csapatok a Szovjetunióban. Levéltári dokumentumok (1941–1947). Budapest, L'Harmattan, 2013.

сборник добился своей цели — его статьи вызвали дискуссию в профессиональных кругах.[72]

Эта дискуссия развивалась по нескольким направлениям. Во-первых, речь шла о требованиях к публикации источников: кто и как должен их отбирать, какими сносками они должны быть сопровождены. Во-вторых, был поднят вопрос о степени автономности венгерских войск, вступивших в войну на стороне нацистской Германии. В частности, обсуждалось, насколько венгерские военачальники были самостоятельны в своих решениях. В-третьих, дискуссия затронула правила профессионального ведения войны. В этом споре столкнулись две непримиримые точки зрения на политику памяти. Интенционалисты, представленные издателями сборника, подчёркивали, что венгерская армия, будучи союзником нацистской Германии, следовала её военной и идеологической программе. Военные историки с этим не согласились. В подтверждение своей позиции они обычно ссылались на приказ генерал-майора и командира 105-й лёгкой пехотной дивизии Имре Колошшвари. По его мнению, в профессиональной венгерской армии царила образцовая дисциплина, а неповиновение проявляли только некоторые солдаты. «Грабежи, мародёрство венграм не свойственны. Если кто-то вдруг забудется, пусть сослуживцы поставят его на

---

72 Некоторые из критических работ: Szabó Péter: A magyar királyi honvédség és a tudatos népírtás vádja. Történelmi Szemle 55. 2 (2013) 307–323; Krausz Tamás – Varga Éva Mária: Egy könyvrecenzió – tizenkét csúsztatás. Történelmi Szemle 55. 2 (2013) 325–341; Számvéber Norbert: Egy forráskiadvány margójára. Hadtörténelmi Közlemények 126. 2 (2013) 571–583. A magyar ruszisták egész kötetben keltek a monográfia védelmére: Gémesi Ferenc (szerk.): A magyar megszállás – vajúdó nemzeti önismeret. Válasz a kritikákra (Posztszovjet füzetek XX). Budapest, ELTE Ruszisztikai Központ, Magyar Ruszisztikai Intézet, Russica Pannonicana, 2013. Bartha Eszter pedig a magyar ruszisták védekező könyvét védi: Bartha Eszter: Emlékezetpolitika vagy történetírás? A magyar megszálló csapatok körül kialakult vita. Eszmélet 27. 106 (2015) 100-106. По итогам обсуждения Унгвари Кристиан написал обобщающую работу: Magyar megszálló csapatok a Szovjetunióban. Esemény – Elbeszélés – Utóélet. Osiris Kiadó, Budapest, 2015. Одна из работ, критикующая последнюю книгу в том числе за незнание иностранных источников: Gellért Ádám: Magyar csapatok a „véres övezetben". Betekintő 1 (2016) 1–23. http://www.betekinto.hu/2016_1_gellert.

место. Только с величайшими предосторожностями мы сможем добиться, чтобы рапорты не в меру ретивых украинских крестьян не вводили в заблуждение несведущие немецкие власти и командование и те не передавали их далее вышестоящему руководству». [73] Однако очевидно, что по тексту приказа нельзя сказать, как постоянно рискующие жизнью немецкие и венгерские военнослужащие вели себя с гражданским населением в ситуации неопределённости и плохого снабжения.

Мне хотелось бы указать на то, что упустили участники дискуссии. Это, в частности, методологические ошибки, допущенные авторами статей при анализе источников, и недооценка значимости военных изнасилований. Тенденциозная идеологичность сборника, которую игнорируют его редакторы, проявляется именно в том, как они подобрали источники, которые легли в его основу. Такое впечатление венгерские войска произвели на А. И. Крутухина, жителя Светлова, местечка в четырёхстах километрах к югу от Москвы: «Все жители деревни попрятались от этой стаи, а они, видя, что все попрятались, перестреляли всех, кто не смог убежать, женщин изнасиловали». [74] О Крутухине известно только то, что ему 67 лет и что он свободно говорит языком советской пропаганды, который сборник некритично воспроизводит. Стоит обратить внимание и на то, насколько свободно пожилой мужчина говорит об изнасилованиях, хотя в те годы эта тема была запретной.

Другим свидетельством поворота в политике памяти стали полные негодования письма участников конференции, организованной за счёт государственного бюджета в Институте исторических исследований «Веритас». Всё они были получены после моего выступления. [75] Институт,

---

73 Ungváry Krisztián (szerk.): A második világháború. Osiris, Budapest, 2005. Idézi Fóris Ákos: Zsákmányjog a keleti hadszíntéren. Újkor, 2018. jan. 26. http://ujkor.hu/content/zsakmanyjog-keleti-hadszinteren

74 Krausz–Varga: Magyar megszálló csapatok a Szovjetunióban.

75 „Szexuális erőszak és megszálló seregek a II. világháborús Magyarországon." Megszállástól megszállásig: Magyarország nagyhatalmak szorításában 1944–

разделяющий идеологию правящей в то время партии, проводил конференцию в венгерском парламенте. Большинство участников были сторонниками господствующей позиции о «двойной жертве», а потому то, что они услышали во время моего выступления, не пришлось им по душе. Если на следующий день после лекции слушатели гневно стучат по клавишам, чтобы выразить своё недовольство, то тема выбрана удачно. Однако в двух письмах, содержание которых по юридическим причинам я могу обрисовать только в общих чертах, речь шла о чём-то большем.[76] Их авторы раскритиковали мои аргументы. С одной стороны, такой интерес и реакция свидетельствуют о популяризации истории, а с другой, говорит о сомнениях в легитимности дискурсивной позиции историка.

В первом письме советские солдаты были изображены как «Другие». Автор подчёркивал их этническую принадлежность и объяснял факт массовых изнасилований желанием «русских» отомстить. Тем самым он отрицал, что женщины могут быть структурными жертвами милитаризма. Мой оппонент утверждал, что советские военные совершали насилие сознательно, находясь под влиянием статьи Ильи Эренбурга в газете «Правда».[77] По его мнению, подлецы и преступники есть везде, но немецкую оккупацию, тем не менее, нельзя сравнивать с советской. Советские солдаты, писал он, действовали по прямому указанию центра, а в венгерских и немецких войсках за нарушения наказывали сурово в соответствии с армейскими уставами.

1949. A Veritas Történetkutató Intézet konferenciája, Budapest, Parlament, Felsőházi terem, 2014. szeptember 29. Текст этого и других докладов, прозвучавших на конференции, см. в журнале «Рубикон».

76   Полностью письмо доступно в онлайн-журнале «Мандинер» (дословно: «Карамболь»): A II. világháborús nemi erőszak történetírása Magyarországon. Mandiner, 2015. márc. 31. http://mandiner.blog.hu/2015/03/31/a_ii_vilaghaborus_nemi_eroszak_tortenetirasa_magyarorszagon

77   Подробнее см. главу «Типология и причины военного насилия». – *Прим. ред.*

Авторка второго письма подкрепила свои доводы примерами из личного опыта, или, как она выразилась, с помощью «истины». Свекор женщины служил в пограничных войсках за Карпатами, а её бабушка жила в городе Кишкёрёш к югу от Будапешта. Во время войны один казак опустошил погреб в её доме, угнал всех животных и искал женщин. Семейная история казалась женщине более аутентичной и правдивой, чем слова историка. И хотя в письме об этом не говорится прямо, женщины, о которых идёт речь — это венгерки. Евреек за несколько дней до этого никто не прятал ни от немецких, ни от венгерских солдат. «Другой», то есть советский солдат, в результате этнитизации и использования интенционалистского нарративного режима представлен как животное, которое грабит и мстит по приказу. К подобным зверствам, по мнению авторки, были склонны только советские солдаты.

Отправной точкой в размышлениях обоих авторов было то, что бесчинства советских солдат после 1945 года остались безнаказанными. Действительно, последствия этого политически и эмоционально ощущаются по сей день.

Публикация сборника «"Законная" оккупация», посвящённого периоду, когда советские войска находились в Венгрии, приблизила поворот в политике памяти.[78] Сборник был предсказуемо раскритикован, прежде всего из-за неудачного названия. Усугубило ситуацию то, что в тексте статей кавычки до и после слова «законная» убрали. [79] В сборнике опубликованы 225 документов со всей Венгрии о вводе советских войск, первых принятых ими мерах и дальнейших действиях, связях с венгерскими властями,

---

78　L. Balogh: „Törvényes" megszállás (дословно: «Законная» оккупация).

79　Krausz Tamás: Egy levéltári kurzuskötet a Győzelem 70. évében. Eszmélet 106. (2015) 86–99; L. Balogh Béni: A helyes történészi magatartásról. Válasz Krausz Tamásnak. Rubicon 9 (2015) 10–13; Feitl István: Az ideiglenesség időszaka: Magyarország 1944–1945-ben. Eszmélet 27. 106. (2015) 8–41; Gyarmati György: A fegyverszünet nem vet véget a háborús állapotnak. Korunk, 26. 10 (2015) 67–72; Standeisky Éva: „Dokumentumok a megszállásról." Élet és Irodalom 59. 33 (2015). https://www.es.hu/cikk/2015-08-14/standeisky-eva/dokumentumok-a-megszallasrol.html

взаимодействии с населением, преступлениях, экономическом вредительстве, реквизициях и повседневной жизни в оккупации.

Как выразился в своей рецензии Дьармати Дьордь, с публикацией сборника «сформировалась источниковая база для основанного на старых обидах общественного обсуждения истории и политики истории». Тем не менее книга и дискуссия вокруг неё принесли плоды. [80] Венгерским архивистам пришлось старательно «прочесать» хранилища в поисках вошедших в издание документов. Они дают калейдоскопическое представление о происходящем не в последнюю очередь потому, что в условиях войны и медленно восстанавливающейся государственной власти источники сохранялись по принципу ad hoc. Также выяснилось, что коммунистические власти в Венгрии были неотзывчивы и не обладали существенным влиянием. Несмотря на жалобы местных жителей и документы с описанием ущерба, бесчинства советских солдат продолжались. Если кто-то и придавал огласке злодеяния советских войск, на него тут же ставили клеймо реакционера. Это не способствовало росту популярности новых властей.

Наконец, следует упомянуть о сборнике статей о сельских регионах Венгрии в 1944–1945 годах, составленный с позиций немецкой идеологии «штунде нуль» (Stunde Null, дословно с немецкого: час ноль). Поскольку сборник затрагивает события 1945 года, в нём отсутствует анализ того, что произошло до и после этой даты.[81] Я постараюсь восполнить методологические и теоретические пробелы и этой публикации.

Оккупационные войска в Венгрии: сравнение

Неэффективность венгерской политической системы в последние годы Второй мировой войны — в 1944-м и 1945-м — привела к оккупации страны армиями сразу двух государств. 19 марта 1944-го после неудачных мирных переговоров и

---

80   Gyarmati: A fegyverszünet nem vet véget a háborús állapotnak.
81   Csikós – Kiss – Ö. Kovács: Váltóállítás.

выхода Румынии из альянса Венгрию заняли сначала немецкие, а к осени — советские войска. Из-за особенностей периодизации политической истории венгерская историография часто рассматривает советскую и немецкую оккупацию отдельно друг от друга. Вход в страну союзных немецких войск, практически не встретивший сопротивления, обычно изучают в рамках истории дипломатии или политической истории. Советскую оккупацию, последовавшую за длительными кровопролитными боями, считают частью периода строительства в стране новой политической системы — коммунизма. Теория «двойной оккупации», появившаяся в начале 2000-х, поставила эту периодизацию под сомнение. Политика памяти, сформированная с позиций этой теории, позволяет властям не брать на себя ответственность за деятельность государства. Именно с её помощью в Венгрии возродили миф, будто страна была жертвой во Второй мировой войне. Тогда же военные изнасилования стали предметом интереса учёных и публицистов. Убеждение, что солдаты немецкой армии не были причастны к сексуализированному насилию, пригодилось тем, кто стремился разрушить миф о советской «армии-освободительнице». Ниже я поясню, что мы можем узнать о том времени из исследований и воспоминаний.

Немецкая оккупация

Нацистская армия находилась в Венгрии непродолжительное время. 19 марта 1944 года она вошла на территорию союзного государства, не встретив большого сопротивления. [82] Непродолжительное пребывание немеских войск в Венгрии объясняет особенности воспоминаний местных жителей об изнасилованиях, совершённых немецкими солдатами. Как видно из двух писем, процитированных в предыдущей главе, в коллективной памяти просто не осталось эпизодов насилия над венгерскими женщинами, в которых были бы виновны

---

82   Ránki György: 1944. március 19. Magyarország német megszállása. Budapest, Kossuth Könyvkiadó, 1978; Szabó Péter – Számvéber Norbert: A keleti hadszíntér és Magyarország, 1943–1945. Debrecen, Puedlo Kiadó, 2003.

немецкие солдаты. Советские же, как «все сейчас знают», совершили множество преступлений в отношении венгров, а также скрывавшихся еврейских женщин, немцев, поляков, словаков и других народов. Красная армия в результате кровопролитных боев победила немецкие и венгерские войска, которые разделяли идеологию массового уничтожения, но, едва освободив страну, проиграла борьбу за историческую память.

На нюрнбергском процессе 10 августа 1946 года Эрих фон Манштейн [83] повторил сказанное к тому времени другими немецкими военачальниками: солдаты рейха не были причастны к массовым изнасилованиям, а единичные случаи показательно наказывались. В западной части разорванного Холодной войной мира это утверждение никто не ставил под сомнение. В оккупированных Советским Союзом странах Восточной Европы было иначе. На бумаге там существовала политика гендерного равенства, но на практике поддерживалась система нормативной маскулинности. Властные и материальные различия между мужчинами и женщинами на институциональном и ценностном уровне не исчезли. Антифашистский дискурс, который представлял Советский Союз жертвой военного нападения, построен именно на воспоминаниях об изнасилованиях и зверствах, учинённых оккупационными немецкими (и венгерскими) войсками во время Великой Отечественной войны. Поэтому в годы Холодной войны в странах Восточного блока сексуализированное насилие обсуждали с позиций антифашизма в рамках доминирующего морализаторского дискурса, а не как следствие милитаризма и определённых властных отношений.

Прежде чем продолжить, следует задуматься, были ли правы Манштейн и военные историки, говоря, что немецкие солдаты не совершали изнасилований, а единичные случаи

---

83 Немецкий генерал-фельдмаршал, один из организаторов оккупации Франции в 1940 году. В 1941–1942 гг. руководил немецкими войсками под Ленинградом, в Крыму, Севастополе и Сталинграде. В 1944 году отправлен в отставку. - *Прим. ред.*

строго наказывались? В рамках интересной и часто критикуемой за неточности выставки о вермахте (Wehrmachtsausstellung), которую Гамбургский институт социальных исследований (Hamburger Institut für Sozialforschung) организовал в 1995 году, учёные впервые критически проанализировали порядки в немецкой армии с точки зрения истории культуры и менталитета.[84] В недавних исследованиях, в частности Регины Мюльхойзер, Моники Флашки и Биргит Бек, проанализирован так называемый миф Манштейна, согласно которому войска нацистской Германии вели себя образцово и дисциплинировано. [85] С помощью архивных материалов и воспоминаний историки выяснили, как на практике работал принцип расовой чистоты, который часто приводят в доказательство дисциплинированности немецких солдат.

На Восточном фронте воевали и работали около десяти миллионов немецких мужчин. Законы действительно строго регулировали их половую жизнь. Действовали, например, статья военного Уголовного кодекса об изнасилованиях и так называемый закон о защите крови, запрещавший сексуальные отношения с еврейками и славянками. Однако на практике законодательство не всегда работало. При милитаризме это невозможно по структурным причинам. Исследователи выяснили это, когда в их распоряжении оказались такие

---

84   Каталог выставки на английском: Crimes of Wehrmacht. Dimensions of War Annihilation 1941–1944. An outline of the exhibition of Hamburg Institute for Social Research. Hamburg, Hamburger Edition HIS, 2004. http://www.ver-brechen-der-wehrmacht.de/pdf/vdw_en.pdf

85   Mühlhäuser, Regina: The Historicity of Denial: Sexual Violence against Jewish Women during the War of Annihilation, 1941–1945. в: Altınay, Ayşe Gül – Pető, Andrea (eds.): Gendered Memories, Gendered Wars. Feminist Conversations on War, Genocide and Political Violence. New York – London, Routledge, 2016, 29–55; Beck, Birgit: Wehrmacht und sexuelle Gewalt. Sexualverbrechen vor deutschen Militärgerichten 1939–1945 (Krieg in der Geschichte, Bd. 18). Paderborn, Ferdinand Schöningh, 2004; Beck, Birgit: Rape: The Military Trials of Sexual Crimes Committed by Soldiers in the Wehrmacht, 1939–1944. в: Hagemann, Karen – Schüler-Springorum, Stefanie (eds.): Home/Front: The Military, War and Gender in Twentieth Century Germany. Oxford, Berg, 2002, 255–274. Flaschka, Monika: Race, Rape and Gender in Nazi Occupied Territories. PhD diss., Kent State University, 2009.

превосходные источники, как подслушанные и записанные англичанами разговоры немецких военнопленных. Судя по этим разговорам, для немецких солдат изнасилования были нормализованной и ожидаемой формой поведения. Жестокие убийства и случаи сексуализированного насилия офицеры обсуждали так, будто те были в порядке вещей.[86]

Тем не менее, воспоминания в основном отрицают то, что немецкие военные совершали насилие. К слову, так же живуч оказался миф, будто в изнасилованиях на территории Советского Союза не принимали участие венгерские солдаты, но об я расскажу позже. Итак, несмотря на то, насколько важны были для немецкого командования порядок, дисциплина и соблюдение законов о «расовой чистоте», все они противоречили конструкту нацистской маскулинности. Так его описала Анетте Ф. Тимм: «Мужская сексуальность была не источником удовольствия, а проявлением национальной военной силы».[87] Изнасилования на Восточном фронте носили массовый характер, несмотря на военную дисциплину и законы. В нацистской идеологии советские граждане не считались за людей. Распоряжение, действовавшее на «территории Барбароссы», гласило: «Ни одно из преступлений немецких солдат против советских гражданских лиц не подлежит наказанию». Конечно, такая дегуманизация потакала насилию.[88]

На Восточном фронте женщины, изнасилованные немецкими солдатами, не могли надеяться, что суд поможет им восстановить справедливость. Однако на Западном фронте и в Венгрии административные органы во время войны не переставали функционировать. После ввода немецких войск 19 марта 1944 года немцы активно использовали возможности

---

86   Neitzel, Sönke – Welzer, Harald: Soldiers: On Fighting, Killing and Dying: The Secret Second World War Tapes of German POWs. London, McClelland & Stewart, 2012.

87   Timm, Annette F.: Sex with a Purpose. Prostitution, Venereal Disease, and Militarized Masculinity in the Third Reich. Journal of the History of Sexuality 11.1–2 (2002) 253.

88   Beck: Rape 263.

венгерской административной системы, чтобы депортировать евреев. Парадоксальным образом местное правосудие сохраняло правовую определённость, что помогало защищать венгерских женщин от посягательств немецких солдат. Венгерские еврейки больше страдали от домогательств венгерских военных, о чём свидетельствует множество воспоминаний.[89]

Немецкие солдаты совершали изнасилования на Восточном фронте по нескольким причинам. Ими двигало осознание собственного расового превосходства, которое усиливало негодование, вызванное советским сопротивлением. После поражения в Сталинградской битве добавилось и растущее ощущение безнадежности.[90] Гораздо активнее, чем военных на Восточном фронте, за сексуальную связь с «восточными работниками», в Германии занятых преимущественно в сельском хозяйстве, немецкое государство преследовало немецких женщин. Согласно идеологии того времени, пока мужчины сражались на войне, женской обязанностью была «охрана дома».[91] Регулировать половую жизнь солдат вермахт пытался с помощью полевых борделей (Einsatzfrauen). Контролю государства в них подлежало всё от процедуры отбора женщин и их медицинского осмотра до правил пользования презервативами. Для некоторых местных женщин работа в борделе была источником дохода и защитой от неизбежной депортации. По словам Гиммлера, в результате отношений, завязавшихся в полевых домах терпимости, только в Украине родилось около одного миллиона детей и было сделано 2 миллиона абортов.[92] На Западном фронте нацисты, переживая о репутации немецкой армии, систематически

89   Hedgepeth, Sonja M. – Saidel, Rochelle G. (eds.): Sexual Violence against Jewish Women during the Holocaust. Waltham, MA, Brandeis University Press – Hanover, University Press of New England, 2010; Katz, Steven T.: Thoughts on the Intersection of Rape and Rassen[s]chande during the Holocaust. Modern Judaism 32.3 (2012) 293–322; Sinnreich: "And It Was Something…".

90   Burds, Jeffrey: Sexual Violence in Europe in World War II, 1939–1945. Politics and Society 37.1 (2009) 35–74.

91   Burds: Sexual Violence 38.

92   Burds: Sexual Violence 42.

наказывали солдат, которые совершили сексуализированное насилие. Но на Восточном подобные случаи даже не документировали. Если военных и преследовали, то за преступление против «расовой чистоты», а не насилие над женщиной. В конце 1941 года Гиммлер создал публичные дома в некоторых концентрационных лагерях. Считалось, что, если разрешить заключённым посещать женщин, они будут лучше работать. За время войны около 35 тысяч женщин было вывезено из Равенсбрюка в лагерные бордели, где их систематически насиловали.[93] В Маутхаузене для охранников-немцев и охранников-украинцев работали разные публичные дома. Их разрешали посещать заключённым евреям и украинцам в качестве поощрения. Меньше всего защищены от немецких солдат были еврейки.[94]

Проанализировав дела военных судов об изнасилованиях, совершённых немецкими солдатами, Бек пришла к выводу, что идеология маскулинности не просто способствовала изнасилованиям. Она оправдывала их. В приговорах неоднократно повторялось, что немецкие солдаты на фронте имеют право на сексуальное удовольствие. Нередко «сложившееся в ходе войны бедственное положение в удовлетворении сексуальных потребностей» было смягчающим обстоятельством.[95]

Важно отметить, что нарратив о превентивной силе распоряжений командования, из-за которых немецкие солдаты якобы не насиловали женщин, страны-союзники Германии не подвергали сомнению. Этого не смогли изменить доказательства насилия, совершённого немецкими, венгерскими и другими оккупационными войсками на советских территориях, которые Советский Союз представил на Нюрнбергском процессе. Не в последнюю очередь потому, что уже было известно о случаях массового насилия над

---

93   Burds: Sexual Violence 43.
94   Katz: Thoughts on the Intersection of Rape; Beck: Rape; Sinnreich: "And It Was Something…".
95   Beck: Rape 266.

женщинами в Венгрии и других странах, в которых были виновны солдаты Красной армии.

Российская оккупация в 1849 и 1914–1915 гг.

Армия лежащей к востоку огромной страны заняла территорию Венгрии в конце Второй мировой войны не в первый и не в последний раз. Обратившись к коллективной памяти об оккупации, мы узнаем, как с гражданскими обращались военные и что они о них помнят. Мы также поймём, как эти воспоминания повлияли на формирование памяти о последующих военных оккупациях.

Несмотря на пропаганду венгерского революционного правительства, первая российская оккупация Венгрии в 1849 году не оставила у гражданского населения леденящих кровь воспоминаний. [96] Она была коротка, хорошо организована, затронула лишь небольшую часть территории и привела к подавлению народного восстания. Совет министров, обращаясь к премьер-министру Лайошу Кошуту 18 мая 1849 года, пугает его не только утратой свободы, но и ожидаемым падением моральных и религиозных устоев. Согласно обращению, с приближением войск российского царя «как тёмный занавес, приближается долгое царство дикости и варварства». 29 июня 1849 года правительство выступило со следующим заявлением: «Готовы ли вы видеть, как казаки с далёкого севера оскверняют трупы отцов, жён, детей? Если нет, защищайтесь!». 10 июля 1849 года в Марошвашархей генерал Бем призвал секеев, говорящее на венгерском языке население Трансильвании, поднять оружие против наступающих российских войск. По словам Бема, для русских было важно не убивать, а решить проблему острой нехватки рабочей силы в Сибири. Он пишет: «То, что русские войска, вторгшись в

---

96   Речь идёт о Венгерской революции 1848–1849 годов, к которой привело стремление венгерского населения к независимости от империи Габсбургов. Судьбу восстания во многом определило решение российского императора Николая I поддержать австрийскую императорскую армию, введя в Венгрию свои войска. - *Прим. ред.*

страну, местных жителей не убивают и, более того, заманивают их сладкими обещаниями, объясняется лишь тем, что им нужно прежде всего их обезоружить, чтобы затем увести в плен — ведь все хорошо знают, что в землях секеев много здоровых и ловких людей».[97]

Как я отметила, в 1849 году в оккупации оказались только приграничные районы страны и только на короткое время. Южная и частично Верхняя Венгрия, Трансданубия и междуречье Тиса и Дуная остались за её пределами. Через три месяца русская армия ушла из Венгрии. Войска австрийского императора, которые, напротив, долго оставались в стране, стали ненавидимым «Другим». Принудительный в отместку за участие в революции призыв в имперскую армию, командование которой говорило исключительно на немецком языке, был причиной постоянных конфликтов между венграми и австрийцами на протяжении существования Австро-Венгерской империи.

Можно сказать, что в российских царских войсках царила прусская дисциплина. Однако если гражданское население вмешивалось в вооружённые столкновения регулярных войск, то российское командование поощряло мародёрство в качестве наказания. Так было, в частности, в Ваце и Мезьочате. Самое серьёзное преступление против гражданского населения по указанию командования произошло в Лощонце. 1 августа 1849 года отступавшие в горы венгерские отряды отчасти перебили, отчасти увели в плен отдыхавших в трактире российских солдат. В отместку генерал-лейтенант Граббе приказал поджечь город. Сохранилось подробное описание этих событий, составленное некоторое время спустя.[98]

Грабежи были редки в то время, поскольку солдаты перемещались организованными подразделениями и

---

97   Köszönet Hermann Róbertnek az idézetekért.

98   Jeszenői Danó: Losoncz története. в: Losonczi Phőnix. Történeti és szépirodalmi emlékkönyv. Az 1849-diki háborúban földúlt és elpusztított Losoncz város némi fölsegélésére. Kiadja és szerkeszti Vahot Imre. Pest, 1851. I. k. 19–29. Спасибо Роберту Херману, указавшему на этот источник, за помощь в анализе воспоминаний о российской оккупации.

обеспечивались припасами централизовано. Так что мародёрство и насилие в Лощонце армейское командование попустило специально. Еще один случай произошёл в середине июня 1849 года в окрестностях города Пожонь (нынешняя Братислава). Местные жители написали жалобу на грабежи и кражи, совершаемые российскими солдатами. «И женщинам нет от них спасения», – упомянули они. В этом случае командир русских войск, генерал-майор Панютин, возместил ущерб и подчеркнул, что если преступления повторятся, то капитана и командира батальона отправят в отставку и предадут военному суду.

2 августа 1849 года после боев за Дебрецен российскому генералу-фельдмаршалу Паскевичу поступила жалоба на жестокость Кавказского конного полка и Закавказского конного мусульманского полка. Она, очевидно, была составлена под влиянием религиозных предрассудков. [99] Об этом происшествии оставил заметки Сонцов, адъютант Паскевича. По его словам, солдаты «вели себя как звери»: один из сослуживцев Сонцова был вынужден разгонять их кнутом, чтобы защитить вдов и сирот. [100] Нарративный приём «вдовы и сироты», использованный Сонцовым, со временем трансформируется в знакомый нам «женщины и дети». Этот приём обезличивает жертв преступления и переводит наказание в плоскость морального осуждения. Флигель-адъютант царя, барон Николаи, так пишет о событиях в Дебрецене: «Мы слыхали о жестокости, грабежах и насилии над женщинами и детьми, учинённых нашими мусульманами и некоторыми солдатами». [101] Обвиняя мусульман, командование российской армии прибегло к тому же риторическому приёму, что и те, кто после Второй Мировой войны возложил ответственность за совершённые в Венгрии изнасилования исключительно на солдат «азиатского» происхождения.

99   Благодарю за помощь Илдико Рошонцы.
100   Rosonczy Ildikó (vál.) – Katona Tamás (szerk.): Orosz szemtanúk a magyar szabadságharcról. Budapest, Európa, 1988, 254–255.
101   Rosonczy–Katona: Orosz szemtanúk 321.

Одной из целей Российской империи в Первой мировой войне был захват Закарпатья. Императорская армия вторглась на территорию Венгрии осенью 1914 года. В исторической памяти это вторжение осталось обычным военным манёвром. Венгерское правительство объясняло военные трудности так называемым предательством русинов. Те якобы вступили в антивенгерский заговор, чтобы стать независимыми от Австро-Венгерской империи, и призвали на помощь русскую царскую армию, с представителями которой некоторых русинов объединяла православная вера. Премьер-министр Тиса, к которому было приковано внимание прессы, пока шла оценка ущерба от оккупации, не упоминал об изнасилованиях. Царские войска вместе с русинами грабили в первую очередь людей других национальностей, в основном евреев.[102]

Вторжение 1944–1945 гг.

Третья оккупация отличалась от предыдущих. Именно тогда, как показывают интервью и источники, у венгров сложилось представление о советском солдате как пьяном вооружённом грабителе. Образ немецкого солдата, к слову, был прямой противоположностью. Считалось, что он всегда одет в безупречно чистую форму и не несёт угрозы для порядочных граждан нужного происхождения.

Современники, например Иштван Бибо, расценивали этот период с позиций военного времени: «Они [советские войска. – Прим.ред.] вошли в страну как соседи-победители, напрочь игнорируя интересы населения». [103] Политики с ужасом и удивлением узнавали о зверствах советских солдат. Ференц Надь, премьер-министр Венгрии, известный своей неприязнью ко всему советскому, в написанных в эмиграции мемуарах вспоминает о жизни «в постоянном страхе». «С

---

102 Tutuskó Ágnes: Az 1914–1915. évi orosz betörések nemzetiségpolitikai vonat-kozásai, PhD-disszertáció, PPKE, Budapest, 2016.

103 Bibó István: A demokrácia válsága. в: Uő.: Válogatott tanulmányok. II. kötet: 1945–1949. Budapest, Magvető, 1986, 18. Цит. По: L. Balogh: „Törvényes" megszállás 29.

пьяными советскими солдатами невозможно говорить о человечности, достоинстве, чести и неприкосновенности семьи. Они готовы насиловать и девочек и плачущих пожилых женщин. Они украли у крестьян весь скот, поснимали постельное бельё, а во многих местах унесли и мебель. Бессердечные красные солдаты похитили тысячи женщин и девочек и заразили их половыми инфекциями».[104] Дневники архиепископа Грёса и воспоминания кардинала Миндсенти описывают жестокие действия советских солдат завуалировано. Эти случаи ставили местных коммунистов и членов партий левого толка в неудобное положение, поскольку противоречили насаждавшейся повсюду идее о превосходстве советского человека. 4 июля 1947 года Михай Фаркаш, коммунист и министр обороны, в письме генерал-лейтенанту Свиридову, заместителю председателя Союзной контрольной комиссии, заявил: «Было бы неплохо, если бы Вы предупредили командиров отдельных частей Красной армии, а также представителей Союзной контрольной комиссии на местах, что в Венгрии скоро пройдут парламентские выборы, чтобы они контролировали свои действия, иначе их перегибы скажутся на шансах нашей партии».[105]

Ещё одно отличие этой оккупации от предыдущих связано с нарративным режимом, которого придерживались авторы источников того времени. Этот нарративный режим постоянно противопоставлял западную христианскую цивилизацию «Востоку» и делал акцент на размытии значения законов войны. В процессе формирования исторической памяти в дискуссии об оккупации доминировали традиционные представления о защите от турецкого господства и восточной тирании. Согласно этим представлениям, Венгрия — последний оплот христианства перед лицом восточного варварства. Эта идея уходит корнями ещё в Средние века. Такой же топос, не претендуя на полноту,

---

104   Nagy Ferenc: Küzdelem a vasfüggöny mögött. Budapest, Európa, 1990, 206–255. Благодарю Роберта Риго за то, что обратил мое внимание на этот факт.

105   L. Balogh: „Törvényes" megszállás 244.

можно найти и у других народов Европы, например поляков, чехов, словаков, сербов и румын. «Московитские, татарские орды» или «русский паровой каток» — такие выражения из Historia Domus отсылают к историческим аналогам. Многие, в том числе историк Дьюла Секфю, называли советскую оккупацию новым турецким игом. [106] В этой парадигме советских солдат представляли одержимыми инстинктами существами или «большими детьми» с Востока. Секфю охарактеризовал их так: «Их действия управляются страстями — такое бывает, когда порядочный человек случайно проливает кровь и не может себя контролировать; иными словами, в них нет заранее спланированной жестокости или признаков садизма». [107] В дневнике Фанни Дьярмати, вдовы Миклоша Радноти, читаем: «И всё же к нам ворвалась Азия[108] (…) Это ужасно избалованные дети, открытые и чистые».[109] По словам Алэн Полц, «венгерские солдаты вряд ли вели себя почтительнее в российских деревнях [110] (…) разве что менее дико. Здесь же Восток вторгся на Запад». [111] Для Фанни Дьярмати мировая война стала особым испытанием. Еврейка, она потеряла заработок и мужа, которого угнали на принудительные работы, носила жёлтую звезду и делила жилье с чужими людьми. В формирование мифа о добрых, много пьющих, но, по сути, неплохих советских военных внёс вклад и писатель Иван Болдижар. В мемуарах он описывает весёлую беседу с подпившими солдатами. [112] О по-детски простодушных и непредсказуемых советских солдатах,

106 Благодарю Габора Дьани, указавшего на этот факт.

107 Szekfű Gyula: Forradalom után. Budapest, Gondolat, 1983, 126. Цит. По: L. Balogh: „Törvényes" megszállás 29.

108 Radnóti Miklósné Gyarmati Fanni: Napló I–II. 1935–1946. Budapest, Jaffa, 2014, II 421.

109 Radnóti Miklósné: Napló II 452.

110 Polcz, Alaine: Asszony a fronton. Egy fejezet az életemből. Budapest, Szépirodalmi Kiadó, 1991, 105.

111 Polcz: Asszony a fronton 105.

112 Boldizsár Iván: Don–Buda–Párizs. Budapest, Magvető, 1986, 1982. Цит. По: L. Balogh: „Törvényes" megszállás 43.

ведущих себя, как «татарские орды», [113] писали Шандор Мараи, Дьюла Шёпфлин и Жорж Габори. Кристиан Унгвари подытожил эти наблюдения так: «Население по опыту знало, что немцы ведут себя цивилизованно, но в случае необходимости жестоко, а русские в целом руководствуются благими намерениями, но ведут себя, как варвары».[114]

В польских мемуарах советская оккупация уподоблена стихийному бедствию, а советских солдат под влиянием антироссийских настроений и нацистской пропаганды описывали, как злобных варваров. «Кавказские злодеи, напоминающие о тёмных азиатских временах, меня тошнит от них. Боюсь их очень, а они вечно шатаются неподалеку», – писала в перехваченном военной цензурой письме жительница Вроцлава 8 августа 1945 года. Поскольку в Польше главными врагами считали евреев и русских, неудивительно, что о мародёрстве советских солдат говорили в тех же выражениях, что и о евреях в годы разжигания ненависти. Говорили, например, что советские солдаты подсыпают отраву в колодцы или похищают и убивают невинных девушек.[115]

Масштаб и характер насилия в отношении венгерского гражданского населения шокировал современников. Для большинства венгров война началась только с установлением советской оккупации. Это существенно отличалось от опыта тех же поляков, которые столкнулись с жестокостью советских войск после пяти лет беспощадной немецкой оккупации. Венграм не с чем было сравнивать — поляки же, вспоминая Красную армию, говорят, что та «была ещё хуже немцев».[116] Современники тех событий, с которыми мне удалось поговорить, объясняли это тем, что Красная армия

---

113 Márai Sándor: Föld, föld! … Emlékezések. Budapest, Helikon – Akadémiai Kiadó, 1991; Schöpflin Gyula: Szélkiáltó. Visszaemlékezés. Budapest, Magvető–Pontus, 1991; Gabori, George [Gábori György]: Amikor elszabadult a gonosz. Ford. Halász Zoltán. Budapest, Magyar Világ, 1991. Цит. По: L. Balogh: „Törvényes" megszállás 45.

114 Ungváry Krisztián: Budapest ostroma. Budapest, Corvina, 2009, 213, 304 Idézi L. Balogh: „Törvényes" megszállás 34.

115 Zaremba: Wielka Trwoga.

116 Zaremba: Wielka Trwoga.

представляет другую культуру, а «русские» на самом деле — потомки средневековых монгольских орд. Некоторые объясняли такое поведение местью за действия венгерских солдат в Украине. Согласно некоторым теориям, масштаб насилия всегда растёт по мере эскалации военного конфликта.[117]

Третье отличие советской оккупации от российской имперской связано с эффективной государственной пропагандой. Как показали интервью с жительницами Вены и Будапешта, женщины боялись советских солдат ещё до встречи с ними, поскольку немецкие пропагандистские плакаты и кинохроники десятилетиями выставляли Советский Союз и Красную армию главными врагами. [118] Нацистская пропаганда заблаговременно «подготовила» население к тому, что их ожидает в случае победы советских войск, и образы из нацистских кинохроник стали грустной реальностью. Одетые в грубую солдатскую форму и фуражки с красными звездами солдаты врывались в мирные дома, как и обещала геббельсовская пропаганда.

Страхи жителей оккупированных стран были прежде всего обусловлены этнической «инаковостью» солдат Красной армии. Неслучайно в качестве моделей для военных памятников советские власти выбирали солдат исключительно славянской внешности. Так они пытались преодолеть представление местного населения о советской армии как колониальной. Венгерская пресса конструировала пугающий образ Советского Союза, рассказывая о коллективизации, преследованиях верующих и шатких моральных устоях советских женщин. Венгерская коммунистическая партия, чья деятельность в стране была под запретом, не обладала

117　О насильственных действиях марокканских войск в Монте-Кассино см.: Baris, Tommaso: Tra due fuochi. Esperienza e memoria della guerra lungo la linea Gustav. Bari, Laterza, 2004.

118　Bandhauer-Schöffmann, Irene – Hornung, Ela: Vom "Dritten Reich" zur Zweiten Republik. Frauen im Wien der Nachkriegszeit. в: Good, David F. – Grandner, Margarete – Maynes, Mary Jo (Hrsg.): Frauen in Österreich. Beiträge zu ihrer Situation im 19. und 20. Jahrhundert. Wien, Böhlau, 1994, 232.

практически никаким влиянием на ситуацию. Только листовки могли донести альтернативные взгляды до широкой аудитории, но их распространение было связано с большим риском. Аудитория передач московского радио на венгерском языке стала расти только тогда, когда Красная армия приблизилась к Венгрии. Рассказы военных, побывавших на Восточном фронте, тоже выставляли армию Советского Союза не в лучшем свете. Истории о жестокости и беспощадности солдат и приносимых ими страданиях один в один совпадали с тем, что ранее обещала немецкая пропагандистская машина.

Венгерские женщины позируют с советскими солдатами. Сомбатхей, Венгрия

Четвёртое отличие связано с тем, что с началом советской оккупации институциональная система венгерского государства оказалась развалена, а общество разобщено. Граждане поняли, что в отсутствие государственных институтов могут полагаться только на себя и свои семьи. Показателен случай 28 апреля 1945 года, когда в Будапеште советские военные захватили машину премьер-министра Миклоша Белы Далноки, несмотря на протесты шофёра. Тому пришлось приложить значительные усилия, чтобы получить автомобиль обратно. [119] Те, кто разделял коммунистические убеждения, не были в большей безопасности. 30 августа 1945 года от 40 до 50 депутатов Конгресса строителей раздели и ограбили в поезде по дороге домой. У секретаря профсоюза Саболчской области трижды отобрали велосипед, пока тот разъезжал по округе, агитируя за свою партию. [120] Эти «повседневные поражения» отразились на венгерской маскулинности. Восприятие людей определяла феодально-патриархатная система ценностей, сложившаяся ещё до Второй мировой войны.   Поэтому сексуализированное насилие над венгерскими женщинами, по мнению большинства, было «провалом» венгерской маскулинности и чем-то постыдным для венгерских мужчин. Так в обществе созрел «заговор молчания». Художники эпохи Романтизма Виктор Мадарс и Берталан Секей написали картины, посвящённые одному из предыдущих эпизодов падения венгерской государственности. В 1526 году Михай Добози, спасаясь бегством от наступающей османской армии, убил свою жену по её просьбе, чтобы она не попала в плен. Обе картины изображают романтическую модель военизированной маскулинности: «Скажи, чем мне, о муж, отплатишь ты, когда падёшь; сколь ненавистных губ меня коснётся! Скажи, ужель в насилье задохнется мой разорённый стыд? Представь, о муж, за нами скачет рать, что ждёт меня, твою жену, представь, им грех неведом! За верность награди — мою последнюю победу позволь мне одержать!». [121] Нравственная модель, в которой самоубийство или убийство — приемлемые средства спасения чести, многократно появлялась в воспоминаниях. Корни этих представлений уходят в религию и античность. Примером может служить история римлянки Лукреции, которая предпочла умереть и

119 L. Balogh: „Törvényes" megszállás 167.
120 L. Balogh: „Törvényes" megszállás 340.
121 Kölcsey Ferenc: Dobozi. в: Kölcsey Ferenc: Versek és versfordítások (Kölcsey Ferenc minden munkái. Kritikai kiadás). Sajtó alá rendezte Szabó G. Zoltán. Budapest, Universitas, 2001, 93.

сохранить женскую добродетель, чем жить в бесчестье. Один из раввинов гетто в городе Лодзь говорил, что «лучше принести дочь в жертву, чем сделать её немецкой шлюхой».[122] В известном стихотворении «Девяносто три девственницы» литовского поэта еврейского происхождения Хиллеля Бавли (1893–1961) девушки выбирают смерть, чтобы избежать изнасилования немецкими солдатами. Очевидно, репертуар женского поведения и возможности для его описания в представлении современников были очень ограничены.[123]

С приближением фронта все институты, за исключением церкви, оказались разрушены. Найти убежище можно было только в некоторых церквях и монастырях. Гражданскому населению оставалось полагаться на самозащиту. Однако вооружённое сопротивление солдатам Красной армии, которое в момент угрозы казалось единственной разумной реакцией, было чрезвычайно опасным. 11 февраля 1945 года Янош Калман пришёл к районному нотариусу в Литке. Он попросил составить протокол, что в тот день между двумя и тремя часами ночи к нему пришли четыре солдата, чтобы забрать дочь и невестку на чистку картошки. В ответ на сопротивление военные стали стрелять, вывели двух женщин из дома, изнасиловали и несколько раз ударили их ножом, из-за чего те оказались в больнице.[124] Поскольку советский военный суд считал вооружённую самозащиту недопустимой, виновных ждала казнь или в лучшем случае лишение свободы на срок до 30 лет.[125] В отчёте отделения полиции XIV района Будапешта от 2 июля 1945 года перечислены злодеяния советских солдат, совершённые в его юрисдикции. Согласно документу, в одной квартире они убили 8 человек, а затем у здания полицейского участка XIV района застрелили и

122   Sinnreich: "And It Was Something…".
123   Bos, Pascale: Her Flesh is Branded? "For Officers Only": Imagining and Imagined Sexual Violence against Jewish Women during the Holocaust. в: Earl, Hilary – Schleunes, Karl A. (eds.): Lessons and Legacies XI: Expanding Perspectives on the Holocaust in a Changing World. Evanston, Northwest University Press, 2014, 62–66.
124   L. Balogh: „Törvényes" megszállás 286.
125   Kovács Imre: Magyarország megszállása. Budapest, Universitas, 1990, 246.

ограбили полицейского. Среди убитых были три женщины, но нигде не отмечалось, были ли они изнасилованы. [126] Расследование прекратили.

Из семейных историй известно, что девочек часто выпускали на улицу с перепачканными лицами, выдавая их за пожилых женщин. Но даже этот способ не всегда спасал от насилия. Матьяш Ракоши (1882–1971), глава Коммунистической партии Венгрии и идеолог сталинизации страны, в мемуарах упоминает защитную силу брюк: «Многие женщины разгуливают в огромных штанах (я слышал, что русские солдаты на дух не выносят женщин в таких штанах)». [127] Немного позже он противоречит сам себе, утверждая, что зимой в таких штанах ходят все, т. е. получается, что форма одежды сама по себе от посягательств не защищала. К тому же женщины в мужской одежде рисковали тем, что их могли принять за дезертиров. Бриджитте Вехмейер-Жанка в автобиографии под названием «Молодость немки в Польше (1938–1958)» упоминает ухищрения собственной матери, которая одевалась, как пожилая женщина, чтобы избежать домогательств советских солдат. [128] В Вене женщины старались вовсе не выходить на улицу, а если была такая необходимость, тоже выдавали себя за старух. [129] Из-за мародёрства советских солдат польские женщины боялись ездить на поездах даже в 1946 году. [130] Они прятались, симулировали сифилис или туберкулёз, вкалывая под кожу йод или окрашивая слюну, или пачкали нижнее бельё вареньем, притворяясь, будто у них месячные. Неопрятность и перепачканные лица не всегда помогали. В

---

126 Архивы «Открытого общества» им. Веры и Дональда Блинкена (далее BOSA) HU OSA 408-1-3/9.

127 Rákosi Mátyás: Visszaemlékezések I–II. 1940–1956. Budapest, Napvilág, 1997, 160.

128 Wehmeyer-Janca, Brigitte: Heimat des Herzens liegt in Danzig. Idézi Karwowska: Gwałty a kultura 163–171.

129 Bandhauer-Schöffmann, Irene – Hornung, Ela: Der Topos des Sowjetischen Soldaten. в: Jahrbuch 1995. Dokumentationsarchiv des österreichischen Widerstandes, Wien, 1995, 28–44.

130 Zaremba: Wielka Trwoga.

Вене проще было не выходить из дома, чем прятаться, потому что наличие соседей обеспечивало хоть какую-то защиту.[131] Самым опасным для женщин местом были винные погреба в окрестностях города. В Будапеште сложилась похожая ситуация. Соседи, родственники и знакомые совместными усилиями защищали женщин от посягательств, а пострадавшим оказывали медицинскую и психологическую помощь. Одна из евреек, прятавшаяся в подвале в Будапеште, после изнасилования не заразилась венерической болезнью и не забеременела, потому что ей помог скрывавшийся вместе с её семьей студент-медик.[132] Но не у всех была возможность оперативно получить медицинскую помощь.

Оккупация 1956 года

Эта операция была быстрым и хорошо подготовленным военным манёвром[133] с участием элитных воинских частей.[134] Но опасения, что оккупационные войска будут донимать гражданское население, как в 1944–1945 годах, сохранялись. В городах женщин прятали в подвалах, а у входа в жилые дома выставляли охранников. В деле Кароя Волаи, бойца отряда сопротивления с площади Ференц, указывалось, что его ненависть к советскому строю была вызвана тем, что в 1945 году русские изнасиловали его жену (хотя сам Волаи просил не включать эти сведения в протокол).[135]

---

131 Bandhauer-Schöffmann–Hornung: Der Topos 31.

132 Интервью 54150, часть 88. Архив визуальной истории Шоа Университета Южной Калифорнии.

133 Речь идёт о событиях 23–30 октября 1956 года, когда противостояние между сторонниками и противниками сталинизма в венгерском правительстве вылилось в открытое выступление против коммунистического режима. Во время восстания погибло более 2,5 тысячи человек. Эти события стали одним из импульсов к появлению советского диссидентского движения. – *Прим. ред.*

134 Horváth Miklós – Györkei Jenő (szerk.): Szovjet katonai intervenció, 1956. Budapest, Argumentum, 1996; Molnár György: A Vörös Hadsereg Magyarországi Hadjárata 1956-ban. Beszélő online, 2. 11 (1997). http://beszelo.c3.hu/cikkek/a-voros-hadsereg-magyarorszagi-hadjarata-1956-ban

135 Дело Кароя Воляя Центральный архив Будапешта (далее BFL) BFL 3445/59, Исторический архив служб охраны государственной

Размещавшиеся в Венгрии советские войска жили в изолированных казармах, и с гражданским населением взаимодействовали только офицеры.[136] Несмотря на это, Габор Магош, охраняемый свидетель, рассказал в ООН, что «уполномоченные УГБ (Управления государственной безопасности) и НКВД приставали к женщинам». По его словам, после того как ожесточённое сопротивление защитников Будайского замка, длившееся с 4 по 7 ноября, было сломлено, солдаты присланных для зачистки территории частей НКВД насиловали женщин. Более того, по его словам, служащие частей НКВД, охранявшие австрийско-венгерскую границу, зверствовали прямо на улицах и не щадили даже 12–15-летних девочек. Он добавил, что директор венской психиатрической клиники профессор Хофф, если бы его освободили от необходимости сохранять врачебную тайну, подтвердил бы попытки суицида и нервные расстройства у оказавшихся в Австрии венгерских девочек.[137]

Эти сенсационные показания, однако, не кажутся полностью достоверными, поскольку вполне вписываются в логику Холодной войны. Скорее всего, слова Магоша касались менее драматичного, чем осада замка, сражения на площади Сена. Распознать форму НКВД, особенно во время уличных боёв, когда перестрелка ведётся из укрытия, достаточно сложно. Это не отменяет факта, что беженцы действительно могли оказаться во власти оторвавшихся от частей солдат и военных патрулей, которые воспользовались своим положением для грабежа и насилия. Именно это случилось 27 ноября 1956 года с двумя девушками, ютившимися в конюшне у деревни Як.[138] Говорить о массовых изнасилованиях в таком случае едва ли возможно. Но, как видно по воспоминаниям о

безопасности (далее ÁBTL) ÁBTL V-144979. Благодарю Ласло Эрши, указавшего на этот факт.

136   Эти сведения я получила от Яноша М. Райнера.

137   Mink András (szerk.): Tanúságtevők az ENSZ előtt. Budapest, Nagy Imre Alapítvány, 2010, 320–321. Спасибо Ласло Эрши, обратившему моё внимание на этот источник.

138   BOSA HU OSA 300-1-2-77361.

1944–1945 годах, советская оккупация сильно повлияла на представления венгров о Красной армии.

Освобождение или оккупация?

Дискуссия о том, было продвижение советских войск вглубь Европы во Второй Мировой войне освобождением от нацистов или повторной оккупацией, шла не только в Венгрии. В Нормандии местное население воспринимало высадку американских войск именно как оккупацию и жаловалось на «эпидемию изнасилований». Американское командование реагировало по-разному. Согласно сохранившимся документам, 77 процентов процентов арестованных солдат имели афроамериканское происхождение. 70 процентов из них казнили публично, специально вызвав из Техаса палача. Приговор такому большому количеству солдат-афроамериканцев указывает на стремление выдать изнасилования, совершённые американскими военными, за проблему «чёрных африканцев». Точно так же в Красной армии за изнасилования осуждали в основном солдат-«азиатов», тем самым снимая ответственность с армии целиком.

В Нормандии между местным населением и расквартированными солдатами постоянно вспыхивали конфликты. Заметное присутствие афроамериканских солдат в американской армии усугубляло проявления и без того плохо скрываемого французами расизма и страха перед «чёрными мужчинами», насилующими белых женщин. Колониальные стереотипы в сочетании с распространённым в США линчеванием чёрных были взрывоопасной смесью в период отдыха армии после тяжёлых боёв, принёсших большие потери. Американские солдаты изымали у местных жителей то, что им было нужно для выполнения своих обязанностей, а французская пресса называла это «нелегальными реквизициями». Отношения военных и гражданского населения становились только напряжённее. Но американское руководство предотвратило пиар-катастрофу, возродив миф о превосходстве колонизаторов и переложив ответственность за бесчинства на ненавидимого «Другого», т. е. афроамериканского солдата. Когда линия фронта отодвинулась ближе к востоку, американские войска довольно быстро покинули Нормандию.[139]

Сравнение вермахта с Красной армией возвращает нас к описанной Майклом Уолцером дилемме «справедливость на войне/справедливость войны».[140] Вполне вероятно, что в самом начале Второй мировой вермахт действительно пытался придерживаться правил и принципов, сложившихся в XIX веке, и механизмы правосудия в армии работали лучше. «Справедливость войны» вскоре изменила ситуацию. Несмотря на это, миф, будто вермахт, орган исполнительной власти нацистского государства, не имел отношения к убийствам гражданского населения и в тылу, сохранялся вплоть до 1998 года, когда была проведена упомянутая выше выставка «Вермахт». До того считалось, что немецкие солдаты убивали исключительно на фронте и только в случаях, предусмотренных воинским уставом. Никто и не сомневался в их безупречном поведении и профессиональных знаниях.

Советская армия вступила в борьбу за политику памяти, ещё не окончив военных действий. Словно из-под земли по всей Венгрии появлялись памятники освобождению от нацизма. Позже были учреждены и памятные даты, например день Красной армии. Проводились встречи ветеранов, в страну приезжали родственники солдат, погибших в Венгрии. В 1957 году пресса широко освещала визит семьи Меркурьевых. Так советская власть транслировала, что русские войска профессиональны, борются за высокие цели, хорошо относятся к гражданскому населению и этнически гомогенны. Но то, что официальный нарратив никогда не упоминал солдат неславянского происхождения, только подчёркивало имперский характер Красной армии. Только случайно в нём

139 Подробнее см. Roberts, Mary Louise: What Soldiers Do: Sex and American GI in World War II France. Chicago, University of Chicago Press, 2014.

140 Walzer, Michael: Just and Unjust Wars: A Moral Argument with Historical Illustrations. New York, Basic Books, 1977.

появлялись женщины-военные. Журнал «Советская культура» регулярно печатал позитивные статьи о советской армии. Однако они, как и опубликованные изданием рисунки победителя детского конкурса «В сердце венгерского народа живет образ советского солдата-освободителя», прямо противоречили опыту войны и оккупации обычных людей.[141]

Было несколько попыток описать историю повседневной жизни последних лет Второй мировой войны с «человеческой стороны». Тщательно отредактированный двухтомник «Переломный момент» к 25-й годовщине освобождения от нацистов в итоге запретили к публикации из-за одного-единственного документа. Согласно ему, главный врач Кишуйсаллаша на заседании городского совета порекомендовал властям открыть публичный дом, чтобы обеспечить мир и покой местным женщинам, поскольку «по его сведениям, в городе достаточно женщин, готовых предоставить себя в распоряжение русских».[142] Пропаганда, согласно которой солдаты Красной армии «несли мир» и «делились хлебом», описывала личный опыт лишь небольшого числа людей. Политически удобные образы резко противоречили тому, с чем в оккупации и при создании коммунистического общества столкнулось большинство. Многие затаили глубокую обиду на СССР.

В последние десятилетия создание, распространение и инструментализацию памяти и воспоминаний рассматривают через призму понятий «транскультурная память» и «взаимосвязанная память». Термин «транскультурные воспоминания» в области исследований памяти возник около 2010 года. «Транскультурный поворот» подразумевает кардинальный отказ от убеждения, что память — это продукт культур с чёткими границами, во многих случаях национальных культур, если понимать их с точки зрения концепции Пьера Норра «место памяти». Сторонники

---

141 Így él a felszabadító szovjet harcos képe a magyar nép szívében. Szovjet Kultúra, 1952. május. BOSA HU OSA 300-1-2-77361.

142 Karsai Elek – Somlyai Magda (szerk.): Sorsforduló. Iratok Magyarország felszabadulásának történetéhez I. Budapest, Levéltári Igazgatóság, 1970, 223.

транскультурных исследований памяти критикуют такой «методологический культурализм». Они подчёркивают динамичный характер культурной памяти, а также неизоморфность культуры, нации, территории, этничности, социальной группы и памяти. Теория и методология этого подхода переносят внимание со стабильной и якобы «чистой» национально-культурной памяти на движение и связи между воспоминаниями и их взаимопроникновение.[143] Окончание Холодной войны изменило парадигмы коллективной памяти в Восточной Европе. На передний план вышла теория «двойной оккупации» и воспоминания о жертвах местного населения.[144] Реструктуризация геополитического дискурса после падения коммунизма и окончания Холодной войны изменила исторический дискурс. Нарратив «двойной оккупации» стал доминирующим. Антикоммунизм и переосмысление воспоминаний о советской оккупации стали фундаментом, на котором политики восточноевропейских стран основывали легитимность своих претензий на власть.

С конца 1990-х в Балтике, Украине и Польше основанная на антикоммунизме память о Второй мировой войне сформировала дискурс политики безопасности. В отличие от России, память о войне в этих странах не возвеличивали и не приукрашивали. Наоборот, она легла в основу истории национального страдания. Но и там, и в России ориентализация «Другого», то есть его патерналистский, принижающий образ, стала ключевым элементом дискурса политики памяти. Для русских «Другого» олицетворяют немцы, напавшие на их страну во Второй мировой войне. В Восточной Европе советская интервенция расценивалась как оккупация варварами с Востока. Для жителей Восточной Европы «огромные человеческие жертвы», принесённые советским руководством в войне, свидетельствовали о

---

143 Astrid Erll, "Transcultural memory", Témoigner. Entre histoire et mémoire, 119 | 2014, 178.

144 Lim, Jie-Hyun: Afterword. Entangled Memories of the Second World War. в: Finney, Patrick (ed.): Remembering the Second World War. London – New York, Routledge, 2018.

варварстве, дикости и беспощадности к собственной армии. «Особый путь России» и сомнительное отношение к сталинскому прошлому также расценивается как признак «Другого» с Востока. [145] После 1991 года борьба вокруг политики памяти в Восточной Европе только обострилась.

В Польше первые источники об изнасилованиях, совершённых советскими солдатами, опубликовали после 1989 года. Эта тема примирила поляков и немцев, поскольку в обеих странах женщины пострадали от советских солдат в конце войны. Это приблизило консенсус в политике памяти.[146]

В Венгрии дискуссия об истории, политике памяти и политике безопасности с опорой на ориентализм и принижение «Другого» началась позже, чем в балтийских странах и Польше. Нарратив жертвы в институционализированных битвах за политику памяти вовсе появился только после победы партии «Фидеш» и Христианско-Демократической народной партии на выборах в 2010 году. [147] Правительство правых предложило альтернативную точку зрения на события прошлого. Он противоречила доминировавшей европейской парадигме памяти под девизом «Больше никогда». Власти использовали изменения в публичном дискурсе в своих целях. Универсальный нарративный режим, в рамках которого строилась европейская политика памяти, в Венгрии объявили инструментом «западной гегемонии». По мнению венгерского правительства, этот режим объективировал венгерский нарратив, который поэтому нуждался в собственной терминологии. Инструментом для её создания стали попавшие в публичное пространство истории венгерских женщин, пострадавших от насилия, совершённого советскими солдатами. Перемены в политике памяти сопровождала

---

145 Malksoo, Maria: Nesting Orientalism at War. WWII and the Memory War in Eastern Europe. в: Barkawi, Tarak – Stanski, Keith (eds.): Orientalism and War. New York, Columbia University Press, 2013, 177–195.

146 Karwowska: Gwałty a kultura 169–170.

147 Подробнее см. Pető, Andrea: Hungary's Illiberal Polypore State. European Politics and Society Newsletter 21 (2017) 18–21.

трансформация инфраструктуры проведения исторических исследований и преподавания истории.[148]

Проиграв Первую мировую войну, Венгрия утратила две трети территории и населения. В межвоенный период, названный по имени премьер-министра Миклоша Хорти, венгерское правительство стремилось к пересмотру границ и идеологической борьбе с коммунизмом. Вследствие этого страна вступила во Вторую мировую войну на стороне нацистской Германии. Пытаясь учесть свои ошибки времён Первой мировой войны, правительство Венгрии мобилизовало для службы в немецкой армии ограниченное количество солдат, когда избежать этого было совсем невозможно, словно оставаясь «невольным союзником». Осознав неизбежность поражения Германии, власти попытались заключить сепаратный мир с СССР. Но это привело к немецкой оккупации 19 марта 1944 года и путчу сторонников Партии скрещённых стрел 15 октября.[149] После этого страна в полной мере стала частью немецкой военной машины и театром длительных военных действий.

Парадигма «двойной оккупации» в политике памяти прежде всего приравняла травму, оставленную немецкой оккупацией, к травме от оккупации советской. Об этом свидетельствует памятник жертвам немецкой оккупации, установленный на будапештской площади Свободы в 2014 году. Памятник жертвам советской оккупации, который должен был появиться на той же площади, разместили в Обуде, спальном районе Будапешта, сообщалось в прессе.[150] В 2017-м в Венгерском национальном музее открылся мемориал «Маленький робот», приуроченный к окончанию Года памяти жертв ГУЛАГа. Заметное место в экспозиции занимает цитата

---

148 Подробнее см.: Pető: Roots of Illiberal Memory Politics 42–58.

149 Партия скрещённых стрел — национал-социалистическая партия, созданная в Венгрии в 1937 году. В результате переворота 15 октября 1944 года члены партии сформировали прогерманское Правительство национального единства. – *Прим. ред.*

150 Pető, Andrea: „Hungary 70": Non-remembering the Holocaust in Hungary. Culture and History Digital Journal 3.2 (2014) http://dx.doi.org/10.3989/chdj.2014.016)

из дневника архиепископа Грёса о совершённых советскими
солдатами изнасилованиях: «Вчера вечером из Пешта приехал
учитель теологии Сёрени Андор... Когда я слушал его рассказ
о том, что там происходит, передо мной разверзлись врата ада.
70 процентов женщин — от 12-летних девочек до глубоко
беременных — обесчещены, большинство мужчин угнали,
квартиры разграблены, город вместе с церквями в руинах ... на
улицах, на кладбищах, в разграбленных магазинах сотни
трупов, в подвалах оголодавшие, полувменяемые люди,
которые срезают мясо с давно подохших лошадей, чтобы не
умереть с голоду. Так, верно, выглядел Иерусалим во времена
пророчества Иеремии».

Чтобы направить универсальную европейскую политику
памяти в нужном им направлении, венгерские власти сумели
использовать международные организации, хотя их задача
была как раз в том, чтобы препятствовать подобному
вмешательству. Это произошло следующим образом. В 2014
году Венгрия возглавила Международную ассоциацию памяти
Холокоста (IHRA), одну из главных глобальных структур,
которая координирует и проводит тематические исследования
и мероприятия по этой теме. Правящая партия не могла
упустить такой шанс в преддверии выборов — в противном
случае пострадала бы её репутация. Встав у руля Ассоциации,
венгерские власти использовали её возможности, чтобы
заявить о своей парадигме памяти на международном уровне.
Именно под венгерским руководством Ассоциация
предприняла первые шаги в сторону изменения памяти о
Холокосте, стандартизировав учебники и установив памятник
венграм-жертвам немецкой оккупации.

К повороту в политике памяти также привело то, что в
мире не существует международной организации, которая
занималась бы сохранением памяти о жертвах военных
изнасилований, в отличие от памяти о Холокосте или ГУЛАГе.
К 2018 году нормативное влияние международной научной
общественности и женского движения, которые могли бы
разработать альтернативную политику памяти, в Венгрии
ослабло. Парадигма «двойной оккупации» победила. Эти

изменения заметны и по дискуссии о причинах и видах военных изнасилований.

Преступления Красной армии в других странах

Оккупационные войска не всегда замешаны в массовых изнасилованиях. Красная армия во Второй мировой войне не исключение. Я специально обращаю внимание на массовый характер изнасилований, совершённых в Венгрии. Анализ поведения советских военных на других оккупированных территориях показывает, что причиной насилия в Венгрии была вовсе не «нецивилизованность» советских солдат, а милитаризм. Сексуализированное насилие — его неотъемлемый атрибут.

Ситуация, к примеру, в Югославии выглядела совершенно иначе (несмотря на то, что там сражались войска 2-го и 3-го Украинского фронта).[151] В местной коллективной памяти не сохранилось ничего подобного венгерскому образу промышляющей насилием и разбоем Красной армии. В 1944 году всего за десять октябрьских дней на югославские и болгарские адреса поступило 30 тысяч писем. Советские военные выражали в них радость от знакомства с местными жителями и высылали фотографии на добрую память. Для адресатов этих писем советский солдат был защитником, готовым прийти на помощь и поделиться едой. Это показали личные интервью с современниками. Партизаны и советские солдаты эффективно воевали вместе,[152] а после освобождения Белграда бок о бок шагали на Параде победы.[153] Дружба была полезна обеим сторонам. Сотрудничество с советскими войсками против оккупировавших страну немцев затмило

---

151 Петер Кенез столкнулся с различиями в дисциплине между 2-м и 3-м украинским фронтом. Lásd Kenéz, Péter: Hungary from the Nazis to the Soviets. The Establishment of the Communist Regime in Hungary, 1944–1948. New York, Cambridge University Press, 2006, 38–40. Цит по L. Balogh: „Törvényes" megszállás» 35.

152 Majstorović, Vojin: The Red Army in Yugoslavia, 1944–1945. Slavic Review 75.2 (2016) 411.

153 Majstorović: The Red Army 412.

существование сербских и хорватских коллаборационистских режимов, а также прозападного югославского сопротивления, что было на руку партизанам. Выигрывала и репутация Красной армии. Она не воевала с чётниками, националистически настроенными сербскими партизанскими отрядами. Поэтому вооружённое сопротивление югославских коммунистов было успешным и укрепило в советских людях важное ощущение, что они не одиноки в борьбе с нацистской Германией. При этом даже болгарские и югославские солдаты, состоявшие с советской армией в наилучших отношениях, жаловались на её имперское высокомерие. Советские военные относились к оккупированным территориям как к своей собственности и отказывались считаться с местными коммунистами.[154]

Солдаты Красной армии, как и любой другой, были авторами насилия, националистами и женоненавистниками. Это связано в первую очередь с затянувшейся войной и особенностями их военной подготовки. Советское руководство часто безжалостно распоряжалось жизнями солдат. Некоторые командиры произвольно интерпретировали приказы. Если продовольственное обеспечение на фоне войны становилось нерегулярным, солдатам приходилось воровать. Неудивительно, что они ждали помощи от местного населения и получили её в Болгарии и Югославии, не в последнюю очередь из-за близости языков.

Грабежи и разбой были типичными нарушениями дисциплины среди советских военных в Югославии. [155] Количество случаев сексуализированного насилия здесь существенно ниже, чем в Венгрии. В основном они были связаны с пьянством. Виноватыми, как правило, оказывались дезертиры или солдаты, отставшие от своих частей.[156] К тому

---

154 Majstorović: The Red Army 415.
155 Bischl, Kerstin: Telling Stories: Gender Relationships and Masculinity in the Red Army 1941–1945. в: Röger, Maren – Leiserowitz, Ruth (eds.): Women and Men at War: A Gender Perspective on World War II and its Aftermath in Central Europe. Osnabrück, 2012, 117–134.
156 Majstorović: The Red Army 419.

моменту это уже не было просто отговоркой советского командования, не желающего нести ответственность за действия армии. Под конец долгой войны контролировать солдат становилось всё тяжелее. Кроме того, тогда в армии стали служить мужчины, ранее осуждённые по уголовным делам.

Массовые изнасилования в Венгрии нельзя объяснить только местью за преступления венгерских войск в СССР. Месть была одним из главных мотивов и для французских солдат, чья родина серьёзно пострадала от немецкой оккупации.[157] Дело в том, как командование реагировало на случаи сексуализированного насилия, неизбежные в военных условиях. Стоит проанализировать, как наказывали насилие и поощряли за него в разных армиях.

Оккупационные американские войска в Нормандии вели себя так же, как советские в Югославии. Признавая достижения французского сопротивления, они одновременно полагали, что имеют право на французских женщин.[158] Майстрович приводит данные об изнасилованиях, совершённых американскими войсками в Европе: 190 тысяч на всей оккупированной союзниками территории и 17 080 в Германии. Французский историк Оливье Вьевьорка упоминает о 208 случаях насилия в департаменте Манш. Среди английских и французских военных было больше авторов насилия, чем среди американцев, но точных цифр у нас нет. Меньше изнасилований, чем в Венгрии, советские солдаты совершили в Болгарии и Чехословакии. Более того, по словам одного из полковников Красной армии, находившийся в этих странах советский контингент за такие преступления стыдили и осуждали публично.[159] Возникает закономерный вопрос: что защищало болгарских и чехословацких женщин?

Моё первое предположение связано с тем, что солдатам велели вести себя соответствующе, поскольку Югославия,

---

157 Gebhardt, Miriam: Crimes Unspoken: The Rape of German Women at the End of the Second World War. Cambridge, UK – Malden, MA, Polity, 2016, 81–85.

158 Roberts: What Soldiers Do 64-67.

159 Majstorović: The Red Army 397.

Болгария и Чехословакия считались дружественными странами. Кроме того, близость языков позволяла местному населению и оккупационным войскам взаимодействовать. Пропаганда панславизма была не менее эффективной, чем кампания против нацистов, от которых одинаково пострадало население Югославии и СССР. К примерному поведению в Югославии призывала солдатская газета «Советская звезда», которую читали на занятиях по политинформации. Толбухин, командующий 3-м Украинским фронтом, распорядился решительно бороться с теми, кто надругается над местными женщинами. В декабре 1944 года в кампании против сексуализированного насилия во время наступления участвовали даже сотрудники СМЕРШ, с 1943 года наводившей ужас армейской службы безопасности. [160] При этом советская пропаганда о Югославии умалчивала об этнических конфликтах в этой стране и коллаборационистских правительствах, несмотря на то, что параллельно со Второй мировой там шла гражданская война. Так создавался образ единой, успешно борющейся с нацизмом Югославии.[161]

Количество изнасилований зависело от того, насколько хорошо военное командование контролировало солдатскую дисциплину. В частях Красной армии, независимо от их местонахождения, действовали одни и те же дисциплинарные меры, но правоприменение и механизмы наказания существенно отличались. Военное руководство больше симпатизировало славянам, сражавшимся против нацистов, чем венграм, которые разговаривали на непонятном языке и встретили советскую армию сильным сопротивлением, стоившим существенных потерь. У болгарской дружбы с русскими были исторические корни, да и сама Болгария, в отличие от Венгрии, не была последним союзником гитлеровской Германии.

---

160 Majstorović: The Red Army 403.
161 Majstorović: The Red Army 404.

Имела значение и численность войск. Если в Югославии сражались 300 тысяч советских солдат, то в Венгрии — около одного миллиона. Потери Красной армии в Венгрии были существенно выше (140 тысяч человек), чем в Югославии (7 889) и Австрии (26 тысяч). [162] Это способствовало эскалации насилия. Военные маневры в Югославии заняли всего три месяца, тогда как в Венгрии — десять. Кроме того, советские войска покинули территорию Югославии после непродолжительных военных действий. Местные власти поддерживали отличные отношения с руководством СССР, в отличие от венгерского временного правительства и коммунистов-эмигрантов, не имевших политического веса. Маршал Тито постоянно требовал, чтобы партизаны докладывали ему о действиях советских солдат, и, узнав о каких-либо нарушениях с их стороны, не стеснялся жаловаться генералу Корнееву. [163] Очевидно, делал он это отчасти в собственных интересах. Тито не хотел оказаться после войны в том же положении, что и венгерские коммунисты. Те в глазах местного населения не отличались от бесчинствующих советских солдат, которых они едва согласились бы назвать освободителями. Судя по архивным документам, получившие огласку дела, в частности об изнасиловании в лесу югославской партизанки, доводились до сведения высшего советского руководства. Виновных могли как понизить в должности, так и отправить в трудовые лагеря.

Итак, благодаря удачному стечению обстоятельств в Югославии произошло гораздо меньше изнасилований, чем в Венгрии. [164] Но, согласно статистике, даже здесь было невозможно полностью контролировать солдат. В часто цитируемых воспоминаниях Милована Джиласа[165] говорится о 111 случаях изнасилований, связанных с убийствами, и 1 204

---

162 Majstorović: The Red Army 401.

163 Николай Васильевич Корнеев — советский генерал-лейтенент, в 1943-1945 гг. возглавлявший советскую военную миссию в Югославии. - *Прим. ред.*

164 Majstorović: The Red Army 407.

165 В 1911-1995 гг. — идеолог коммунистической партии; сначала боевой товарищ Тито, позже он выступил с критикой его режима.

случаях, связанных с грабежами.[166] По мнению сербского партизана и историка Владимира Дедиера (1914–1990), трёхсоттысячная советская армия совершила на территории Югославии 1 219 изнасилований, 111 убийств и 1 204 ограбления. Лилли Роберт, ссылаясь на криминологические исследования, утверждает, что только в 5 процентах случаев пострадавшие от изнасилований обращаются в правоохранительные органы. Изучив тщательно задокументированные дела европейского военного суда американской армии, она утверждает, что имеющиеся цифры следует умножить на 20, поскольку только в 5 случаях из 100 жертвы заявляют об изнасиловании.[167]

Свидетельства о преступлениях Красной армии сохранились в Румынии, где во время советской оккупации продолжали работать учреждения гражданского и военного правосудия. 355 200 румынских женщин изнасиловали всего за один месяц, с сентября по октябрь 1944 года. В эту статистику не входят случаи на территориях, которые после 1945 года отошли к СССР. Если мы учтём случаи насилия, совершённые, когда линия фронта сместилась в сторону Венгрии, то получим около полумиллиона. Данные из Венгрии ненадежны: не было властного органа, который собирал бы такого рода информацию. В Австрии только на Вену пришлось 70–100 тысяч случаев изнасилования.[168]

Советская оккупация Венгрии по существу (но не по масштабу) напоминает то, как французские войска оккупировали Берлин. Они не в первый раз занимали немецкую территорию. После Первой мировой войны, стремясь унизить немцев, французы умышленно разместили на территории Германии военных из своих марокканских, тунисских и сенегальских колоний. Их зверства простив гражданского населения, прозванные «Чёрным ужасом на Рейне», стали частью немецкой коллективной памяти, но

---

166 Majstorović: The Red Army 398.
167 Lilly, Robert J.: Taken by Force. Rape and American GIs in WWII. Basingstoke, Palgrave Macmillan, 2007, 11–12.
168 Majstorović: The Red Army 400.

активировались только после 1944 года. [169] Тем не менее, французов в Берлине было в разы меньше, чем советских граждан в Венгрии, не считая того, что французская армия вообще была одной из самых слабых среди союзников. Франция участвовала в установлении нового мирового послевоенного порядка, несмотря на сотрудничество правительства Виши с нацистами. Как и руководство отдельных частей Красной армии в Венгрии, французское командование в немецкой столице пребывало в состоянии хаоса. Солдаты в отсутствие строгого контроля притесняли гражданское население. Об этих событиях почти не осталось письменных свидетельств, но мы знаем, что солдатами обычно двигала жажда мести.[170]

В исторической литературе часто упоминают дело об изнасиловании в Штутгарте 2,5 тысяч немецких женщин французскими солдатами марокканского происхождения. Судя по материалам суда, на Западном фронте, как и на Восточном, пострадавшими пытались манипулировать, принуждая к молчанию. [171] В новостях сообщили, что марокканские солдаты изнасиловали множество немецких женщин в метро. На самом деле преступление произошло в трамвайном депо — метро в городе просто не было. Благодаря этой «ошибке» всю новость приписали немецкой пропаганде, расследование прекратили, а французскую армию во избежание скандала заменили американской. Как следствие, говорить о происшествии перестали. [172] Интересно, что немецкие женщины ещё долго после крушения Третьего рейха

169 Nelson, Keith L.: The "Black Horror on the Rhine": Race as a Factor in post-World War I Diplomacy. Journal of the History of Sexuality 42.4 (1970) 606-627.

170 Naimark, Norman M.: The Russians in Germany. A History of the Soviet Zone of Occupation, 1945–1949. Cambridge, MA, Harvard University Press, 1995, 106.

171 Pommerin, Reiner: The Fate of Mixed Blood Children in Germany. African Studies Review 5.3 (1982) 315-323.

172 Hagemann - Schüler-Springorum: Home/Front 149. Наймарк просто упоминает этот случай, не сопровождая его каким-либо комментарием.

пользовались нацистским законом о чистоте расы, чтобы избавиться от нежелательной беременности.[173]

Военная оккупация отразилась на языке. В венгерский вошли русские выражения «давай часы» и слова «девушки», «забралаш» (грабёж, от русского «забрать»). После наполеоновской оккупации в немецком языке появилось слово Fisimatenten — от французского visitez ma tente (приходите в мою палатку). Позаимствовал немецкий язык и французско-итальянский глагол marocchinate в связи с вандализмом марокканских солдат в Монте-Кассино.[174]

Недавние чешские исследования продемонстрировали, что тип и обстоятельства изнасилований варьируются в зависимости от того, были они совершены во время длительной оккупации или быстрого военного манёвра. Историки, работающие с воспоминаниями о подавлении Пражского восстания 1968 года, подтвердили, что в Чехословакии, как и в Венгрии, советских солдат считали культурно и цивилизационно отсталыми. Но местных жителей больше заботило не это, а то, какой ущерб их действия приносят имуществу и окружающей среде. И в Венгрии, и в Чехословакии советские солдаты подчинялись только своему командованию и жили в закрытых бараках, которые не могли покидать без сопровождения. Они помогали местному населению ликвидировать последствия стихийных бедствий и на сельскохозяйственных работах.[175] Как показывает анализ воспоминаний, записанных после 1991 года, взаимовыгодное экономическое сотрудничество между странами уступало место жалобам о порче имущества и природы. И это несмотря

---

173 Grossmann, Atina: A Question of Silence: The Rape of German Women by Oc-
     cupation Soldiers in West Germany under Construction. в: Moeller, Robert G.
     (Ed.): Politics, Society and Culture in the Adenauer Era. Ann Arbor, University
     of Michigan Press, 1997, 47.

174 Rossy, Katherine: Forgotten Agents in a Forgotten Zone: German Women un-
     der French Occupation in Post-Nazi Germany, 1945–1949. MA thesis, Concor-
     dia University, Montreal, 2013, 25.

175 Szovjet katonák a gáton. Népszabadság, 1958. júl. 20. BOSA HU OSA 300-1-2-
     77361.

на то, что в своё время Общество советско-чехословацкой дружбы насчитывало 2 241 000 членов.[176]

Советские и чехословацкие правоохранительные органы плодотворно сотрудничали по разным направлениям, от гармонизации законодательства до подготовки персонала и проведения совместных патрульных операций. Они расследовали кражи, грабежи и случаи незаконной конфискации транспортных средств. Красть и мародёрствовать расквартированным советским войскам запретили отдельным приказом. После подавления Пражского восстания для них даже открыли специальные курсы, где учили примерно и цивилизованно вести себя, например стучать в дверь перед тем, как войти, и здороваться, когда её открывают.[177] Согласно интервью, солдаты на службе в Чехословакии с нетерпением ждали отправки в Венгрию: считалось, что там есть «девушки» и можно свободно красть еду и напитки. Но множество грабежей, совершённых людьми, одетыми в советскую военную форму, регистрировали и в Чехословакии. Были это советские военные или местные бывшие тюремные заключённые в краденой форменной одежде, неизвестно. Советское руководство настаивало именно на последнем. Но не стоит забывать, что так оно могло пытаться снять с себя ответственность за преступления своих граждан.[178]

Поскольку в Чехословакии советские солдаты не могли самовольно покидать казармы, статистика по изнасилованиям с 1968-го по 1989-й годы была относительно небольшой. Количество зарегистрированных случаев росло во время

176 Cerna, Marie: Occupation Friendly Assistance. The Soviet Army, 1968–1991 in the Memory of the Czech People. Czech Journal of Contemporary History 4 (2016) 80–101.

177 За доступ к чешским источникам благодарю Вита Лукаша. Hubený, David: Spolupráce Policejního ředitelství a Rudé armády na zajištění bezpečnosti ve Velké Praze a potlačení kriminality rudoarmejců [A Rendőrfőkapitányság és a Vörös Hadsereg együttműködése a vöröskatonák bűnözésének visszaszorításáért és Nagy Prága biztonságának megőrzéséért]. Sborník archivu bezpečnostních složek 11 (2013) 159–174.

178 Hubený: Spolupráce 163.

сельскохозяйственных работ, когда солдаты передвигались более свободно.[179] Более 10 случаев фиксировали ежегодно. В источниках упоминается два базовых сценария преступления. По первому сценарию, советские солдаты насиловали девушек, ловивших попутки. По второму, на женщин нападали пьяные солдаты, покинувшие казарму самовольно. В редких случаях изнасилование и кража заканчивались убийством. Чехословацкая «Чёрная книга», посвящённая советской оккупации, рассказывает о строгом наказании за эти преступления.[180]

В Венгрии после революции 1956 года между солдатами и гражданским населением то и дело вспыхивали конфликты. Случаи сексуализированного насилия, как и в Чехословакии, в основном приходились на период летних сельскохозяйственных работ. Так были изнасилованы девушки, разводившие тутовых шелкопрядов в Сексарде. Советские солдаты напали на них, пока те собирали клубничные листья.[181] В Бодисло ограбили отделение почты и изнасиловали почтмейстершу, которая работала одна и не могла позвать на помощь.[182] В будапештском театре имени Йожефа Катоны успешно шла пьеса по мотивам романа Рубина Силарда «Святые младенцы». Книга была написана по материалам расследования убийства пятерых девушек в Тёрёксентмиклош, в которых подозревали советских солдат. Дело окончилось казнью 20-летней девушки. Она не признала себя виновной. По её словам, она всего лишь подвозила девушек к находившейся по соседству советской казарме.[183] Глядя на недостатки расследования, Силард Рубин

---

179 Prokop, Tomek: Life with Soviet Troops in Czechoslovakia and After their Withdrawal. Folklore (Estonia) 70 (2017) 97–120.

180 Tomek, Prokop – Pejčoch, Ivo: Černá kniha sovětské okupace: Sovětská armada v Československu a její oběti rozsledování1968–1991 [A szovjet megszállás fekete könyve: A szovjet hadsereg Csehszlovákiában és áldozatai 1968–1991] Cheb, Svět křídel, 2015. Благодарю Ондеря Клипанека и Вита Лукаша.

181 BOSA HU OSA 300-1-2-37537.

182 BOSA HU OSA 300-1-2-13123, 1951. december 27.

183 Rubin Szilárd: Apró szentek. Budapest, Magvető, 1986, 2012.

попробовал провести собственное, но не смог получить доступ к советским документам.

В заключение отмечу, что нет одной причины, почему советские солдаты пошли на массовые изнасилования в Венгрии. Среди них сильное желание отомстить врагу, длительные кровопролитные бои, нахождение большой и плохо дисциплинированной армии среди неславянского населения на территории, где уничтожены административная и судебная системы. Согласно теории Хайдена, военные изнасилования происходят при пяти обстоятельствах, когда:

(1) государство слабо и не в состоянии защитить население от тех, у кого есть оружие;

(2) военное руководство хочет отблагодарить армию и закрывает глаза на мародёрство;

(3) разрушены социальные нормы;

(4) маскулинность приобретает милитаристский характер;

(5) солдаты испытывают злость и фрустрацию, а также вынуждены справляться с последствиями травм из-за службы в армии и других событий в их жизни.[184]

Говоря об оккупации Венгрии в 1944–1945 годах, необходимо учитывать все эти причины. Кроме того, случаи насилия могут участиться на фоне гражданской войны или внутреннего конфликта, когда насилие становится способом «разрешения» разногласий. Во время гражданской войны в Югославии в 1990-х годах мужчины насиловали женщин из других этнических групп, даже если их семьи поколениями жили по соседству и поддерживали хорошие отношения.[185] Для Венгрии это было нехарактерно.

---

184 Pankhurst, Donna: Sexual Violence in War. в: Shepherd, Laura (ed.): Gender Matters in Global Politics: A Feminist Introduction to International Relations. London, Routledge, 2009, 148–160.

185 Hayden, Robert M.: Rape and Rape Avoidance in Ethno-National Conflicts: Sexual Violence in Liminalized States Mass. American Anthropologist 102.1 (2000) 27–41.

Типология и причины военного насилия

В последние годы исследователи стремятся не просто описывать случаи военного насилия, а разрабатывать теории, которые позволят его осмыслить. Понятие сексуализированного насилия включает в себя изнасилование, унижение, пытки, калечащие операции на половых органах и сексуальное рабство. Все они ведут к стигматизации, маргинализации и унижению жертвы. Сексуальность женщины определяют через её родственника мужского пола. Поэтому считается, что ради благополучия общества женщины должны быть ответственными матерями и женами. Если женщину обесчестили, страдает мужчина, а с ним и всё общество. Это особое положение делает женщин уязвимыми перед мужской агрессией во время военных конфликтов. Изнасилование было наиболее частым преступлением Красной армии в Венгрии, так как она быстро пересекла территорию страны, но известно и о случаях сексуального рабства.

Синтия Энлоу выделяет три типа военных изнасилований. Два из них, массовое и совершённое с целью защиты нации, считаются орудиями войны. Третий вид — рекреационное изнасилование.[186] Например, польские женщины в воспоминаниях пишут, что советские солдаты вели себя так, словно участие в напряжённых боях автоматически наделяло их правом на обладание женскими телами.[187]

Причины изнасилований можно проанализировать в рамках двух подходов — архаично-патриархального и идеологически-националистического. Оба подходят для анализа преступлений советских солдат. О каком из них и когда пойдёт речь, зависит от особенностей властных

---

186   Enloe, Cynthia: Maneuvers: The International Politics of Militarizing Women's Lives. Berkeley, University of California Press, 2000, 111, 123, 132.
187   Zaremba: Wielka Trwoga.

отношений в конкретный период. Стандартное архаично-патриархальное объяснение сексуализированного насилия, встречающееся в специальной литературе, звучит так: «Война — это война».[188] Согласно этому подходу, солдат-победитель, совершая акт насилия над женщиной из страны врага, получает её в собственность. Война превращает женщину в объект стратегической важности: именно из-за неё стороны убивают друг друга. Насилуя женщин, мужчины лишают врага права собственности на них. Женщины должны молчать о перенесённой боли, поскольку настоящие жертвы здесь не они, а мужчины, которые властвуют над ними дома. Рассказ о пережитом насилии, причиняя боль жертве и её окружению, только усилит триумф победителя. Поэтому женщине должна держать насилие в тайне. Мэри Бирд указывает на античные корни этого молчания, описывая, как Лукреция выткала портрет насильника, а Лавинии в "Тите Андронике" Шекспира вырвали язык, чтобы она не могла рассказать об изнасиловании. До этого говорить о сексуализированном насилии в публичном пространстве женщины могли, только приняв на себя роль жертвы или мученицы.[189] Согласно архаично-патриархальному подходу, изнасилование — дозволенная часть мужской войны. «В войне между мужчинами важнейшая цель — победа над другим, над врагом (...) Осквернение женского тела — главный инструмент, которым они завоёвывают и утверждают победу».[190]

За время, что Красная армия пересекала Югославию по её северо-восточной границе, в стране зарегистрировали 121 заявление об изнасиловании. Черногорский политик Милован Джилас написал об этом Сталину. Позже он описал этот разговор, сегодня часто цитируемый, в своей книге. Сталин удивлялся, как такой большой знаток человеческих страстей и

---

188 Julius Hay [Háy Gyula]: Geboren 1900. Erinnerungen. Hamburg, Christian Wegner Verlag, 1971, 287.

189 Бирд, Мэри: Женщины и власть. Манифест. Москва, Альпина Нон-Фикшн, 2018, 23.

190 Tanaka, Yuki: Hidden Horrors. Japanese War Crimes in World War II. Boulder, CO, Westview Press, 1996, 107.

сердец, как Джилас, не понимает, что у постоянно рискующих жизнью солдат есть право немного развлечься.[191] Здесь Сталин описывает систематические изнасилования как рекреационные.

В Венгрии Матьяш Ракоши постоянно требовал вмешательства влиятельного руководителя Коминтерна Георгия Димитрова: «Ситуация осложняется тем, что превышение полномочий солдатами Красной армии люди приписывают партии. Некоторые улучшения есть, но случаи массовых изнасилований женщин и присвоения имущества повторяются на каждой новой освобождённой территории, а в последнее время и в Будапеште».[192] Попытки Ракоши были безуспешны несмотря на то, что он недвусмысленно дал понять: поведение русских солдат совсем не на руку Венгерской коммунистической партии, поддерживающей Красную армию. Напрасно Ласло Хай, член Венгерско-советской внешнеторговой ассоциации, со всеми его отличными связями, приобретёнными за нескольких лет эмиграции в Москве[193], писал Димитрову в мае 1945 года, что отношение венгров к Красной армии значительно ухудшилось. Очевидно, что даже венгерские коммунисты, в своё время бежавшие в СССР, не могли в должной мере отстаивать свои интересы.[194] Ласло Шойом, начальник полиции Будапешта, в отчёте для советской комендатуры от 9 мая 1945 года отметил то же самое: из-за того, что общественная безопасность оставляет желать лучшего, антисоветские

---

191 Brownmiller: Against Our Will 71. Первоисточник цитаты см. Джилас, Милован: "Беседы со Сталиным". Пер. Игоревский Л. Москва, "Новости", 1992, 102.

192 Vass Henrik (vál.): Dokumentumok Rákositól – Rákosiról. Múltunk 2-3 (1991) 247 (1945. február 19-i levél).

193 Речь идёт о т.н. группе «московских коммунистов» из стран Европы, в т.ч. Венгрии, уехавших или бежавших в советскую Россию в 1920-1940-х гг. В Москве они проходили обучение, которое в сочетании с близостью к КПСС и, в некоторых случаях, их положением на родине позволило им сыграть ключевую роль в становлении коммунистических режимов в Германии, Польше, Венгрии и других странах после Второй мировой войны. – Прим. ред.

194 L. Balogh: „Törvényes" megszállás 41.

настроения растут. «Систематические преследования пробуждают в населении антироссийские настроения. Этими настроениями без каких-либо усилий пользуются для антироссийской пропаганды реакционные элементы и нилашисты, которых тут всё еще много».[195] Рапорт не оказал практически никакого влияния на ситуацию, поскольку, как я сказала выше, массовые изнасилования в Венгрии происходили не по одной, а нескольким причинам.

Безрезультатны были и многочисленные жалобы по конкретным поводам. 7 сентября 1945 года Ференц Надь, отвечавший за послевоенное восстановление страны, написал Ворошилову [196] о происшествии в селе Бишше в области Баранья (откуда сам был родом). Маршал, отвечая ему 14 сентября, обвинил министра во лжи: «Всё было не так, как Вам доложили». Дело и правда оказалось запутанным. Правда ли деревенские жители пригласили двух советских солдат выпить и поужинать или те ворвались в дом без предупреждения? Правда ли все мужчины деревни собрались ночью, чтобы защитить женщин от нападения, или же они хотели продемонстрировать враждебное отношение к Красной армии? Почему они расчленили солдат топором и закопали останки в окрестностях деревни — со злобы или потому что не знали, как иначе спасти женщин от посягательств? Для советского маршала ответ был очевиден: расправа над военными была беспричинна. «В ходе расследования фактов изнасилования не выявлено», – заявил он.[197] Ференц Надь не смог сдвинуть дело с мёртвой точки, даже заняв пост премьер-министра Венгерской республики. 10 августа 1946 года Свиридов, заместитель руководителя Союзной контрольной комиссии, написал ему: «Большая часть перечисленных Вами фактов не получила подтверждения, прочие же факты чрезмерно преувеличены».[198]

---

195   L. Balogh: „Törvényes" megszállás 320–322.
196   К. Е. Ворошилов занимал должность председателя Союзной комиссии. – *Прим. ред.*
197   L. Balogh: „Törvényes" megszállás 348-349.
198   L. Balogh: „Törvényes" megszállás 392-394.

Известный венгерский политик Золтан Ваш, вернувшийся из Москвы раньше Ракоши, Герё и Реваи, в октябре 1944 года писал об «эксцессах» в Сегеде: «Значительно более серьёзную проблему представляют панические настроения, охватившие население. Люди не решаются выходить из домов, боятся солдат (...) не раз случалось, что советский солдат просился к женщине на постой, не мог сказать, что ему нужно, показывал жестами, что хочет спать, а женщина с криками, что её хотят обесчестить, убегала из дома».[199]

Ситуация была настолько серьёзной, что дьёрское отделение Социал-демократической партии было вынуждено обратиться за помощью к своим политическим врагам — коммунистам. 14 декабря 1946 года руководство коммунистической партии сообщило о 4 убийствах, ограблении 7 прохожих и 21 квартиры. Спустя две недели стало известно о ещё четырёх убийствах, 34 магазинных налётах, ограблении 15 прохожих и женского монастыря.[200] Мы не знаем, насколько успешна была попытка социал-демократов завязать контакты с секретариатом коммунистов: до наших дней дошла только одна страница их переписки. Но сам факт её наличия показывает, насколько были обеспокоены жители Дьёра, раз для защиты своих интересов обратились даже не к местным коммунистам, а к будапештским.

Национально-идеологический подход [201] рассматривает военные действия с точки зрения отношений между полами. В Первую мировую войну французы обвинили немцев в «изнасиловании» Бельгии. [202] Это не значит, что каждый немецкий солдат совершил изнасилование. Речь скорее о том, что он мог бы его совершить, поскольку во время войны маскулинность в худшей её форме демонстрировали через

---

199   L. Balogh: „Törvényes" megszállás 249.
200   BOSA HU OSA 408-1-3/9.
201   Hoerning, Erika M.: The Myth of Female Loyality. The Journal of Psychohistory 16 (1988) 38.
202   Edmund Burke-öt idézi Porter, Roy: Does Rape Have a Historical Meaning? In: Tomaselli, Sylvana – Porter, Roy (eds.): Rape. Oxford, Blackwell, 1986, 232.

милитаризм. Женское тело в таких случаях олицетворяет враждебное общество. Следовательно, совершённое над ним насилие равноценно победе над нацией противника.

В научной литературе часто цитируют гневное воззвание Ильи Эренбурга, якобы опубликованное в газете «Правда» в 1942 году. В книге, на десятилетия вперёд задавшей параметры академической дискуссии о военном насилии, Сюзан Браунмиллер утверждает, что Илья Эренбург призывал солдат Красной армии насиловать немецких женщин. И хотя в статье Эренбург использовал типичные для того времени выражения и призывы, приведённая Браунмиллер цитата из якобы Эренбурга на самом деле была придумана немецкой пропагандой. Искажённый текст его статьи, в котором нацисты не упустили возможности пройтись по еврейскому происхождению писателя, цитируют так часто, что он повлиял на коллективную память о событиях войны и в Венгрии.[203] Нередко текст воспроизводят так, будто приказ насиловать женщин отдал лично Сталин. В одно время с текстом Эренбурга в советской печати появилось несколько сотен похожих по духу памфлетов. Однако в какой степени они могут объяснить массовые изнасилования? Советские газеты, в том числе «Правда», которую было положено читать всем, в условиях военного времени поступали на фронт с опозданием, если поступали вообще. Печатное слово не всегда превращалось в действие. Нацистская пропаганда, которая отчаянно нуждалась в любых инструментах для воодушевления изнурённых немецких солдат, воспользовалась текстом Эренбурга в своих целях. Александр Солженицын, который героически сражался во Второй мировой войне, записал свои воспоминания о пребывании в Пруссии в поэме «Прусские ночи». Там он честно пишет об изнасилованиях женщин. Месть в поэме — основное объяснение действий солдат.

---

203   Anthony Beevor, The Fall of Berlin 1945, 2003, 25. Köszönet Gennady Estraikh-nek, hogy felhivta erre a figyelmet.

«На матрасе,
Рота, взвод ли побывал –
Дочь-девчонка наповал.
Сведено к словам простым:
Не забудем! Не простим!
Кровь за кровь и зуб за зуб!
Девку – в бабу, бабу – в труп!».[204]

Как я упоминала, поведение советских солдат оправдывало прогнозы пропаганды режима Хорти, пугающей религиозных венгерских обывателей тем, что в Советском Союзе женщин «используют коллективно». «Геббельс говорил, что русские будут нас насиловать (...) Трудно признать, насколько он оказался прав», - подчеркнула в интервью пострадавшая жительница Берлина. [205] Одной из самых действенных мер геббельсовской пропаганды были новостные хроники. Их основной посыл был таков: если немецкие солдаты не будут бороться с русской армией, жестокие «монгольские» солдаты ворвутся в мирные немецкие дома без приглашения. Когда обещания претворились в жизнь, эффект был ошеломляющим.[206]

В начале военной кампании против Советского Союза Молотов в дипломатической ноте информировал союзников о насилии немецких солдат над советскими женщинами. Когда эта так называемая «нота Молотова» была использована в качестве доказательства на Нюрнбергском процессе, проблема военных изнасилований стала частью большой политики. [207] Воззвание Сталина, что «враг – фашисты, а не немецкий народ», не произвело впечатления на Красную армию. «Сталин – последний, о ком мы думали, сидя в окопах», - говорил в интервью советский ветеран Юрий Белаш.[208] Когда

204 Солженицын, Александр: «Прусские ночи. Поэма». Париж, Ymca Press, 1974.

205 Hoerning: The Myth of Female Loyalty 22.

206 Grossmann: A Question of Silence 41.

207 Tanaka: Hidden Horrors 101.

208 Merridale, Catherine: Ivans' War. Life and Death in the Red Army 1939–45. London, Faber & Faber, 2005, 16.

Красная армия достигла границ Третьего рейха и впервые столкнулась с немецкоязычным населением, Австрию уже официально признали жертвой гитлеровской агрессии. Но это не отразилось на отношении солдат и военного руководства к мирным жителям.

В последнее время исследователи международных отношений критически подходят к осмыслению военных изнасилований, тогда как их количество продолжает расти. Пол Кирби считает, что предложенные специалистами объяснения можно условно отнести к одной из трех теорий: инструментальной, иррациональной и мифологической. [209] Инструментальная теория соответствует национально-идеологическому подходу, иррациональная и мифологическая — архаично-патриархальному. Новшество Кирби в том, что он предлагает мифологический подход к пониманию сексуализированного насилия. Он исключает насилие из области рационально объяснимого и ставит под вопрос саму возможность когда-либо разорвать его круг.

Исследовательница международных отношений Ингер Скьелсбек объясняет военные изнасилования с эссенциалистской точки зрения, согласно которой любая женщина — это объект, через который проявляет себя военизированная маскулинность. По сути, это определение вписывается в архаично-патриархальный подход, который я обсудила ранее. С системе Скьелсбек существует и структуралистское объяснение, согласно которому жертвами насилия становятся женщины отдельных социально-этнических групп. Это ничто иное, как рассмотренное выше национально-идеологическое объяснение. Также она предлагает анализировать обусловленные контекстом конструкты феминности и маскулинности.[210]

---

209   Kirby, Paul: How is Rape a Weapon of War? Feminist International Relations, Modes of Critical Explanation and the Study of Wartime Sexual Violence. European Journal of International Relations 19.4 (2012) 797–821.

210   Skjelsbæk, Inger: Sexual Violence and War: Mapping Out a Complex Relationship. European Journal of International Relations 7.2 (2001) 213.

«Во многих случаях изнасилования можно объяснить не сексуальностью, а цивилизационными причинами». Так считает военный историк Кристиан Унгвари. [211] Ева Штандейшки называет военные изнасилования частью войны и особенностью той или иной культуры. [212] Это то самое цивилизационное объяснение, которым пользовались свидетели советской оккупации, говоря, что дикая восточная орда обрушилась на Венгрию.

И до и после вторжения Красной армии в Вене и Будапеште шли разговоры об азиатском характере и расовой инаковости советских солдат. Антикоммунистическая пропаганда в Венгрии подчёркивала разницу между политическими системами двух стран, а в поглощённой Третьим Рейхом Австрии — разницу расовую. Мифы о надвигающейся несокрушимой азиатской орде, столетиями угрожавшей развитому христианскому Западу, в общественном сознании слились в одно целое с ужасами коммунизма. Пропаганда утверждала, что советские войска, как и любые оккупационные армии, беспощадны и воруют всё, что плохо лежит.

В Венгрии советские солдаты давали волю гневу куда больше, чем в ранее освобождённых странах, но ещё хуже ситуация была в Германии, считает Норман М. Наймарк. Он проанализировал случаи сексуализированного насилия в советском секторе оккупации страны. [213] По некоторым оценкам, в период с марта по ноябрь 1945 года там произошло около 1,9 млн изнасилований. Их них почти 100 тысяч зарегистрированы в Берлине в период с 24 апреля по 3 мая.[214] С одной стороны, в Германии, в отличие от Болгарии, была невозможна языковая солидарность между народами. С другой, венгры принимали активное участие в войне на

---

211 Ungváry Krisztián: „Szovjet jogsértések Magyarországon." Magyar Nemzet 1997. nov. 29., 16.

212 Standeisky: „Dokumentumok a megszállásról".

213 Naimark: The Russians in Germany 70.

214 Наймарк использует данные, приведенные в Liebman–Michelson: After the Fall.

стороне немцев, подчёркивает Наймарк. [215] Однако первый тезис опровергает Лев Копелев на примере событий в Восточной Пруссии. По мнению Копелева, язык не играл существенной роли: враждебную немку и дружественную польку насиловали одинаково. За материалы, легшие в основу его книги, автор попал в сибирские лагеря. Согласно советской пропаганде, советская армия не совершала изнасилований на оккупированных территориях. В своей книге Наймарк также подчёркивает значимость личной мести. По его мнению, советские солдаты мстили местному населению за зверства венгерской армии в СССР, будучи под впечатлением от более высокого уровня жизни в Венгрии. [216] Этот аргумент подтвердила опрошенная мной венгерская активистка, принадлежавшая к нелегальному коммунистическому движению во Франции. Двое вооружённых советских солдат изнасиловали её на глазах у мужа и родителей в центре Будапешта в феврале 1945 года. [217] Сексуализированное насилие, совершённое при свидетелях, усиливает сплоченность группы, к которой принадлежат авторы насилия, силу их мести и унижение жертвы. Судя по воспоминаниям, изнасилования в Польше почти всегда происходили при свидетелях, чаще всего при ребёнке или родственнике мужского пола.[218]

По мнению Наймарка, изнасилования чаще совершали молодые солдаты из Украины или Беларуси, перенёсшие

---

215   Naimark: The Russians in Germany 70.

216   Справедливую месть за проявленную венграми жестокость на территории Советского союза упоминает и Ö. Kovács József. См.: Ö. Kovács József: Földindulás – A leplezett kommunista diktatúra társadalmi gyakorlata a vidéki Magyarországon 1945-ben. In: Csikós – Kiss – Ö. Kovács: Váltóállítás 19–65, 23. О неприятии советским руководством венгерских руководителей см.: L. Balogh: „Törvényes" megszállás 16.

217   Я подготовила интервью с тремя женщинами из моего окружения, которые случайно оказались жертвами изнасилований, произошедших в Будапеште в феврале 1945 года. Я спрашивала их, как это произошло, как они защищались, с какими последствиями столкнулись, кому и как рассказали о случившемся. Но эти истории не могут считаться репрезентативной выборкой, поскольку их немного.

218   Ostrowska, Joanna – Zaremba, Marcin: „Kobieca gehenna" [Női szenvedés]. Polityka, 2009. márc. 7., 64–65.

суровую немецкую оккупацию. [219] В Польше эта месть приобретала дополнительный смысл. Счета с местным населением сводили солдаты, которых считали евреями и коммунистами и от которых ждали такого поведения. Роман «Необходимая ложь» живущей в Канаде польской писательницы Евы Стахняк, изданный в 2000 году, получил премию за лучший литературный дебют. Как пишет Стахняк, немецких женщин насиловали из-за того, что советских солдат массово отвезли смотреть на горы трупов в Освенциме после освобождения концентрационного лагеря. По её мнению, это было всё равно, что повестить табличку с надписью: «Солдаты! Освенцим не забудет! Мстите беспощадно!» [220].

Одна из причин изнасилований связана с тем, что представляла из себя советская армия к моменту освободительного похода. Вследствие огромных людских потерь её пополняли за счёт необученных и принудительно отправленных на фронт солдат, которые происходили из разных социально-культурных слоёв. Некоторые исследователи полагают, что линия фронта была наиболее опасным для женщин местом. Выстоявшие перед лицом смерти солдаты не упускали возможности воспользоваться сиюминутными плодами победы. Другие, например Корнелиус Райан, на которого ссылается и одна из самых авторитетных в этом вопросе авторов Сюзан Браунмиллер[221], считают, что банды были более опасны. Отставшие от армейских подразделений и никому не подчиняющиеся, они заходили в населённые пункты после солдат, дисциплинированных службой на передовой.[222] В то же время Золтан Ваш, у которого были хорошие связи в Москве, убеждал приходивших к нему с жалобами людей: после воюющих на передовой штурмовых отрядов идут элитные

---

219 Naimark: The Russians in Germany 90.

220 Karwowska: Gwałty a kultura 163–171; Stachniak, Eva: Necessary Lies. Toronto, Dundurn Press, 2000.

221 О захвате Берлина, рассказанном в логике времён Холодной войны, см.: Ryan, Cornelius: The Last Battle. London, Simon & Schuster, 1966.

222 Brownmiller: Against Our Will 66–67.

подразделения. [223] Так же описывал советских солдат, входивших в его родную деревню Надудвар, Иштван Сабо, политик-хозяйственник из фракции левых. [224] Не стоит забывать, что военные части, расположенные на одном отрезке фронта, в зависимости от уровня дисциплины действительно могли вести себя по-разному. Даже в мирное время насилие совершают по разным причинам. Ими могут быть детские травмы, личностные установки, групповое давление, употребление алкоголя или наркотиков. [225] В военных условиях, когда страх наказания ослабевает или полностью исчезает, ситуация ещё более усложняется.

В военных операциях на территории Венгрии участвовали не только солдаты Красной армии. В воспоминаниях Дьюлы Хорна есть подробное описание изнасилований, совершённых румынскими военными. [226] Хорн, политик из партии левых, указывал, что советские солдаты иначе, чем румынские, сближались с женщинами: «Они скорее пытались любезничать, уломать женщину подарками, практически всегда успешно». [227] Эта цитата хорошо демонстрирует, что воспоминания пишут для будущего и что их цель — тщательно цензурировать нарратив и повлиять на суждения потомков.

Авторами сексуализированного насилия далеко не всегда движет сексуальное желание. О сексуальной дисфункции, когда акт не приносит удовлетворения, заявляет каждый третий автор насилия. Им также могут двигать ненависть к женщинам и жажда власти. Стоит учитывать, что при Сталине

---

223 Kovács: Magyarország megszállása 270.

224 Цит. по L. Balogh: „Törvényes" megszállás 44.

225 Greathouse, Sarah Michal – Saunders, Jessica – Matthews, Miriam – Keller, Kirsten M. – Miller, Laura L.: Characteristics of Male Perpetrators Who Sexually Assault Female Victims. In: A Review of the Literature on Sexual Assault Perpetrator Characteristics and Behaviors. Santa Monica, CA, RAND Corporation, 2015, 7–31.

226 Дьюла Хорн (1932–2013) — министр иностранных дел, в 1994–1998 гг. премьер-министр Венгрии.

227 Horn Gyula: Cölöpök. Budapest, Zenit Könyvek, 1991, 71. Отдельная благодарность Кристиану Унгвари за то, что обратил моё внимание на этот источник.

Советский Союз жил идеалами рационализма и планирования. Чувствам, которые в принципе не поддаются контролю, в официальном нарративе не было места. В среде, где выросли будущие советские солдаты, о сексуальности судили по мещанским представлениям о стыде и морали. Известен случай, когда статую Венеры Милосской сочли порнографией. Поэтому неудивительно, что в чрезвычайных обстоятельствах войны советские солдаты утратили всякие ориентиры.[228]

Женская сексуальная фантазия из-за длительного отсутствия мужчин во время и после боевых действий проявляла себя более активно. Когда строгий нормативный контроль подавляет женскую сексуальность и не позволяет ей раскрыться, рассказывание истории об изнасиловании приобретает порнографический характер. Военные восполняли нехватку мужского населения несмотря на то, что женщины расценивали их присутствие как угрозу своей безопасности. Отношения между полами становились более свободными и раскованными, тогда как нравственные нормы старого мира ослабевали. Многие выбирали партнёра из числа солдат-оккупантов не только из-за отсутствия соотечественников, но и в знак политического протеста. В Вене с русскими в первую очередь встречались женщины, испытывающие трудности из-за своего низкого социального положения. Но, возможно, среди них были и те, в чьих семьях придерживались левых политических взглядов.[229] В Венгрии в период становления коммунистического строя хорошие отношения с оккупационными войсками были залогом успешной карьеры.

Если вслед за сторонниками интенционалистского подхода мы будем считать изнасилование оружием, которое военные сознательно применяют против конкретных этнических групп, то не сможем проанализировать проблему

---

228 Zaremba: Wielka Trwoga. цит. Merridale: Ivan's War 336.
229 Устное свидетельство Марианны Баумгартнер на основе подготовленного ей интервью.

комплексно с учётом структурных факторов. Сегодня нарратив о совершённом советскими солдатами в Венгрии насилии всё чаще конструируется в этом упрощённом подходе. Его недостаток в том, что он не позволяет проанализировать милитаризм, нормативные элементы маскулинности и властные интересы милитаристской культуры. В то же время, полагаясь исключительно на структурализм и не учитывая специфику места, где совершено насилие, мы не сможем узнать, кто и как становится автором и жертвой насилия, каковы его причины и последствия. Структурно культура насилия шире понятия нации. Если мы присоединимся к тем, кто считает, что военное насилие совершали только советские оккупанты, то тоже пойдём по ложному следу. Армии СССР и Венгрии — образчики милитаристской культуры, нормализовавшей насилие. Для солдат любой армии — венгерской, советской, немецкой — оно было в порядке вещей. Не стоит забывать, что мужчина может быть не только автором насилия, но и его жертвой. У безнаказанного насилия множество причин. Комплексное понимание проблемы — это нравственный и профессиональный долг исследователя хотя бы потому, что так он защищает достоинство жертвы. Возможно, эта книга станет первым шагом в этом направлении.

Последствия сексуализированного насилия

Степень травмированности жертвы зависит от того, что происходит после изнасилования. Немало женщин столкнулись с проблемами со здоровьем. Другие забеременели, после чего сделали аборт или родили. Не стоит забывать о таких последствиях для психики, как посттравматическое стрессовое расстройство, депрессия, зависимость от лекарств и алкоголя. Многие изнасилованные женщины получили серьёзные телесные повреждения. Вот что рассказывает одна из них, свидетельница Холокоста: «Бежать я не решалась, потому что боялась, что [он] выстрелит мне в спину. Он ударил меня по подбородку. Достал нож, разрезал на мне штаны. Я не знала, что делать. Никто никогда не объяснял, что делать в таких ситуациях. Он улегся на меня, он был жутко пьян. От него несло вином. Он положил нож, освобождая руки. Я схватила нож, думая, куда его пырнуть, чтобы никто не пришёл. Он попытался вырвать нож и пнул меня с такой силой, что я вылетела из ворот. Я так и стояла вся в крови, с окровавленными руками, в болтающихся штанах. Каким-то образом я вышла к садовому хозяйству, и у меня началась истерика. Матери я об этом никогда не рассказывала».[230]

Повреждения внутренних органов могли быть настолько серьёзными, что женщина оставалась под наблюдением врача всю жизнь. Нередко пострадавшие отказывались от половой жизни. Не были редкостью истории о женщинах, принявших постриг. Как я уже упоминала, одна из целей военного изнасилования — это разрушение семейных и интимных связей и унижение женщин и мужчин. Женщины, пережившие насилие в Боснии, бежали в другие страны. Жертвы насилия в послевоенной Венгрии никуда не уезжали и поэтому рассказывали о собственном опыте так, будто он принадлежал не им (по крайней мере, до массовой миграции, которая началась после коллективизации и индустриализации).

Первая мировая война изменила существовавшие прежде отношения между армией и гражданским населением. Первые в истории случаи массовых изнасилований были зафиксированы после оккупации Бельгии немецкими войсками, которые из-за «парализации» фронта провели там 4 года. Расквартировали солдат в домах местных жителей, а потому интимные связи завязались быстро и были упорядоченными. Историки изучили, как женщины взаимодействовали с немецкими военными, разочарованными военным поражением и потерями. Половые отношения начинались по разным причинам. Когда не имело место

---

230 51550 интервью, 74-я часть. Архив визуальной истории, фонд Шоа, университет Южной Калифорнии.

принуждение, женщинами двигало стремление поправить своё материальное положение, которое ухудшилось из-за затянувшейся войны, тяга к приключениям и протест против патриархатных норм. [231] В городах к услугам солдат были бордели. За изнасилование немецкий военный суд наказывал. То, как на протяжении нескольких лет войны менялся характер секс-работы на этих территориях, показывает, что женская бедность, количество секс-работниц, а с ними и случаев инфекционных заболеваний, росли по мере расширения зоны оккупации. Для лечения приходилось открывать специализированные больницы. По данным исследований, в больших бельгийский городах росло количество внебрачных детей и венерических больных. В маленьких сельских сообществах, где социальный контроль был строже, практически не вступали в половые отношения с оккупантами. Если такое и случалось, женщины спешили уехать в большие города, подальше от бдительных соседских глаз.

Советская оккупация и предшествовавшее ей быстрое и слабо контролируемое продвижение огромной армии по венгерской территории в 1944–1945 годах имели разные последствия. После официального окончания войны местное население, кроме сохранявшейся угрозы сексуализированного насилия, ждали массовые ссылки в советские и венгерские трудовые лагеря, национализация, коллективизация, выселения и программа создания нового общества. Эти события оставили травматичные воспоминания практически у каждой венгерской семьи. То, как и в каких выражениях венгры делятся этими воспоминаниями сегодня, зависит от текущей политической обстановки. Из всего, с которыми им пришлось столкнуться, говорить о сексуализированном насилии оказалось сложнее всего. Это способствовало замалчиванию проблемы.

---

231 Debruyne, Emmanuel: "Femmes à Boches". Sexual Encounters Between Occupiers and Occupied (France Belgium 1914–1918). In: Karner, Stefan – Lesiak, Philipp (Hrsg.): Erster Weltkrieg. Globaler Konflikt – lokale Folgen. Neue Perspektiven. Innsbruck–Wien–Bozen, Studien Verlag, 2014, 105–122.

Война цифр

Первые исследователи военных изнасилований ставили перед собой задачу заговорить о проблеме и собрать статистику. Однако оказалось, что из-за отсутствия данных дать количественную оценку преступлениям в Венгрии, Австрии или Польше невозможно. В распоряжении историков оказались только косвенные источники. Определить количество случаев изнасилования во время Второй мировой войны также невозможно по научным и моральным причинам. Как считать, если одну женщину насиловали несколько раз за вечер? Эта сложность стала поводом для справедливой критики фильма Фружины Шкрабшки, в котором количество случаев сексуализированного насилия в оккупированной Венгрии оценено в 80–250 тысяч.

Очевидно, для Шкрабшки упоминание статистики было художественным приёмом, подчеркнувшим массовость явления. Однако такие оценки упускают из виду то, какие последствия имело насилие для своих жертв. Они также не учитывают крайне приблизительный, несмотря на частичный доступ к надёжным данным от венерологов и санитарных врачей того времени, характер таких подсчётов и то, какое значение они имеют для исследователей. Данные по количеству изнасилований в военной Германии тоже неоднозначны. Аннемари Трёгер считает, что в оккупированной части страны было совершено от 20 до 500 тысяч изнасилований[232], тогда как Барбара Йор говорит о двух миллионах случаев. Эту цифру можно оспаривать, но именно она стана ориентиром для исследователей. Разброс в цифрах связан не только с этикой (как считать групповые изнасилования?). Среди учёных нет чёткого понимания, что

---

232 Tröger: Between Rape and Prostitution: Survival Strategies and Chances of Emancipation for Berlin Women after WWII. In: Friedlander, Judith (ed.): Women in Culture and Politics. Bloomington, Indiana University Press, 1986, 99; Tröger Annemarie: German Women's Memories of World War II. In: Randolph-Higonnet, Margaret et al. (eds.): Behind the Lines: Gender and the Two World Wars. New Haven, Yale University Press, 1987, 285–289.

именно считать немецкой территорией во время войны. [233] Согласно статистике одной берлинской больницы, только в столице Германии было изнасиловано от 95 до 130 тысяч женщин. На территориях, занятых американскими военными, зафиксировали 14 тысяч таких случаев.[234]

Женщины, которые пережили Холокост и были изнасилованы немцами и их союзниками, а также женщины и мужчины из Восточной Европы не входят в эту статистику. О жертвах Холокоста после длительной научной и политической борьбы напишут немало исследователей, тогда как научных работ о пострадавших от изнасилований в странах Восточной Европы по-прежнему нет, что обусловлено логикой Холодной войны. [235] Судя по воспоминаниям из Архива визуальной истории фонда Шоа, риск изнасилования был выше, когда женщины возвращались домой из лагерей, освобождённых советскими солдатами.[236] По материалам этого архива нельзя прийти к обобщающим выводам, поскольку о подобных случаях он рассказывает урывками. Из почти 52 тысяч опрошенных женщин только 1 182 упомянули о страхе перед сексуализированных насилием, а о факте изнасилования рассказали 688. Задача этой статистики, показавшей огромные цифры даже по итогам приблизительной оценки — подчеркнуть массовый характер преступления, чтобы общество увидело в нём проблему. Именно из-за невозможности дать точную количественную оценку явлению многие профессиональные историки скептически отнеслись к исследованиям сексуализированного насилия и отказались

233 Johr, Barbara: Die Ereignissen in Zahlen. In: Sander–Johr: BeFreier und Befreite 59.

234 Burds: Sexual Violence 60.

235 Chang, Iris: The Rape of Nanking: The Forgotten Holocaust of World War II. New York, Basic Books, 1997; Reid-Cunningham, Allison Ruby: Rape as a Weapon of Genocide. Genocide Studies and Prevention 3.3 (2008) 279–296.

236 Dorner, Helga – Jeges, Edit – Pető, Andrea: News of Seeing: Digital Testimonies, Reflective Inquiry, and Video Pedagogy in a Graduate Seminar. In: Pető, Andrea – Thorson, Helga (eds.): The Future of Holocaust Memorialisation. Confronting Racism, Anti-Semitism, and Homophobia Through Memory Work. Budapest, Tom Lantos Institute, 2015, 42–46.

анализировать его структурно. Это отодвинуло проблему на второй план.

Точность статистики останется под сомнением, даже если историк будет опираться на самый достоверный источник по теме — доклады санитарных врачей, работавших в небольших территориальных образованиях с чётко очерченными границами. Ценность санитарных врачей значительно выросла в военное время из-за политического и правового вакуума. Но всё же по их документам нельзя составить полное представление о ситуации. Городское население постоянно росло из-за беженцев. В осаждённых городах женское население намного превышало мужское: жительницы пригородов Будапешта после снятия осады поспешили в столицу, чтобы выяснить, имели ли половые связи с советскими солдатами последствия для их здоровья. Те, кто опасался инфекционного заражения или беременности, таким образом также стремились избежать пристального внимания и потенциального осуждения соседей. Если угрозы беременности или болезни не было, то «происшествие», которое привело женщину к врачу, даже не регистрировали. Опыт насилия оставался её личным переживанием, запертым в теле. Прийти к общим выводам по документам санитарных врачей нельзя и потому, что количество изнасилований в густонаселённых городах и деревнях могло существенно отличаться. По мнению австрийских исследователей, оно зависело от степени ожесточённости боёв, в результате которых советские войска занимали поселение. Это объясняет почти 40-процентную разницу в статистике, приведённой выше.

Венгерский пропагандистский плакат. Будапешт, 1942

Если военные, заходя в населённый пункт, не встречали особого сопротивления среди жителей, около 6 процентов местных женщин оказывались с ними в половых отношениях. В небольших малонаселённых деревнях или горных районах, предоставлявших возможность спрятаться, цифра могла быть ниже.[237]

Возможен только точный подсчёт жертв группового изнасилования. Обычно солдаты, заняв населённый пункт, собирали женщин и принуждали их к половому акту, угрожая оружием. В военных условиях к нежелательной беременности могли привести и добровольные связи, в которые женщины вступали по разным причинам. Тем не менее, чтобы воспользоваться в таком случае правом на аборт, они всё равно говорили врачам, что стали жертвами насилия. Зои Ваксман утверждает, что невозможно говорить о добровольности в

---

237 Baumgartner, Marianne: Das Kriegsende und die unmittelbare Nachkriegszeit in lebensgeschichtlichen Erzählungen von Frauen aus dem Mostviertel. Magisterarbeit, Universität Wien, 1992, 87.

отношениях, где положение партнёров сильно отличается[238]. Поэтому многие осудили Катц за термин «насильственное покорение», описывающий сексуальные отношения между немецкими солдатами и еврейскими женщинами в концентрационных лагерях. [239] Этот термин словно подразумевает, будто у еврейских женщин был выбор, тогда как из-за неравенства сторон о нём не могло быть и речи.

Обычно власти предпринимают попытки оценить масштабы военного сексуализированного насилия, чтобы представить свою страну жертвой войны. Общественная дискуссия об изнасилованиях в Венгрии началась только после 1989 года. Оценка масштабов преступления приобрела характер сенсации, что превратило статистику в инструмент борьбы. Жертва обычно не несёт ответственности за свои действия, и внимание к зверствам Красной армии отвлекло венгерское общество от осмысления военных преступлений, совершённых венгерскими и немецкими военными. Таким образом, споры о масштабе проблемы стали ключевым инструментом политической игры, приз в которой — забвение собственных преступлений.

Изнасилования и рождаемость

Если женщина беременела в результате изнасилования, то, скорее всего, делала аборт легально. Ситуация, спровоцированная насилием, совершённым советскими солдатами, способствовала либерализации венгерской политики в отношении абортов. Общество, а нередко и церковь, позволили женщине самой решать судьбу плода, развивающегося в её теле. Поскольку оккупация не привела к приросту населения, оценить, сколько изнасилований было совершено в то время, используя статистику рождаемости, невозможно.

---

238 Waxman, Zoe: Unheard Testimony, Untold Stories: The Representation of Women's Holocaust Experiences. Women's History Review 12.4 (2003) 661–677.

239 Katz: Thoughts on the Intersection of Rape 293–322.

Согласно данным в таблице 1, число новорожденных в Будапеште не увеличилось. Резкий рост рождаемости в апреле 1946 года не обязательно связан с волной сексуализированного насилия. Демографические тенденции после войны в целом не отличались от довоенных. Очевидно, что на младенческую смертность влияли слабое здоровье населения и плохая работа разрушенной системы здравоохранения. Главный санитарный врач Будапешта связал необычайно низкое количество новорождённых с «возникшими в женском организме проблемами, (…) страхом и нежеланием беременеть», у которых были «экономические и моральные причины».[240]

Таблица 1. Численность новорождённых в Будапеште в первом полугодии 1946 года

1946*	
Январь	961
Февраль	1096
Март	1373**
Апрель	2439
Май	1480
Июнь	1494

*Регистрационные записи городской администрации Будапешта. Городской архив Будапешта: BFL IV.1416.a. По материалам отчетов санитарных врачей.
** Отчет за май 1946 года, там же: 1535.

Судьбой детей, рождённых от нежелательных связей, озаботился Эрик Молнар, министр здравоохранения коммунистического правительства Венгрии. Он издал следующее постановление: «После военных манёвров и последовавшего хаоса на территории страны родилось огромное число детей, о содержании которых законные опекуны заботиться не желают. Но поскольку детей нельзя

---

240   BFL IV.1416.a Доклад главного санитарного врача Будапешта от 6 января 1946.

оставлять без присмотра и ухода, необходимо принять меры, чтобы их взяли в государственные учреждения — это избавит родственников от предписанных законом расходов по их содержанию. В связи с этим и с учётом вышеупомянутых материальных и этических обстоятельств, прошу Управление по делам сирот регистрировать как отказника каждого младенца, который родился не раньше девяти и не позже восемнадцати месяцев с момента освобождения населённого пункта, где он(а) появился на свет, при условии, что оба родителя или один из них отказались от содержания ребёнка до достижения им годовалого возраста, а мать при этом может предоставить справку от мэра города, главы администрации любого района Будапешта, либо главы администрации населенного пункта о том, что в указанный выше период она могла стать жертвой упомянутых выше обстоятельств. Если эти условия соблюдаются, то отказником следует считать и ребёнка, если его законный отец, отсутствовавший в момент рождения ребёнка, *в течение двух дней* [курсив мой. – А.П.] по возвращению отказывается содержать его в семье».[241]

К сожалению, архивы детских домов недоступны для исследователей. Путеводители городского архива Будапешта тоже не помогают в поиске информации: исследователю пришлось бы вручную просматривать материалы каждого управления, что едва ли возможно. К тому же, если при регистрации ребёнка мать не указала имя отца, то это не значит, что тот был зачат в результате насилия. Также нельзя сказать, что отцами всех без исключения детей женщин, пострадавших от насилия, были советские солдаты. Официальные данные по Вене (см. таблицу 2) показывают, что растущее на протяжении девяти месяцев после оккупации города количество новорождённых не привело к значительному изменению численности населения города, как и в Будапеште.

---

241 BFL VIII.1102. Документы Будапештского городского института защиты материнства и детства, 97/1946, Приказ министерства социальной защиты № 8540/1945. I. 3., от 14 января 1946 г.

Таблица 2. Динамика рождаемости в Вене в 1946 году

1946*	
Январь	872
Февраль	803
Март	1054
Апрель	975
Май	1026
Июнь	1290
Июль	1576
Август	1645
Сентябрь	1786
Октябрь	1802
Ноябрь	1843
Декабрь	1936

*По материалам Statistisches Jahrbuch der Stadt Wien 1946–1947. Wien, 1949, 35

Искусственное прерывание беременности

Аборты в медицинских учреждениях, где их можно было сделать с наименьшим риском для здоровья, были массовыми. Это, безусловно, связано с изнасилованиями венгерских женщин. Пытаясь определить их масштаб в отсутствие достоверной статистики, мы опирались на материалы берлинских исследований. Выяснилось, что в немецкой столице забеременели 20 процентов женщин, переживших насилие. [242] В Вене, входившей в состав Третьего рейха, сохранилась практика прерывания беременности в рамках нацистских законов о расовой чистоте. Поскольку виновные в изнасилованиях были «русскими» и относились к другой расе,

---

242   Sander–Johr: BeFreier und Befreite 52.

абортам не препятствовали — напротив, считали их обязательными.[243]

В Венгрии искусственное прерывание беременности запрещали 285-м и 286-м параграфы закона V от 1878 года. Постановление Курии (венгерского аналога Верховного суда) от 1933 года сделало медицинские показания исключением из запрета. Операции проводили только в частных клиниках, пока существовал спрос среди платежеспособного населения. В сельской местности полагались на народные методы. Законы изменились из-за массовых изнасилований во время оккупации. 14 февраля 1945 года национальная комиссия Будапешта приостановила действие запрещающей статьи Уголовного кодекса. Впервые в истории венгерской акушерской практики гинекологи могли прерывать беременность бесплатно. Но воспользоваться этим правом можно было только в медицинском учреждении при наличии медицинских показаний. Поправки вступили в силу всего на четыре месяца.[244] Однако изменение законодательства создало прецедент. Запрет 1878 года был отменён, а его реализация в акушерской практике ликвидирована. Главный санитарный врач Будапешта в письме главным врачам государственных больниц сообщал о необходимости уведомить об изменениях заведующих отделений акушерства и гинекологии: «С учётом чрезвычайной ситуации разрешается проводить раннее прерывание беременности лицам, обратившимся с соответствующим запросом». Национальные комиссии письменно доводили до сведения главных врачей государственных больниц, что следует оказывать

---

243 Mesner, Maria: Frauensache? Zur Auseinandersetzung um den Schwanger-schaftsabbruch in Österreich (Veröffentlichungen des Ludwig-Boltzmann-In-stituts für Geschichte der Gesellschaftswissenschaften, Bd. 23). Wien, Jugend und Volk, 1994.

244 Gáspár Ferenc – Halasi László (szerk.): A Budapesti Nemzeti Bizottság jegyzőkönyvei 1945–1946 (Budapest Főváros Levéltára Forráskiadványai VII). Budapest, 1975, 33.

«необходимую помощь изнасилованным женщинам».[245] Это распоряжение действовало с июня по сентябрь 1945 года.

Из-за сложностей военного времени не все практикующие гинекологи могли вовремя узнать об изменениях. Возникает вопрос: на каком основании они проводили аборты? Дело не только в правовой неопределённости, но и в том, как именно врачей проинформировали об нововведениях. О поправках могли узнать только члены профессионального медицинского сообщества. Как следствие, растерянные врачи Шопрони 30 апреля 1945 года (!) обратились к губернатору Тибору Хаму с просьбой «срочно издать распоряжение» о прерывании беременности, наступившей вследствие изнасилования, констатируя: «Забеременевшие женщины всё чаще обращаются за искусственным прерыванием беременности».[246] О той же дилемме свидетельствует и письмо Матьяша Пфанневальда, главного врача больницы Марии Валерии в Балашшадьярмате, вице-губернатору Беле Драшкоци от 24 февраля 1945 года. «С начала оккупации очень много женщин и невинных девушек забеременели не по своей вине», – писал он. В то же время «при искусственном прерывании беременности находящийся в матке плод погибает, так что неудивительно, почему подобное убийство запрещено не только законами природы, но также церковью и законами большинства государств». Врач перечисляет доводы против либерализации законов о прерывании беременности для пострадавших от изнасилования. По его мнению, от плода захотят избавиться и те, кто забеременел при других обстоятельствах. Женщина, которая заразилась венерическим заболеванием и сделала аборт до того, как прошла медикаментозное лечение, рискует стать бесплодной. Наконец, прерывание беременности на позднем сроке угрожает жизни будущей матери. Любопытно то, как врач подытоживает своё письмо: «Как минимум по экономическим

---

245 Győr Megyei Levéltár (továbbiakban GYML) Nemzeti Bizottság iratai, 1945. április 30. Спасибо Дьёрдю Немету за то, что поделился со мной своими исследованиями.

246 L. Balogh: „Törvényes" megszállás» 313.

соображениям было бы важно, чтобы наша раса размножалась, пусть и таким нежелательным методом. Показатели воспроизводства населения настолько низки, что, если ситуация не изменится, нация обречена на вымирание». Он заканчивает письмо изложением грандиозного плана по созданию благоприятных социальных условий, которые материально и нравственно побудят женщину выносить и родить ребёнка, от открытия приютов до выплаты материнского капитала. Если прерывание беременности всё же будет разрешено, оно должно проводиться бесплатно и с разрешения комиссии, состоящей из работников учреждения здравоохранения, добавляет Пфанневальд в заключение.[247]

Специалист из Балашшадьярмата написал это письмо уже после того, как было опубликовано государственное постановление, точь-в-точь повторявшее его рекомендацию. Согласно новому закону, беременной женщине следовало обратиться к санитарному врачу. Он составлял протокол о происшествии, в котором уточнялись обстоятельства изнасилования и фиксировалось разрешение на искусственное прерывание беременности. С этим протоколом женщина могла прийти в гинекологическое отделение, где ей сделали бы аборт бесплатно. Реконструировать историю военных изнасилований на основании случайно сохранившихся бумаг санитарных врачей достаточно непросто. Согласно протоколу об искусственном прерывании беременности, составленному военным врачом Монорского района 7 октября 1945 года, жительницу одной из окрестных деревень изнасиловал русский солдат, который выскочил на неё из грузовика, когда та возвращалась домой. Заявление подписали не только пострадавшая, но и её муж и даже свекровь.[248] Мы не знаем, какой разговор состоялся в семье до похода к врачу, но можем сказать, что он имел место.

Я не нашла документы санитарных врачей из Будапешта, поэтому сошлюсь на источник из Лебени, описывающий,

---

247   L. Balogh: „Törvényes" megszállás 295–297.
248   L. Balogh: „Törvényes" megszállás 355–356.

можно сказать, типичный для Вены или Германии случай. 26-летняя М. Л., жительница Лебени, на приёме у санитарного врача рассказала следующее: «18 июня этого года около 10 часов вечера, когда я шла домой от швеи в городе Лебень, двое русских меня остановили, повалили на землю и оба совершили надо мной акт насилия. Спустя ровно четыре недели, 16 июля, около 8-ми я ехала домой на велосипеде из Мошона вдоль путей. Какой-то русский захотел отобрать у меня велосипед, но, когда я расплакалась, он оставил велосипед и вместо этого меня изнасиловал. Последние месячные были у меня седьмого июня. Обычно они длятся 3–4 дня и чаще всего наступают каждые четыре недели. Но было и так, что ничего не было и до шестой недели. Месячные не начались в срок, я поняла, что беременна, и поскольку забеременела я против воли и вынашивать этого ребенка не хочу, прошу направление в больницу, чтобы меня избавили от плода. Больше мне сказать нечего, я подписываю протокол в подтверждение, что с моих слов записано верно».[249]

В свете истории М. Л. следует вспомнить мой тезис о ненадежности количественных оценок масштабов насилия. Женщину из Лебени изнасиловали трое. Закономерен вопрос: как оценивать частоту изнасилований, по количеству насильников или по количеству жертв? [250] Усложняет ситуацию то, что многие прерывали беременность вне медицинских учреждений, как Фанни Дьярмати, жена Миклоша Радноти. Следовательно, эти аборты не попали в статистику. Ещё одним источником данных могут служить протоколы бесплатных осмотров перед вступлением в брак. Их тоже составляли санитарные врачи. Женщины, собиравшиеся замуж, но пережившие изнасилование, просили определить, не наступила ли беременность, и в случае положительного

---

249   GYML Győr megyei tiszti főorvos iratai 245/1845. tfo. sz.

250   Соцмолингвистический анализ прошений на аборт на немецкмх территориях см.: Grossmann: A Question of Silence 37–39, 46–49.

результата избавить от неё.[251] Но и этот источник не позволит реконструировать целостную картину произошедшего: к браку стремились далеко не все.

В венских больницах об исключениях из официального запрета на прерывание беременности всех заинтересованных уведомляли плакаты. [252] В переходный период в Австрии возникла ситуация, когда не было ясно, по каким законам живёт страна, принятым до или во время нацистской оккупации. В ситуации неопределённости врачи часто писали мэру Вены с вопросом: «Как помочь попавшим в беду женщинам?». Он давал им официальное разрешение на медицинское вмешательство. В то время продолжал действовать печально известный параграф 144, который в интересах защиты чистоты расы разрешал даже принудительную стерилизацию.[253] Согласно законам Третьего рейха, женщин, забеременевших от «славян», после обязательной регистрации и установления факта беременности теоретически могли принудить к аборту. [254] В таких случаях тяжело установить реальную причину прерывания беременности. То, что женщина сделала аборт, ссылаясь на закон о чистоте расы, не означает, что она поддерживала нацистскую расовую политику, а не просто пользовалась возможностью, предоставленной государством, чтобы избежать позора, сберечь своё социальное положение или сохранить важные отношения. Цель могла быть важнее, чем средство её достижения. В частности, только в одном из сотен заявлений, поданных в отдел здравоохранения берлинского района Нойкёльн, просили об аборте по идеологическим причинам. Одновременно росло количество

251 BFL IV.1479.с. Документы санитарного врача X-го района, 1945. Разрешение на повторное вступление в брак вдове Б.Ш., рождённой в 1908 г., от 27 августа 1945.
252 Bandhauer-Schöffmann–Hornung: Vom „Dritten Reich" 232.
253 Bock, Gisela: Zwangssterilization im Nationalsozialismus. Studien zur Rassen-politik und Frauenpolitik. Opladen, Westdeutscher Verlag, 1986, 45.
254 Mesner, Maria: Die Auseinandersetzung um den Schwangerschaftsabbruch in Österreich. Magisterarbeit, Universität Wien, 1993, különösen 35–46.

нелегальных абортов. По некоторым оценкам, в Германии в 1946 году их насчитывали 26 тысяч.[255]

В американской зоне оккупации в медицинских учреждениях тоже делали аборты. Австрийские девушки часто рожали детей, зачатых в интимных отношениях, в которые вступали добровольно. Отношения с американскими военными гарантировали материальное благополучие и безопасность, но только если женщине удавалось доказать факт отцовства над ребёнком — а добиться этого в западной зоне оккупации было непросто. В Польше управление делами епископа в октябре 1945 года обратило внимание паствы на «распространение греха аборта». У нас нет точных данных, но, судя по всему, вследствие запрета на аборт в Польше многие женщины прерывали беременность нелегально. Новорождённых бросали или убивали. В отчёте краковского института судмедэкспертов указано, что с 1945 по 1947 годы участились случаи нахождения тел мёртвых младенцев.[256]

Не стоит недооценивать правовые, эмоциональные и институциональные последствия нового абортного законодательства. Из-за массовых изнасилований, совершённых советскими солдатами, и их последствий, венгерские женщины получили возможность самостоятельно распоряжаться собственным телом. Социальная стигма вокруг темы аборта ослабла, в том числе в церкви. Когда количество изнасилований стало падать на фоне стабилизации внутренней политической ситуации, партии коалиции, управлявшей Венгрией в 1947–1948 годах, специально сохранили правовую неопределённость, которая делала аборты возможными. Так они надеялись избежать протестов, которые неизбежно бы начались в случае их запрета. Министерство народного благополучия, которое находилось в ведении коммунистов, урегулировало вопрос во внутренних постановлениях и приказах. Оно не хотело давать коллегам по коалиции ещё один повод для споров, которые и без того

---

255 Gebhardt: Crimes Unspoken 135–136.
256 Zaremba: Wielka Trwoga.

вспыхивали ежедневно. Так удалось избежать конфликта между социал-демократами, которые хотели снять все ограничения на искусственное прерывание беременности, и Партией мелких хозяев, которые по религиозным и наталистским соображениям поддерживали их.

Ситуация изменилась летом 1952 года, когда Министерство здравоохранения выпустило постановление, ужесточившее правила проведения абортов. Для вмешательства, допустимый срок которого ограничили 28 неделями, теперь требовалось разрешение комиссии первой и второй инстанции. Прервать беременность могли только те, кто соблюдал эти условия. Иными словами, женщине предстояло получить разрешение у специальной комиссии, которая решала, соотвутствует ли её случай критериям из списка, приложенного к официальному приказу, несмотря на то, что аборты не были объявлены вне закона. К слову, аборт по социальному основанию в этом списке отсутствовал. Видимо, по мнению авторов приказа, женщины в «динамично» развивающейся Венгрии 1952 года не могли жаловаться на социальные условия. Так начался период, известный как «период Ратко», хотя Анна Ратко, по имени которой он назван, стала главой Министерства здравоохранения только 18 апреля 1953 года. Летом 1953 года правительство Имре Надя смягчило драконовские меры регулирования абортов. [257] Право на искусственное прерывание беременности, которое венгерские женщины впервые получили на волне массовых изнасилований, остаётся предметом споров до сих пор.

Рождение детей

Исследования, затрагивающие детей, зачатых в результате изнасилования, требуют максимальной этической и методологической деликатности. Цикл насилия продолжают

---

257 Pető Andrea: Abortőrök és „bajba jutott nők" 1952-ben. In: Palasik Mária – Sipos Balázs (szerk): Házastárs? Munkatárs? Vetélytárs? A női szerepek válto- zása a 20. századi Magyarországon. Budapest, Napvilág, 2005, 300–319.

все пострадавшие: и женщины, и их дети. Цель военных изнасилований — нанести ущерб «женской природе», лишив женщину возможности завести детей в будущем или насильно сделав её матерью ребёнка, который принадлежит к той же этнической группе, что и автор насилия.

В 1945 году ни один солдат советской армии в соответствии с решением Союзной контрольной комиссии не был обязан признавать отцовство над ребёнком или содержать его. [258] Военная администрация не считала обязательным, чтобы солдаты соблюдали положение советского Гражданского кодекса, обязывающего отца отвечать за воспитание ребенка. В 1945–1953 годах солдатам были запрещено заключать брак с иностранками: власти до паранойи боялись шпионов. Советский военный, особенно офицер, вступив за границей в интимную связь, рисковал не только собственной жизнью. В тюрьме или трудовом лагере могла оказаться его избранница. Этому посвящён фильм «Аврора Бореалис: Северное сияние» Марты Месарош (2017). Обязанность содержать детей, рождённых в результате изнасилования, не упоминалась в межгосударственных соглашениях о размещении на территории Венгрии советских войск, заключённых после 1955 года.[259]

Изнасилования анализируют с исторической, правовой и экономической точки зрения. Но можно и нужно делать это с точки зрения пострадавшей матери и её ребёнка.[260] Вопрос только в том, кто и как говорит вместо жертвы.[261] Сами женщины редко делятся историей о пережитом насилии. Ещё реже слышен голос рождённых в его результате детей. Венгерские женщины могли сделать аборт. Матери, родившие

258   Kleinau, Elke – Mochmann, Ingvill C. (Hrsg.): Kinder des Zweiten Weltkrieges. Stigmatisierung, Ausgrenzung, Bewältigungsstrategien. Frankfurt – New York, Campus Verlag, 2016.

259   Gebhardt: Crimes Unspoken 145.

260   Ericsson, Kjersti – Simonsen, Eva (eds.): Children of World War II: The Hidden Enemy Legacy. New York, Berg, 2005.

261   Stelz-Marx, Barbara: Soviet Children of Occupation in Austria: The Historical, Political and Social Background and its Consequences. European Review of History 22.2 (2015) 277–291.

после изнасилования — не только пассивные жертвы, но и активные субъекты. Следует учитывать исторический контекст, в котором они принимали решение рожать. [262] Ребёнок, в воспитании которого не участвовали бабушки и дедушки, как правило, попадал в детский дом.

То, что солдаты-оккупанты не участвовали в воспитании детей, имело для них психологические и экономические последствия. [263] Отсутствие имени отца в свидетельстве о рождении определяло положение в обществе на всю жизнь. Такие дети часто жили в нелюбви. Ей сопутствовали стигма, насилие и маргинализация.[264] В Германии они существовали вне правовой системы: не имели прав ни на пособия, ни на положенное сиротам социальное обеспечение. [265] Женщины держали личность отца в тайне, только если не рассчитывали с его помощью получить британское или американское гражданство. Исследовать такие истории в Венгрии можно только методом «добровольного признания», когда истекает запрет на доступ к свидетельствам о рождении, охраняемый законом о неприкосновенности частной жизни.

Согласно последним исследованиям, 5 процентов всех детей, рождённых в оккупации после Второй мировой войны, зачаты в результате изнасилования, в то время как к зачатию приводило каждое десятое изнасилование. [266] Так, на территории Германии между 1945 и 1955 годами родилось 68 тысяч детей, 55 процентов которых имели отца американского происхождения, 15 — французского, 13 — английского, 5 — советского, и ещё 3 — бельгийского. Книгу Гебхардт, в которой

---

262 Damousi, Joy: Mothers in War, "Responsible Mothering", Children and the Prevention of Violence in 20th century. History And Theory: Studies In The Philosophy Of History 56.4 (2017) 119–134.

263 Gadi, Zerach - Zahava, Solomon: Gender Differences in Posttraumatic Stress Symptoms among Former Prisoners of Wars' Adult Offspring. Anxiety, Stress and Coping 31.1 (2017) 1–11.

264 Satjukow, Silke: Kinder des Feindes - Kinder der Freunde. Die Nackommen sowjetischer Besatzungssoldaten in Deutschland nach 1945. In Kleinau-Mochmann: Kinder des Zweiten Weltkrieges 31–47.

265 Gebhardt: Crimes Unspoken 143.

266 Gebhardt: Crimes Unspoken 143.

приведены эти данные, критикует историк-ветеран Норман Наймарк. По мнению Наймарка, ставить знак равенства между изнасилованиями, совершёнными солдатами советской и других армий ошибочно, так как это мешает проанализировать их контекстуальные различия.[267] Не стоит забывать о мифе времён Холодной войны, будто американские солдаты не совершали изнасилований, а бедные немецкие женщины, оставшиеся без мужчин, искали их внимания в обмен на жевательную резинку или шоколад. В западной и восточной части Германии о жертвах изнасилований в годы Холодной войны вспоминали по-разному. Сразу после 1945 года этих женщин, отмечает Гербхардт, стали считать «плохими» жертвами. Они не погибли героической смертью на войне, как мужчины, не пострадали от нацизма и напоминали о менее чем героическом поведении победителей. Нередко в насилии винили самих женщин. В восточной части страны, оккупированной советскими войсками, говорили не об изнасилованиях, а о распущенности женщин на территориях, занятых войсками западных стран; там насилие, совершённое советскими солдатами, осталось в коллективной памяти, но исключительно в связи с Холодной войной.

Немецкие учёные проанализировали, в каких условиях росли зачатые в результате насилия дети и как их принимало общество. Методом исследования были интервью и анализ истории семьи.[268] Во французской зоне оккупации Германии заинтересованные в возмещении человеческих потерь власти вели точный учёт детей, рождённых от французских солдат. По этим данным, их было 17 тысяч. 15 процентов французских отцов остались с новыми семьями. Около 15–20 тысяч детей французских военных покинули Германию ради Франции до

---

267 Gebhardt, Miriam: Als die Soldaten kamen. Die Vergewaltigung deutscher Frauen am Ende des zweiten Weltkriegs. München, Deutsche Verlags-Anstalt, 2015; Norman M. Naimark recenzióját lásd: Francia-Recensio 3 (2015), 19. /20. Jahrhundert – Histoire contemporaine. http://www.perspectivia.net/publika tionen/francia/francia-recensio/2015-3/zg/gebhardt_naimark

268 Satjukow, Silke – Gries, Rainer: „Bankerte!" Besatzungskinder in Deutschland nach 1945. Frankfurt, Campus Verlag, 2017.

1952 года. Однако французы не хотели принимать детей-афроамериканцев и детей с инвалидностью.[269]

Новый метод поиска детей, рождённых в военное время, предложили в Австрии.[270] В популярной бульварной газете Kronen Zeitung разместили объявление о поиске австрийских женщин, состоявшими в интимных отношениях с советскими солдатами, которые находились в Австрии до 1955 года. Телепередача ORF обещала помочь найти в России отцов их детей. Популярная на российском телевидении программа «Жди меня», названием которой послужила первая строчка из легендарного стихотворения Константина Симонова, искала детей солдат в Австрии.[271] Некоторые общественные организации, например GI-trace, занимались поисками американских мужчин, служивших в союзной армии в Европе, чтобы разобраться с экономическим и правовым положением рождённых во время их службы детей. Американским солдатам оккупационных войск письменно рекомендовали не признавать отцовство. Немецкие законы на американские военные базы не распространялись. В случае, когда женщине удавалось доказать отцовство, военного отзывали в США, а на запросы суда американское командование в Гейдельберге отвечало, что такого человека не существует.[272]

Подобных исследований в Венгрии нет. Фильм Марты Месарош о детях, рождённых в результате изнасилований — единственное высказывание на эту тему. В одном интервью она отметила, что в 1944–1945 годах в Венгрии родились «300 тысяч наполовину английских, французских, русских,

269   Denéchère, Yves: Des adoptions d'État: les enfants de l'occupation française en Allemagne. Revue d'Histoire Moderne et Contemporaine 57.2 (2010) 159–179.

270   Подробнее см. Stelz-Marx, Barbara – Satjukow, Silke (Hrsg.): Besatzungskinder. Die Nachkommen alliierter Soldaten in Österreich und Deutschland. Wien–Köln–Weimar, Böhlau Verlag, 2015.

271   Denov, Myriam: Children Born of Wartime Rape: The Intergenerational Realities of Sexual Violence and Abuse. Ethics, Medicine, and Public Health 11.1 (2015) 61–68.

272   Gebhardt: Als die Soldaten kamen 144.

австрийских или немецких детей». [273] В другом интервью Месарош назвала большую цифру: «Во время Второй мировой войны в результате изнасилований родились миллионы детей». [274] В источниках по теме нет подобной статистики. Кроме того, сомнительна сама попытка говорить о женщинах обобщённо, не учитывая того, как они забеременели, в результате романтических отношений или насилия.

В прошлом в Венгрии были в ходу истории о венгерских детях «монголоидной внешности», якобы учившихся в средних школах. Тем не менее эти истории могли быть политической манипуляцией: систематических исследований по теме пока не существует. Ситуацию изменил фильм Фружины Шкрабшки. У картины, доступной для просмотра в Интернете, была большая аудитория. Увидел её и один венгерский мужчина, живущий и работающий в Ирландии. Он связался с режиссёркой и рассказал, что его мать появилась на свет в результате изнасилования во время советской оккупации. Мужчина посчитал, что в фильме «Тихий стыд» не хватает анализа последствий насилия: как если бы русские «пытались скрыть, как они повлияли на повседневную жизнь людей», сказал он, когда режиссёрка познакомила со мной его и его сестру. Они поделились своей историей, за что я им благодарна.

Мать этого человека родилась 3 июля 1945 года в маленькой деревне за Тисой, которая представляла собой всего несколько домов у дороги. [275] Его бабушка со стороны матери впоследствии рассказывала, что советские солдаты, едва войдя в деревню, потребовали еды. Пришлось накрыть богатый стол: ели они как не в себя. Пообедав, военные загнали семнадцать девушек, среди которых была и она, в конюшню. В результате

273 Kelen Károly: „Megint egy magyar alkotás változtatta meg a filmművészetet". Népszabadság, 2015. júl. 23. http://nol.hu/kultura/ket-asszony-elete-1553225

274 Nőnek lenni a történelem színpadán. Benke Attila interjúja Mészáros Mártával. Jelenkor online, 2018. márc. 3. http://www.jelenkor.net/interju/983/nonek-lenni-a-tortenelem-szinpadan

275 Брат с сестрой разрешили огласить имя матери и место, где происходили события, но в целях исследования я не стану этого делать.

изнасилования у неё родилось двое детей: мальчик, о котором мужчина ничего не знает, и девочка, его будущая мать. Роды проходили дома. Бабушка осталась жить в деревне, где и вырастила дочь. «На войне нашла», – говорила она о ней, не вдаваясь в подробности. Но однажды она упомянула, что её сильно избили во время группового изнасилования. Из-за этого она в равной мере ненавидела всех солдат, что советских, что немецких. По воспоминаниям мужчины и его сестры, никто в семье даже не знал, когда у их матери день рождения. Его никогда не отмечали. Они узнали дату только после смерти матери, когда, уже будучи взрослыми, отправили запрос в ЗАГС.

Их мать, пока не повзрослела, везде появлялась только в сопровождении бабушки, которая никому, особенно мужчинам, не доверяла и так и провела всю жизнь в одиночестве. Девочка росла одинокой и замкнутой: все в деревне знали, что она родилась после изнасилования. Нелюдимая, она вышла замуж в двадцать лет, вероятно, чтобы избавиться от материнского контроля. Её мать-мужененавистница не доверяла зятю и постоянно ругала её за плохой выбор супруга. Женщина умерла от рака в 33 года. Детей, которым на тот момент было 7 и 11 лет, стала воспитывать бабушка.

Когда она решила, что внук уже достаточно взрослый, она раскрыла ему тайну рождения его матери. Делиться этим со внучкой она не хотела. Правду ей рассказал брат. По словам мужчины, бабушка держала эту историю в тайне и от их отца. Она не говорила об этом ни ему, ни его маленьким детям. Возможно, это молчание повлияло на то, что их отец пристрастился к алкоголю, из-за чего семья потеряла дом, а бабушка заболела. Единственное воспоминание детей об их матери — одетая в красный халат и тапочки, она стоит в коридоре больницы в ожидании процедуры химиотерапии. Сестра мужчины рассказала мне в интервью, что чувствует близость с русскими женщинами. Она часто разглядывает их лица, стремясь увидеть знакомые, родственные черты. «У меня русские черты лица, такие обычные», – описала она себя и добавила: «Я всегда нахожу общий язык с русскими». По работе ей часто приходится общаться с гражданами России, хотя по-русски она не говорит.

Таких историй множество. Далеко не все из них можно рассказать, далеко не каждой можно поделиться. Во время нашего разговора сестра мужчины разложила на столе фотографии её матери. С одной из них — обычного студийного портрета — смотрела молодая русоволосая женщина. Обыденность этой фотографии подчёркивает трагизм её истории. Чтобы рассказать её, потребовалась личная смелость и удачное стечение обстоятельств.

Венерические заболевания

Распространение венерических инфекций на волне изнасилований было обычным делом. Статистика по венерическим больным позволяет представить, сколько примерно изнасилований было совершено в те годы. Но и к ней следует относиться осторожно: во-первых, далеко не все жертвы заражались, а во-вторых, статистика всё равно будет неполной, так как часть документов утеряна. В то время под венерическим заболеванием или заболеванием, передающимся половым путём, понимали две болезни: легко протекающую гонорею (триппер) и сифилис — более серьёзную, трудноизлечимую инфекцию с длительным инкубационным периодом. В советской зоне оккупации наблюдался скачок случаев заражения венерическими болезнями, в первую очередь гонореей. Объяснить его можно только появлением Красной армии. Местные сексуально активные мужчины ещё не вернулись в Вену и Будапешт из плена. В западной оккупационной зоне распространение венерических заболеваний сдерживали с помощью пенициллина и презервативов. Благодаря этому местным администрациям не пришлось радикально менять свою систему здравоохранения. Только после окончания войны британское и американское командование столкнулось с резким ростом количества венерических больных.[276] В отличие от них, советская армия не использовала ни пенициллин, ни презервативы. Отдельные части Красной армии несколько лет воевали в ужасных санитарных условиях, а их военнослужащие не проходили медицинские осмотры и проносили инфекции через десятки тысяч километров.

Как я отметила выше, количество изнасилований можно оценить, опираясь на сохранившиеся данные по венерическим больным. В результате обследования всего женского населения в районе Мелька недалеко от Вены выяснилось, что 30 процентов женщин, изнасилованных солдатами Красной армии, заразились инфекциями, передаваемыми половым путём. Согласно данным микрозамеров, советские солдаты изнасиловали 5–6 процентов от всех женщин в возрасте от 14 до 60 лет в этом регионе.[277] Распространённое мнение, что в Будапеште изнасиловали 10 процентов женского населения, в этом свете выглядит преувеличением.

Тем не менее, последствия насилия стали проблемой для медицинских учреждений, особенно из-за того, что изменилась структура заболеваемости. Если во время войны гонорея была более распространена, чем сифилис — на четыре случая гонореи приходился один случай сифилиса (4:1) — то после 1945 года соотношение между ними составило 1,4:1.[278] Официального объяснения этому не последовало. Учреждения здравоохранения остались с проблемой один на один.

Меры по предотвращению распространения ИППП не только среди солдат, но и гражданского населения вводили ещё нилашисты. [279] Министр труда и социальной защиты нового послевоенного правительства Венгрии, ссылаясь на

---

276 Tanaka: Hidden Horrors 105.

277 Baumgartner, Marianne: Zwischen Mythos und Realität. Die Nachkriegsvergewaltigungen in sowjetisch besetzten Mostviertel. Unsere Heimat: Zeitschrift für Landeskunde von Niederösterreich 64 (1993) 64, 80.

278 Венгерский национальный архив Венгерский страновой архив (далее MNOL), ящик XIX-C-2-s 17. Спасибо Габору Сегеди за подсказку.

279 GYML Письмо вице-губернатора графства Дьор, Мошон и Братислава, 20 января 1945 года. 108/1945.

«быстрое распространение» венерических заболеваний на фоне советской оккупации, ввёл драконовские меры, модифицировав указ 888/1940 В. М.[280] Больные были обязаны регистрироваться и лечиться, принимая строго регламентированные дозы лекарств. Одним из приоритетов, обозначенных указом, было восстановление сети кожно-венерологических диспансеров. Три завода, которые производили широко применявшиеся для лечения ИППП сульфаниламиды, пережили войну без существенных потерь, что помогало в борьбе с инфекциями. Эти препараты высоко ценились на чёрном рынке, не в последнюю очередь потому, что в Венгрии их можно было достать по более низкой цене, чем в соседних странах.

Согласно отчёту VII отдела Министерства народного благополучия для министра Эрика Молнара за 1945 год, в 43 старых венерологических диспансерах и 5 новых медицинское обслуживание «по всей стране значительно усилилось по сравнению с предыдущими годами». [281] Судя по отчётам Главного санитарного врача Будапешта, ожидалось, что количество заражённых ИППП вырастет в 3 раза (см. таблицу 3).

---

280 BFL VIII. 1102. Документы больницы Св. Рока. Объявление мэра г. Чорба, 24 апреля, 1945 г.

281 MNOL NDO Документы министерства народного благополучия, 6.

Таблица 3. Количество больных в будапештских венерологических диспансерах в 1945–46 гг.

1945*	Июнь	Октябрь	Ноябрь	Декабрь
Мужчины	2210	3648	3726	2007
Женщины	2998	5011	5022	2819
Всего	5208	8669	8748	4826

1946	Январь	Февраль	Апрель	Май	Июнь
Мужчины	3678	2996	5 194	7 849	6 870
Женщины	4818	3715	6 365	9 780	8 670
Всего	8496	6711	11 559	17 629	15 540

* *Отчёты главного санитарного врача Будапешта BFL IV.1416. a.*

В документе за декабрь 1945 года подчёркивается: «Число инфицированных венерическими заболеваниями значительно выросло. Борьбу с распространением заболеваний затрудняет то, что часть больных лечится либо несистематично, либо не лечится вовсе; для тяжёлых больных не хватает мест в больницах; зарегистрированных и тайных проституток в соответствующие отделения отправить нельзя; не хватает лекарств; хорошо зарекомендовавший себя приём в вечернее время пришлось частично прекратить из соображений безопасности». [282] Из-за массового характера изнасилований в группе риска оказались даже так называемые «порядочные женщины». Тогда медикаментозное лечение для венерических больных в больницах Будапешта сделали бесплатным. Огромное количество случаев заставило общество усомниться в правомерности морального осуждения заболевших. В отделении на улице Кун в октябре 1945 года из-

---

282   BFL IV.1416. a.   Отчёты санитарных врачей Будапешта, 12 декабря 1945.

за переполненности кожно-венерологических лечебниц на 160 кроватях были размещены 192 больных.[283]

Отчёты санитарных врачей о распространении венерических болезней сохранились и в Вене. [284] Там количество больных выросло после аншлюса в 1938 году. В период с мая 1944-го по май 1945 года оно увеличилось ещё в два раза. Следовать строгим протоколам лечения ИППП было непросто из-за отсутствия необходимых лекарств. В фильме «Тихий стыд» один из русских специалистов отмечает, что принесённые солдатами венерические заболевания создали существенную нагрузку на советскую систему здравоохранения. Естественно, были в Вене и те, кто обращался за лечением последствий насилия в частные клиники.

Хотя венские отчёты указывают на «большое число инфицированных среди женщин, из-за которых заражались и мужчины» (sic!), санитарный врач города доктор Ланде отрицал, что «многочисленные и неконтролируемые изнасилования австрийских женщин могут быть реальностью». По его мнению, из-за того, что «простой советский солдат» воспринимает радушный прием женского населения как приглашение к действию, последовавшую половую связь нельзя считать изнасилованием. Он добавил, что многие женщины жаловались на то, что были изнасилованы, тогда как технически то, что с ними произошло, таковым не было. Один из западных делегатов Союзной контрольной комиссии прокомментировал это так: «Представленные им в этом и других докладах доказательства свидетельствуют о предвзятости. Кроме того, я лично разговаривал с двумя женщинами, которые утверждали, что их изнасиловали, и обе истории, с моей точки зрения, достоверны. Одна из них отметила, что обследовавший её врач

283   BFL VIII 1102. 7792/1945.

284   Beer, Siegfried – Staudinger, Eduard G.: Die „Vienna Mission" der Westalliierten im Juni 1945. Studien zur Wiener Geschichte. In: Ferdinand Oppl (Hrsg.): Jahrbuch des Vereins für Geschichte der Stadt Wien Bd. 50. Wien, Karl Fischer Verlag, 1994, 390–391.

рассказал ей еще о 143 случаях обращений по подобному поводу. Поэтому вполне вероятно, что многие венские женщины инфицированы».

Согласно венскому статистическому альманаху, в 1945 году с целью выявить венерических больных в городе провели 31 419 осмотров. Большинство прошли обследование из-за страха за своё здоровье, как видно из статистики заболеваемости, безосновательного (см. таблицу 4).

Таблица 4. Статистика заболеваний ИППП в 1945–1947 гг.

	1945*	**1946**	**1947**
Мужчины	323	311	164
Женщины	1769	1451	1089
Всего	2092	1762	1253

*На основании Statistisches Jahrbuch der Stadt Wien 1946–1947. Wien, 1949, 119

Благодаря сексуальному просвещению и мерам по снижению заболеваемости ИППП ситуация стабилизировалась. Начался процесс демистификации сексуальности. О венерических заболеваниях, пусть и эзоповым языком, заговорили в кругах, где этого никогда не делали раньше. Общество наконец увидело разницу между личностью и самосознанием женщины и тем, что произошло с её телом. Осквернённое насилием тело больше не вызывало морального осуждения. Об этом свидетельствует дело Е. С., обратившейся в полицейское управление Мезётура. 7 февраля 1945 г. она подала заявление на возбуждение дела против советских солдат, совершивших ограбление и групповое изнасилование, потому что, по её словам, «я уже целиком заражена».[285]

В Польше больше всего инфицированных в результате изнасилования женщин было в Поморье и Силезии. В окрестностях Тухоли в Поморье заразились 1 700 человек. В

---

285   L. Balogh: „Törvényes" megszállás 293.

Мазурии — половина всех живущих там женщин, а в Гнезно, где базировались солдаты — 40 процентов. На основании этих данных можно предположить, что около 10 процентов населения Польши заразились сифилисом.[286]

В отчётах о случаях заражения венерическими болезнями врачи не судили о личности женщин по тому, что те пережили насилие. Речь шла «только» о заболеваниях, которые стали следствием «случившегося» с женщиной. Как правило, теперь в клиниках на изнасилования смотрели не с точки зрения морали, а как на трудно излечимый телесный недуг.

Проституция

После 1945 года венгерские власти в рамках борьбы с распространением венерических болезней поставили цель ликвидировать проституцию. Её считали проблемой общественного здоровья: после возвращения военнопленных в 1947 году в Венгрии было зарегистрировано почти 200 тысяч инфицированных.[287]

В условиях военного времени рынок сексуальных услуг изменился. Выросло количество проституток, работавших без разрешения. Для многих женщин проституция стала единственным источником заработка из-за разрухи, обнищания населения и того, что мужчины погибали, попадали в плен или возвращались инвалидами. Число зарегистрированных проституток в Будапеште упало с 620 до 29. В то же время «несколько тысяч» женщин работали подпольно, писал капитан будапештской полиции: «После осады с пугающей скоростью растёт число тайных куртизанок, которые оказывают вредное влияние на общественный порядок, безопасность и прежде всего на состояние здоровья жителей столицы».[288] Тайные проститутки, которых власти не

---

286   Zaremba: Wielka Trwoga.
287   Gortvay György, dr.: Egészségvédelem. In: A szociális titkárok első továbbképzési tanfolyamának tananyaga. Összeáll. dr. Rostás Ilona. Budapest, 1947, 179.
288   BFL IV.1416. a. Протоколы городской администрации Будапешта, 1945–1946. Отчет капитана полиции Будапешта, 14 августа 1945.

могли контролировать, были головной болью для главного санитарного врача Будапешта уже в начале 1946 года.[289]

В то же время в Вене на учёте стояло 265 проституток.[290] Их в городе было немного. Однако в автобиографических интервью выяснилось, что для венских женщин в ситуации крайней нужды сексуальные отношения без эмоциональном привязанности стали стратегией выживания. Эмоциональную дистанцию с солдатами оккупационных войск поддерживали разными способами. Спутницами американских солдат становились осознанно. Такие отношения давали доступ к потребительским товарам, которые были роскошью для гражданского населения, и позволяли выжить. В отношениях с солдатами Красной армии венские женщины, по их словам, чувствовали себя жертвами.

Чувства к русским солдатам-оккупантам — сложная тема. Советский военный, особенно в начале оккупации, в обмен на секс мог обеспечить женщину безопасностью. Дихотомия насильник-жертва в данном случае не так проста. Как писала Алэн Польц, женщины, живя в постоянном страхе перед групповым насилием, соглашались на «инструментальное изнасилование», то есть сексуальную связь с одним военным, который мог бы защитить их от нападок других.[291] В книге Польц есть раздел, который учёные редко цитируют и анализируют. Она рассказывает, как ради выживания сознательно предоставляла сексуальные услуги в обмен на материальные блага. В тексте Польц называет себя «грязной шлюхой». Подобный «бартер» сексуальных услуг на удобства типичен для военного времени.[292] Польская писательница Бригитта Веймейер-Янка в своей автобиографии цитирует

---

289 BFL IV.1416. а. Протоколы административного совета Будапештской службы санитарных врачей, 6 января 1946.

290 Statistisches Jahrbuch der Stadt Wien 1946–1947. Wien, 1949, 119.

291 Tröger: Between Rape and Prostitution; Grossmann: A Question of Silence 54–55. Robert Sommer. Das KZ-Bordell. Sexuelle Zwangsarbeit in nationalsozialistischen Konzentrationslagern. Paderborn: Ferdinand Schoningh. 2009.

292 Hájková, Anna: Sexual Barter in Times of Genocide: Negotiating the Sexual Economy of the Theresienstadt Ghetto. Signs: Journal of Women in Culture and Society 38.3 (2013) 503–533.

служанку по имени Ольга, которая призналась, что стала любовницей русского офицера, чтобы тот защитил её от других солдат. Писательница упоминает невысокий социальный статус девушки. Это неслучайно: «настоящая полька» никогда бы не пошла на такие отношения.[293]

Женщины обычно говорят о взаимности, описывая вынужденные выгодные союзы с военными. В научной литературе такие отношения называют травматичными эмоциональными связями. После освобождения от нацистов люди перестали ограничивать себя в проявлении эмоций. Еврейская девушка, прятавшаяся в подвале одного из домов на улице Вёрёшмарти в Будапеште, влюбилась в первого появившегося ей солдата. В видеоинтервью она рассказала, что они спали вместе только тогда, когда на другом краю кровати отдыхал её отец: ей было важно сохранить невинность. Но вспоминала она и о страстных поцелуях на свежем снегу. «Я сходила с ума от любви. После войны я поехала в Харьков, чтобы найти его. Он ушёл на фронт в 18 лет и воевал под Сталинградом. У меня осталась небольшая газета, а в ней его стихотворение. Я его так и не нашла. Он отдал свою жизнь за победу над нацизмом. Имени его я не помню». Благодаря отношениям с харьковским военным, которого она называет «мой солдатик», девушка избежала домогательств со стороны других советских военных, врывавшихся в её дом в поисках женщин.[294]

Романтический нарратив, основанный на чувствах взаимности и поддержки, встречается в описаниях сексуализированного насилия. Отношения с советскими военными не были поводом для гордости. Исключение — история любви советского солдата и интеллигентной австрийской девушки из благополучной семьи, рассказанная Мартой Месарош в фильме «Аврора Бореалис: Северное сияние». Из-за острого дефицита продовольствия советские

---

293   Название в оригинале: Heimat des Herzens liegt in Danzig. Idézi Karwowska: Gwałty a kultura 163–171.

294   Интервью 50208, часть 83. Фонд Шоа и архив визуальной истории Университета Южной Калифорнии.

офицеры могли рассчитывать на внимание женщин и в Вене, и в Берлине. Женщины, особенно молодые, с радостью ходили на танцы в надежде на хороший ужин. [295] «Самое демократичная армия в мире» одновременно была и самой иерархичной. Советские офицеры значительно превосходили рядовых солдат по уровню материального обеспечения и культурного развития. Последние могли только позавидовать американским рядовым, которых карманные деньги и «тайные блага» вроде жевательной резинки и шоколада делали чрезвычайно сексуально привлекательными в глазах местных девушек. При этом американским офицерам было запрещено вступать в какие-либо отношения с населением. По словам женщины, пережившей Холокост, однажды в её лагере, который находился под надзором американских солдат, одна из заключенных добыла шоколад. Женщина полюбопытствовала, где та его взяла. В ответ та отвела её к американским солдатам и оставила одну. Тогда один из них «направил штык мне в бок. Меня охватила такая ярость, что я решила: лучше умереть, чем дать этому подонку себя изнасиловать». Девушке удалось сбежать, естественно, без шоколада.[296] Этот особый «женский» способ выживания — секс в обмен на продукты питания — осуждали в городах. Венгерские читатели в письмах в редакции женских журналов поносили слишком свободные нравы австрийских женщин.[297]

В венгерской прессе не сложилось дискурса, который бы осуждал сексуальные связи как способ выживания. Однако негодование, подобное тому, что услышали в свой адрес жительницы Берлина, было типичным. Публика предпочитала закрывать глаза на то, что у многих одиноких венгерок просто не было иного выхода. Спрос у населения Будапешта и его платежеспособность были скромнее, чем

---

295 Brandhauer-Schöffmann–Hornung: Vom „Dritten Reich" 241.

296 51131. интервью, часть 140. Архив визуальной истории фонда Шоа, Университет Южной Каролины

297 Mattl, Siegfried: Frauen in Österreich nach 1945. In: Rudolf G. Ardelt u.a. (Hrsg.): Unterdrückung und Emanzipation. Festschrift für Erika Weinzierl zum 60. Geburtstag. Wien–Salzburg, Geyer Edition, 1985, 101–126.

среди жителей немецкой столицы.[298] Для Венгрии были более характерны чувственные драмы вокруг официальных лиц из Союзной контрольной комиссии. О них, впрочем, тоже не писали в прессе. В Будапеште секретные службы разных стран знакомили привлекательных женщин, владевшими несколькими языками, с военными, дипломатами и представителями СКК. С помощью «сладкой приманки» разведчики систематически собирали сведения о работавших и живших в Венгрии иностранцах, сотрудниках посольств и учреждений культуры. Охотились они в основном за мужчинами. Особо выделяется история Рут Тайрон, сотрудницы отдела культуры американского посольства. Вероятно, её отправили в Будапешт как «приманку» для советских офицеров, через которых она должна была добывать секретные сведения. Но, судя по донесениям, её отозвали после того, как она влюбилась в одного из них.[299]

Интересным явлением в отношениях между советскими солдатами и венгерками был принудительный брак, обязанный своим появлением, вероятно, эмоциональным потрясениям и злоупотреблению алкоголем. Например, 12 декабря 1945 года нотариус из Вашарошнаменя доложил министру юстиции Иштвану Ришу, что советские военные часто угрожают ему оружием, требуя поженить явившегося в ЗАГС солдата и какую-либо местную женщину, приведённую с ними насильно. Он писал, что поскольку советские военные части ушли дальше, оставленные ими женщины хотели бы сочетаться браком с другим партнёром по собственному выбору.[300] Примечательно, что советская власть, которая к тому моменту почти 30 лет пропагандировала равенство и даже пыталась маргинализировать институт брака, так и не

---

298   См., например: „Csak néger udvarló jut a Fräulein-nek". Világ, 1947. ápr. 26, 3.

299   Обобщающие донесения о шпионских службах империалистов. ÁBTL 1.5. II/41. Afj7 353/7. 3. коробка 18. Об этом подробнее: Pető Andrea: „Mézcsapda"? Az információ megszerzésének neme. In: Horváth Sándor (szerk.): Az ügynök arcai. Budapest, Libri, 2014, 355–376.

300   L. Balogh: „Törvényes" megszállás 374–735.

поколебала привлекательность семейных уз в глазах своих граждан. [301]

«Рождённый по необходимости» матриархат, т. е. количественное доминирование женщин после войны, не сделал их реальной политической силой. [302] Исторические исследования показывают, что доминирование мужчин в публичной сфере восстановилось к 1950-м годам. Рост влияния женщин в общественной жизни, например на рынке труда, не коснулся политики. Женщины радостно приняли возвращение буржуазных норм, подразумевавших, что семья играет ключевую роль в их жизни. После недолгого периода раскрепощения женщин структура семьи среднего класса и её типичные ценности снова стали нормой в Венгрии.[303]

Цена коллаборационизма

Исследователи согласны, что вызванное войной «чрезвычайное» положение — растущая независимость и раскрепощение женщин — рано или поздно должно было подойти к концу. Сексуализированное насилие не было единственным способом дисциплинировать женскую

---

301 Прийдя к власти, большевики реформировали дореволюционный институт семьи и брака, в котором видели одну из опор старого общественного порядка. Они радикально упростили процедуру заключения и расторжения брака. Советское семейное законодательство того времени стало наиболее прогрессивным в мире. Однако консервативный поворот в семейной политике в конце 1920-х и в 1930-х годах привёл к возврату к «семейным ценностям». – *Прим. ред.*

302 Об Австрии подробнее см.: Mattl, Siegfried: „Aufbau"– eine männliche Chiffre der Nachkriegszeit. In: Bandhauer-Schöffmann, Irene – Hornung, Ela (Hrsg.): Wiederaufbau weiblich. Wien–Salzburg, Geyer Edition, 1992, 15–24. О Венгрии: Pető, Andrea: Hungarian Women in Politics. в: Scott, Joan W. – Kaplan, Cora – Keates, Debra (eds.): Transitions, Environments, Translations: The Meanings of Feminism in Contemporary Politics. London – New York, Routledge, 1997, 153–161; Pető Andrea: Nőhistóriák. A politizáló magyar nők történetéből (1945–1951). Budapest, Seneca, 1998, 187.

303 Pető, Andrea: "As He Saw Her": Gender Politics in Secret Party Reports in Hungary During 1950s. In: Pető, Andrea – Pittaway, Mark (eds.): Women in History – Women's History: Central and Eastern European Perspectives (Working Paper Series 1). Budapest, CEU History Department, 1994, 107–117.

телесность. Ещё одним было обривание женской головы.[304] На территориях, где действовало антифашистское сопротивление, ополченцы и возрождавшаяся после нацисткой оккупации местная администрация сами расправлялись с коллаборационистами. Участники движений сопротивления в Дании, Франции, Польше, Италии, Голландии, Бельгии и Норвегии публично унижали женщин за связь с фашистами, обривая их головы. Во Франции эта практика получила название «искупления вины» (l'épuration sauvage).[305] Идею подал один из министров французского правительства в эмиграции, выступая по радио. На Западном фронте лысых женщин в разорванной одежде водили по улицам. Иногда им делали татуировку в виде свастики. Во Франции произошло около 20 тысяч подобных случаев. 42 процента женщин, которые так лишились волос, «искупляли вину» за половые отношения с оккупантами, остальные — за связи другого рода.[306] Подобные случаи публичного унижения были и в Чехии.[307] Суды над коллаборантами начались позже, но разные формы наказания замещали друг друга: бывало, что после публичного унижения в суд женщину уже не вызывали.

Солдаты Красной армии, следуя наставлениям политруков, население Венгрии, воевавшей на стороне нацистской Германии, называли «фашистами». Советские войска прорывались вперёд с большими потерями. Захваченных ждали долгий плен и трудовые лагеря. В Венгрии не дошло до ритуалов публичного осуждения и обривания голов: немецкие войска находились в стране совсем недолго. В Советском Союзе, где население сильнее пострадало от зверств

---

304 Blessing, Benita: The Antifascist Classroom. Denazification in Soviet-occupied Germany 1945–1949. New York, Palgrave MacMillan, 2006.
305 Diamond, Hanna: Women and the Second World War in France, 1939–1948. Choices and Constraints. Harlow, Longman, 1999.
306 Moore, Alison M.: History, Memory, and Trauma in Photography of the Tondues. Visuality of the Vichy Past through the Silent Images of Women. Gender and History 17.3 (2005) 667; Adler, Karen H.: Jews and Gender in Liberation France. Cambridge, Cambridge University Press, 2003, 153.
307 A Chrudimban történetekről lásd: http://retrofotr.cz/archiv/ostrihane-kol aborantky-v-chrudimi_1183/#prettyphoto[]/3.

оккупантов, а женские стратегии выживания были более экстремальными, позже преследовали за «горизонтальный коллаборационизм».[308] Советские солдаты и партизаны жестоко расправлялись с женщинами, которые во время немецкой или венгерской оккупации состояли в отношениях с вражескими солдатами. Способы расправы были разными, от изнасилования до убийства.

Публичные дома играли важную роль в сборе Красной армией информации о противнике на оккупированных немцами советских территориях. После войны работавших там женщин никто не поблагодарил. Вместо этого их объявили коллаборационистками или «социально опасными элементами» и отправили в лагеря.[309] Такая судьба ждала бы одну украинку, которая, по её словам, завела личные отношения с венгерским солдатом-оккупантом. После наступления Красной армии ей ничего не оставалось, кроме как бежать с венгерскими войсками. У девушки не было иллюзий, как с ней поступит идущий вслед за советскими военными НКВД. Поначалу её не пропускали в Венгрию вместе с отступавшими войсками, но её «горячая привязанность к венгерскому солдату» смягчила сердца тех, кто принимал решение.[310] Как именно привязанность помогла смягчить их сердца, мы не знаем. В любом случае, считать эти воспоминания «историей настоящей любви», свидетельствующей о гуманизме венгерских солдат, было бы серьёзной этической и методологической ошибкой.[311]

Задержание и интернирование военных преступниц и вынесение им приговора в Венгрии существенно отличалось

308   Voisin, Vanessa: The Soviet Punishment of an All-European Crime, "Horizontal Collaboration". In: Grinchenko, Gelinada – Narvselius, Eleonora (eds.): Traitors, Collaborators and Deserters in Comtemporary European Politic of Memory. Basingstoke, Palgrave Macmillan, 2018, 241–264.

309   Voisin: The Soviet Punishment 246.

310   Fóris Ákos: Menyasszony-szöktetés a hátországba – magyar katonák és nők a keleti fronton. Napi Történelmi Forrás, 2018. jan. 24. http://ntf.hu/index.php/2018/01/24/menyasszony-szoktetes-a-hatorszagba-magyar-katonak-es-nok-a-keleti-fronton/

311   Fóris: Menyasszony-szöktetés a hátországba.

от Франции, где над женщинами учиняли спонтанные расправы и сбривали им волосы. [312] Нередко французским властям приходилось отправлять коллаборационисток в переполненные лагеря для интернированных лиц, чтобы защитить их от народного гнева до суда. В Венгрии не было случаев сбривания волос, а задержание и интернирование коллаборанток затягивалось. Не только потому, что они не вызывали особого «народного гнева». Дело в том, что искать их заставили полицию, которая и без того была загружена работой и к тому же скомпрометировала себя при предыдущем режиме. [313] У полицейских физически не было возможности охранять лагеря, и иногда интернированные просто исчезали. [314] Кашшаи Ференцне, жена министра пропаганды нилашистов, отмечала, что после возвращения домой она приходила в полицию дважды, но услышала только: «Когда вы нам будете нужны, мы вас уведомим».[315] Это может быть отговоркой, но судя по сохранившимся документам, полиция действительно не справлялась с послевоенным хаосом. [316] Кроме того, венгерские полицейские придерживались ценностей режима Хорти, для которого любая проблема, связанная с женщиной, не казалась достаточно важной.

Если сравнить материалы судебных процессов над женщинами во Франции и Венгрии, то выяснится, что тенденция на ограничение женской свободы существовала в

---

312 Diamond: Women and the Second World War 131–154.

313 A rendőrség átalakításáról és személyzeti állományáról lásd Gyarmati György (szerk.): Államvédelem a Rákosi-korszakban. Tanulmányok és dokumentumok a politikai rendőrség második világháború utáni tevékenységéről. Budapest, Történeti Hivatal, 2000.

314 ÁBTL V 47 431, дело стукачки Анны Черба; V 46 506, дело консьержки Холло Шандорне.

315 ÁBTL V 92 849. 25 Дело Кашшаи Ференцне. Подробнее см.: Pető, Andrea: Who is Afraid of the "Ugly Women"? Problems of Writing Biographies of Nazi and Fascist Women in Countries of the Former Soviet Bloc. Journal of Women's History 21.4 (2009) 147–151.

316 Это хорошо иллюстрирует дело, в котором подозреваемая в 1947 г. уехала в Голландию, но в 1964 году выяснилось, что её все ещё разыскивали (дело Дайош Хоффманне ÁBTL V 88 627).

обеих странах. [317] Во Франции женщин судили преимущественно за сексуальные отношения с нацистами, а в Венгрии — за отъём имущества и доносы.[318] Если во Франции доносили соседи, то в Венгрии — родственники пострадавших или вернувшиеся с принудительных работ и из лагерей. На принудительные работы отправляли евреев призывного возраста. Они трудились на фронте, но не притрагивались к оружию. Условия были бесчеловечными, особенно на восточном направлении, но среди евреев, определённых на принудительные работы, всё равно было больше выживших, чем среди депортированных. Поскольку соучастниками тех или иных преступлений оказались немало женщин, работа судебной системы после войны изменилась. Доносы теперь считали типично «женским» военным преступлением. [319]

Изнасилования, совершённые советскими солдатами, стоят особняком от описанных выше наказаний за сотрудничество с нацистами. Это коллективное преступление в отношении венгерских женщин. Оно объясняет, почему на оккупированных Красной армией территориях для них не было предусмотрено других наказаний, вроде обривания головы. Ни одна, будь это маленькая девочка, монахиня или спрятавшаяся еврейка, не была защищена от нападения. Перед угрозой насилия были равны все.

Сбривание волос было индивидуальным наказанием. Оно касалось только одной женщины. К нему приводило конкретное действие, которое считали преступлением в системе властных отношений конкретного общества.

---

317 Подробнее см.: Pető Andrea: Láthatatlan elkövetők. MTA doktori disszertáció, Budapest, 2012.

318 Гендерный анализ обращений в полицию Дюссельдорфа см. в Vandana, Joshi: Gender and Power in the Third Reich. Female Denouncers and the Gestapo (1933–45). Basingstoke, Palgrave Macmillan, 2003. Он показывает, что не только Гитлер мобилизовал женщин для собственных целей, но и женщины использовали отдельные государственные функции (например, заявление в полицию) в собственных целях, если хотели избавиться от мужа или неудобного соседа.

319 Хотя большинство осуждённых за доносы были женщинами, это не означает, что среди доносчиков не было мужчин. Скорее всего, народный суд осуждал их реже, чем женщин.

Массовые изнасилования, совершённые советскими солдатами, в венгерской памяти остались коллективным наказанием, который не был вызван проступком конкретного человека в определённом социальном контексте.

Сопротивление и возмездие

Из-за деятельности Союзной контрольной комиссии внутренняя политика Венгрии была подвержена советскому влиянию наиболее других сфер. Присутствие Красной армии и преступления её солдат усиливали у населения чувства нестабильности и тревоги. Политические и моральные дилеммы стали привычным делом в период политики двойных стандартов. Местные жители едва ли могли рассчитывать на правосудие, если виновным по их делу был советский солдат.

Первый этап оккупации Венгрии сопровождало значительное количество ограблений, краж и случаев принудительного раздевания. «Русские солдаты, как и ранее, провоцируют местных жителей на конфликт, выносят вещи из квартир», – писал глава администрации одного из районов Кечкемета 1 декабря 1944 года. [320] Советское военное управление на местах постоянно обновляло списки нужных армии вещей. Его передавали главе местной администрации. Если требования не выполнялись, солдаты приходили и сами уносили всё, что плохо лежало.[321] Некоторые заводы по частям перешли в советскую собственность в качестве компенсации за военные потери.

Местные администрации далеко не всегда были готовы мириться с непрекращающимся воровством. У них было два выхода — писать наверх или сопротивляться. В жалобе властей города Иллё советскому военному управлению Монора от 19

---

320 Венгерский национальный архив, архив графства Бач-Кишкун (BKML) IV. 1910/u Kecskemét th. Документы администраций городских районов 1944–1947. 1. коробка. Спасибо Роберту Риго.

321 BKML IV. 1910/u Kecskemét th. Város körzetvezetőinek iratai 1944–1947. 1. doboz.

января 1945 года прямо говорится: «Отдельные русские солдаты либо небольшие группы солдат изо дня в день появляются в городе и безо всяких на то полномочий занимают отдельные дома, угрожают жителям и в буквальном смысле выкидывают тех на улицу. Точно так же незаконно выносят продовольствие. По ночам они часто врываются в дома, где живут молодые женщины, и насилуют их. Несколько раз они избили местных жителей до крови. Они машинами вывозят картофель и злаки, обрекая местное население на голод».[322] Администрация города просила положить конец беззаконию или оплатить ущерб. Шансы на последнее, естественно, были ничтожны. Изъятие необходимых для содержания Красной армии вещей была лишь малой частью компенсации, которую Венгрия выплачивала Советскому Союзу. Трофеи, немецкое имущество, переходившее в собственность СССР, затраты на размещение и продовольственное обеспечение Красной армии в Венгрии и работу Союзной контрольной комиссии — всё это входило в компенсацию.[323]

Местным жителям оставалось только сопротивляться. 10 декабря 1945 года в Дьярмате пьяный советский солдат незаметно для своих товарищей упал с повозки. Местные жители, найдя его, забили до смерти. Возмездие не заставило себя долго ждать. В деревню вошли 60–70 советских солдат и увели 9 мужчин.[324] Когда 18 марта 1946 года в деревне Тосег при невыясненных обстоятельствах умер советский солдат, для острастки тут же казнили 14 местных жителей.[325]

После отхода первой линии фронта ситуация стабилизировалась ненадолго. 28 октября 1947 года базировавшиеся в Дьёре советские солдаты ввязались в конфликт с местными жителями. После возвращения армии с

322 L. Balogh: „Törvényes" megszállás 269.

323 Подробнее о переговорах см.: G. Vass István: Dokumentumok a magyar-szovjet jóvátételi egyezmény létrejöttéhez. Archívnet: XX. századi történeti források. 11. 2. (2011). http://www.archivnet.hu/diplomacia/dokumen-tumok_a_magyarszovjet_jovateteli_egyezmeny_letrejotte-hez.html?oldal=1&page=2

324 L. Balogh: „Törvényes" megszállás 371–372.

325 L. Balogh: „Törvényes" megszállás 382–383.

манёвров ограбления, кражи и реквизиции стали частью повседневной реальности. Однажды солдаты попытались раздеть мужчину-коммуниста и застрелили его, когда тот оказал сопротивление. Несмотря на то, что инцидент произошёл на глазах у пяти свидетелей, «командир освободил солдат из-за отсутствия доказательств. И добавил с глумливой улыбкой, что стоит проверить ещё раз, наверняка преступниками были и другие русские солдаты». [326] Это происшествие — наглядная иллюстрация имперской заносчивости Красной армии. Даже венгры-коммунисты едва могли рассчитывать на защиту своих интересов.

Советское военное руководство было склонно находить признаки «сопротивления» в каждой оккупированной стране. Вечером 25 мая 1946 года в Фельдебрё по недосмотру взорвался советский склад оружия. Напрасно губернатор Янош Дьёндьёши доказывал в письме министру внешних дел, что «в [его] графстве никогда не было партизан, до настоящего момента никаких нападений не было». Последовали массовые аресты. Позднее 34 человека были отпущены, и перед судом предстал только один полицейский. Министр иностранных дел попросил прислать для расследования смешанную венгерско-советскую комиссию.[327]

Янина Годицка-Цвирко вспоминает, что польские женщины, излучавшие гордость и уверенность в себе, отличались от задавленных чувством вины немок. По её мнению, советские солдаты оставили полек в покое, потому что именно от самоощущения женщины зависело, станет ли она жертвой насилия.[328] Однако, как я показала в предыдущей главе, этничность не гарантировала безопасность. Начальник полиции Тшебятува в Западно-Поморском воеводстве рекомендовал женщинам не выходить на улицу в сопровождении вооружённого мужчины, так как при попытке сопротивления его могли застрелить.[329] Неудивительно, что в

---

326   BOSA HU OSA 408-1-3/9.
327   L. Balogh: „Törvényes" megszállás 384–386.
328   Zaremba: Wielka Trwoga.
329   Ostrowska–Zaremba: „Kobieca gehenna".

отдельных регионах Венгрии советских солдат ждало ожесточённое сопротивление. Мы никогда не узнаем, были их убийства венграми провокацией или проявлением патриотизма. Несомненно одно: коммунистическое Министерство внутренних дел извлекло политическую выгоду из ситуации, действуя с холодной расчётливостью и, вероятно, по указке своих советских наставников. Ещё один пример венгерского сопротивления — нападение на советских солдат в Дьёндьёше осенью и зимой 1945 года. Народная прокуратура Будапешта передала обвиняемых советскому военному трибуналу. Тот приговорил францисканского монаха Салеза Кишша и трёх его товарищей к смерти, а остальных, в том числе нескольких несовершеннолетних, к сибирским трудовым лагерям.[330] 17 июня 1946 года на площади Октагон в Будапеште застрелили двух советских солдат. У предполагаемого убийцы нашли удостоверение Католического молодежного объединения (KALOT). После этого власти репрессировали членов правой Партии мелких хозяев. На преследовании настояла Союзная контрольная комиссия.[331] Министерство внутренних дел под руководством Ласло Райка распустило сотни ассоциаций, по мнению чиновников, правого толка. Среди них было много женских объединений с длинной историей и богатыми традициями.[332]

---

330 Подробнее см.: Balogh Margit: A KALOT és a katolikus társadalompolitika 1935–1946. Budapest, MTA Történettudományi Intézet, 1998, 184–185.

331 Cseh Gergő Bendegúz: Amerikai és brit részvétel az olaszországi, romániai, bulgáriai és magyarországi Szövetséges Ellenőrző Bizottságok tevékenységében (1943–1947). PhD-disszertáció, Budapest, ELTE, 2009, 138. Автор здесь ссылается на MNOL XIX-A-1-j 1946-4298, а также на отчеты от 7 июня 1946, NARA, Record Group 84, Budapest Legation Files, 711.9 ACC.

332 Подробнее о роспуске женских организаций см.: Pető: Nőhistóriák.

Память

Чтобы исследовать память об изнасилованиях, совершённых советскими солдатами, можно опираться на сохранившиеся документы. В этой главе я проанализирую, как участники и свидетели рассказывают о беспощадной Второй мировой войне в интервью и воспоминаниях. Я покажу, как они осмысляют свой жизненный опыт с помощью фреймов коллективной памяти, которые, в свою очередь, меняются в зависимости от исторических обстоятельств.

История рассказываемая и замалчиваемая

Европейскую модель внутрисемейных отношений можно описать тремя словами: лояльность, верность и романтическая любовь. [333] Замалчивание насилия было и есть частью этой модели, независимо от конкретных причин и последствий изнасилований, совершённых солдатами Красной армии. Чувство стыда не позволяло их жертвам рассказать о своём прошлом партнёрам. На это и рассчитывают авторы насилия. В обществе, где доминируют мужчины, лояльность ценится гораздо больше, чем то, чтобы у пострадавшей была возможность присвоить себе собственный опыт. Но венгерские и австрийские женщины не затаили злобу на своих родственников-мужчин, даже если насилие произошло по их вине.[334] Редко упоминают они о политиках и военных, которые позволили советским солдатам свободно распоряжаться телами женщин на занятых территориях. Единственной опорой населения в советской оккупации остались исторически обусловленные коллективные рефлексы памяти.

---

333 Hoerning: The Myth of Female Loyalty 19–45.
334 Hall, Rachel: "It Can Happen to You". Rape Prevention in the Age of Risk Management. Hypatia 19.3 (2004) 1–19.

Как рассказать историю

Улучшить репутацию советских военных и вернуть людям ощущение спокойствия — такие задачи на период послевоенного восстановления венгерские власти ставили перед собой в 1945 году. Общество, с одной стороны, осуждало женщин, в обмен на еду и безопасность завязавших отношения с советскими офицерами. С другой стороны, их считали эмансипированными, независимыми личностями. Однако мужчин устраивало только одно объяснение сексуализированному насилию. Оно вписывалось в архаично-патриархальную или идеологически-национальную систему ценностей, которые мы разобрали в предыдущей главе. Поэтому женщина, которая хотела самостоятельно осмыслить свой опыт, сталкивалась с осуждением противоположного пола, считавшего изнасилование неотъемлемым атрибутом войны. Так, если от мужчин ждали верности только нации и родине, то от женщин требовалась верность безусловная.[335]

Результаты интервью, которые я провела в 1997 году, не претендуют на репрезентативность, но совпадают с выводами аналогичного австрийского исследования. То, как общество в Вене и Будапеште осмысляло случаи насилия над женщинами, зависело от того, из какой семьи происходила жертва. Насилие над женщиной из семьи социал-демократов, разделявших профсоюзные идеи, и противников левой политической идеологии вызывало одинаково бурную реакцию. Разница была в том, что в последнем случае почти всегда присутствовало общественное порицание. [336] Австрийцев шокировали случаи насилия над женщинами, которые до того пострадали от нацистов за свои коммунистические взгляды.[337] Такие случаи замалчивали, и тому была причина. Во время

---

335 Bandhauer-Schöffmann, Irene – Hornung, Ela: Der Topos des Sowjetischen Soldaten. в: Jahrbuch 1995. Dokumentationsarchiv des österreichischen Widerstandes, Wien, 1995, 40–41.

336 Magyar Nemzeti Levéltár Politikatörténeti Intézet Levéltára (далее PIL) Visszaemlékezés-gyűjtemény 867. f. 1/k-91.

337 Bandhauer-Schöffmann–Hornung: Der Topos des Sowjetischen Soldaten 41–43.

Холодной войны любое негативное замечание в адрес советских войск считали выражением политической позиции. Это могло повлечь за собой неприятности. При том о репрессиях мои респонденты, в те годы приближённые к коммунистической партии, говорили в третьем лице множественного числа, а о позитивном опыте — всегда от первого. В Австрии общества советских офицеров обычно искали женщины, из принципа не желающие иметь дела с американцами, даже если это сулило материальные блага. Такие женщины с гордостью появлялись на публике в компании советских военных.[338]

Язык, который женщины использовали, чтобы осмыслить свои душевные переживания, сильно отличался от языка юридических документов о насилии. Правосудие всегда ориентируется на внешние признаки. Дать показания о насилии, которое касалось только её самой, женщине предстояло в ситуации, когда суды были заняты выяснением обстоятельств масштабных военных преступлений. Жертвы рассказывали о насилии от первого лица, добавляя как можно больше деталей и фактически переживая его заново. Травмирующее воспоминание нужно было облачить в приемлемую для внешнего мира форму и в понятные суду выражения.[339] Ни в Вене, ни в Будапеште изнасилованных советскими солдатами женщин не считали жертвами войны. В послевоенном мире Австрия стала главной пострадавшей от нацистского режима. Венгрии досталась более скромная позиция жертвы «фашистского режима Хорти» и страны, проигравшей войну. Поэтому местные женщины не нашли правосудия. Сексуализированное насилие было политическим вопросом во время Холодной войны. Женщины, разделявшие левые взгляды, отрицали, что оно имело место, и хранили глубокое молчание о прошлом. Их оппоненты — консерваторы, «друзья Запада» — напротив, не упускали шанс

---

338 Bandhauer-Schöffmann–Hornung: Der Topos des Sowjetischen Soldaten 43.

339 Forrester, John: The Seductions of Psychoanalysis: Freud, Lacan, and Derrida. Cambridge – New York, Cambridge University Press, 1990, 72.

подпортить репутацию Красной армии. Они обсуждали советское военное насилие в Венгрии так часто, что это выходило за пределы разумного.

То, как к изнасилованной женщине относились в её семье, зависело от того, знали ли родственники о произошедшем. Иногда семья действительно была безопасным пространством, чтобы пережить и осмыслить травматичный опыт. Но, как правило, родственники предпочитали замалчивать насилие. Вместо того, чтобы присвоить этот опыт себе раз и навсегда, женщины были вынуждены демонстрировать полную лояльность мужчинам. Они боялись, что огласка сделает их менее ценными членами общества или что в происшедшем обвинят их самих: «Других-то не насиловали». Даже сейчас женщины, как правило, вспоминают об опыте насилия только в контексте собственной жизни, а не в контексте событий тех лет. Они признаются, что им было больно и стыдно. Но никогда не упоминают, как пережитый шок поколебал их доверие к мужчинам. Их истории схематичны и состоят из одних и тех же элементов, описанных в одних и тех же выражениях. Из них мы не узнаём ничего существенного о технической стороне полового акта. «Мне повезло, – подчеркнула одна из жертв насилия в Венгрии. – Я не заболела и не забеременела». В фокусе моего исторического исследования — опыт, который женщины «запирают» в своём теле так, будто после взаимодействия с советскими солдатами оно осталось таким же «нетронутым», как до него. Письменных источников, где о произошедшем рассуждали бы с такой точки зрения, не сохранилось. Писатель Хай Дьюла, вернувшись из московской эмиграции, так описывал похождения советских солдат в Будапеште: «Слухи о зверствах советских солдат доходили до нас каждый день, каждый час».[340] Ковач Имре, харизматичный политик из Национально-крестьянской партии, упоминает «раздававшиеся в Будапеште крики и призывы о помощи», но ни он, ни Хай (да и никто) не могли

---

340 Записи из дневника Хай Дьюлы, датированные февралем 1945, цит. по Naimark: The Russians in Germany 70. См. Hay: Geboren 287.

ничего сделать. [341] «Пробил час» — сопротивляться было бесполезно. Советские военные подчинялись только собственной администрации. Венгерский суд им был не указ. Для них не существовало принципа законной самозащиты, если жертва пыталась сопротивляться нападению. Их даже не лечили в венгерских больницах — чтобы не дезертировали.[342]

Советские пропагандистские плакаты в Будапеште, 1945 год

Немецкие исследователи анализируют практики сублимации опыта насилия по опубликованным дневникам и воспоминаниям. [343] Сексуализированное насилие усугубляло продолжительный стресс, вызванный войной, и приводило к

341   Kovács: Magyarország megszállása 246.
342   BFL VIII. 1102. Документы госпиталя Св. Рока 800/1945.   Отчёт санитарного врача от 16 февраля 1945 года.
343   Például Knef, Hildegard: Der geschenkte Gaul. Frankfurt, Büchergilde Gutenberg 1970; Noack, Barbara: Ein Stück vom Leben. München–Wien, Langen-Müller, 1984; Anonyma [Marta Hillers]: Eine Frau in Berlin. Tagebuchaufzeichnungen vom 20. April bis 22. Juni 1945. Geneva–Frankfurt, Verlag Helmut Kossodo, 1959; A Woman in Berlin. New York, Harcourt, Brace, Jovanovich, 1954. Два последних рассматривает Трёгер: Between Rape and Prostitution.

самоубийствам и психическим заболеваниям. [344] Недавно психологи из Грайфсвальдского университета организовали специальную программу для женщин, переживших насилие почти 70 лет назад. Они могли рассказать о пережитом, получить психологическую помощь и исцелить старую травму. Венские активистки нацистской партии, опасаясь советских солдат, часто оканчивали жизнь самоубийством.[345] В Венгрии наиболее известна история Золтана Мадьяри и его жены Маргит Техерт. [346] Супруги спрятались от приближавшейся армии в охотничьем домике в окрестностях деревни Херег, где, написав прощальное письмо, покончили с жизнью. Оба хорошо говорили по-русски, но это не помогло им справиться с ужасом от мысли о жизни в оккупации.[347] В Матьяшфёльд жительницы домов в окрестностях советской казармы, ссылаясь на то, что «там слишком много русских», боялись выходить на улицу даже в июне 1946 года.[348] Дело в том, что с лета 1945 года расквартированные в городе солдаты постоянно грабили население, отбирали одежду, велосипеды, часы и продукты. Сопротивление местных жителей вызывало ответное насилие. Это побудило аппарат внутренних дел и военное руководство поторопиться с переселением солдат в отдельные казармы.

Выяснить, что происходило в те дни в Будапеште, можно, проведя систематические глубинные интервью, опираясь на вопросы, подобные тем, что использовались для немецкого трёхчасового документального фильма и книги на ту же тему.[349] Согласно результатам венского проекта, созданного с

---

344 Tröger: Between Rape and Prostitution. О заражённых женщинах, которых лечили в больнице г. Папа и которые после сошли с ума и пытались совершить самоубийство, см. A magyar katolikusok szenvedései 1944–1989. Havasy Gyula dokumentumgyűjteménye. Budapest, 1990, 34.

345 Bandhauer-Schöffmann–Hornung: Vom „Dritten Reich" 232.

346 Золтан Мадьяри (1888–1945) — профессор, основатель публичного администрирования в Венгрии. Его жена Маргит Техерт (1900–1945) — мыслительница и выдающаяся активистка движения за женские права.

347 Papp Barbara – Sipos Balázs: Modern, diplomás nők a Horthy-korban. Budapest, Napvilág, 2017. 295–296.

348 PIL 283. f. 20. cs. 28. ő. e. p. 80. 1946. június 9-i jelentés.

349 Sander–Johr: BeFreier und Befreite.

помощью метода устной истории (oral history), изнасилованные женщины систематически «запирают» (abgesperrt) воспоминания в себе и рассказывают о собственном опыте через образы голливудских фильмов, например «Доктора Живаго» и «Унесённых ветром». [350] В интервью со мной женщины так же подчёркивали, что их опыт совсем не уникален. Дискуссии о женской сексуальной свободе и правах, сексе и женском теле начались в Венгрии гораздо позже благодаря движению за гражданские права. В 1944–1945 годах ни о чём подобном в венгерских деревнях не думали.

Формализованный нарратив

В визуальном архиве Шоа хранятся видеоинтервью почти 52 тысяч женщин. Их можно посмотреть в так называемых точках доступа. [351] Каждое интервью — это рассказ о событиях из жизни одной женщины в хронологическом порядке. Чтобы все беседы были проведены по одним и тем же принципам, интервьюеры были предварительно обучены. Ориентироваться в архиве можно по указателю. Он группирует интервью по темам, географическим единицам, полу и языку. В них женщины говорят и об изнасилованиях.[352]

Что касается общей критики, я согласна с Вевёркой, полагающей, что для коллекции характерна «американизация» Холокоста. Огромное собрание интервью представляет практически только «аутентичные» историй выживших в Холокосте. [353] Тем не менее эти материалы позволяют с большей точностью понять, с чем после немецкой

---

350 Bandhauer-Schöffmann–Hornung: Vom „Dritten Reich" 233.

351 Pető Andrea: A holokauszt digitalizált emlékezete Magyarországon a VHA gyűjteményében. в: Randolph L. Braham – Kovács András (szerk.): A holokauszt Magyarországon hetven év múltán. Történelem és emlékezet. Budapest, Múlt és Jövő, 2015, 220–229.

352 О таких случаях речь идёт в следующих интервью на венгерском языке: 2809, 18408, 27212, 7041, 23403, 26942, 28491, 43781, 50176, 50210, 37262, 50208, 48431, 51550, 51554, 50807, 54131, 50731, 54140, 511131, 54409

353 Wieviorka, Annette: The Era of the Witness. Ithaca, NY, Cornell University Press, 2006, 95–145. Winfried Fluck, "The Americanization of Literary Studies," American Studies International 2, no. 28 (1990): 9–22.

оккупации столкнулись разные женщины. Советские солдаты обеспечили первую волну освобождённых из концентрационных лагерей жертв Холокоста необходимым для выживания. Но наступала ночь, и женщин и девушек ждали домогательства. «Они приходили по ночам, откидывали одеяла и искали молодых женщин. Ни одна из тех, кого увели, не вернулась обратно. Все это продолжалось месяц. 7 мая все ушли, нас отвезли домой», – рассказывает одна из свидетельниц. [354] Женщины спешили вернуться в родные места: угрозы, которые они получали в лагерях для выживших, были опаснее долгой дороги.

Второй группой жертв стали вызволенные из немецких и австрийских трудовых лагерей. «Пришли два русских солдата. Они выстрелили в портрет Гитлера, висевший на стене. После этого увели с собой одну из девушек. Поздно вечером её отпустили. На ней побывало десятка два солдат. Так повторялось каждый день. Все они были пьяны в стельку. Нас было трое, мы не осмеливались пошевелиться. Еву забирали каждый день ... Еву ещё и с поезда сняли... Её держали четверо». [355] Третья группа — женщины, прятавшиеся от советских солдат в укромных местах Будапешта. «Русские зашли, я постучала в стену соседнего подвала; они сломали стену и оторвали от матери 14-летнюю девочку. Взяли и меня: якобы нужно почистить картошку. Меня насиловали пятеро». [356] Четвёртая группа женщин — те, кто встретил солдат Красной армии по дороге домой. «В зале ожидания русский схватил меня сзади. На ночь меня завернули в плед. Он мог увезти меня с собой, и никто никогда об этом и не узнал бы». [357] «У меня был жуткий опыт. Меня пытались изнасиловать. Пришли пятеро русских солдат, мол, они тут будут ночевать. Я сказала, что об этом не может быть и речи, и кубарем скатилась с лестницы. Он поднял пистолет и хотел

354   Интервью 26942, часть 83. Архив визуальной истории Шоа Университета Южной Калифорнии.

355   Там же: Интервью 51550, часть 74.

356   Там же: Интервью 54150, часть 88.

357   Там же: Интервью 48431, часть 119.

выстрелить. Или не хотел выстрелить — словом, стрелять не стал. Я вырвалась из его рук и помчалась туда, где мы раньше жили вшестером. Залезла внутрь через окно и притаилась, дрожа. Могли застрелить прямо там, где нас освободили».[358] Пятая группа — женщины, повстречавшие советских солдат по возвращению домой в места, оккупированные к тому времени Красной Армией. Бывшая заключенная лагеря Аушвиц-Биркенау по дороге домой наткнулась на станции на советского солдата, который пригрозил «отвести её в комендатуру». Когда она стала звать на помощь, «вышел человек и сказал, что не может мне помочь, иначе его пристрелят. Когда русский положил оружие и начал меня насиловать, я вспомнила, как женщины постарше говорили, куда нужно бить в таких случаях. Я пнула его изо всех сил, а оружие забросила в кукурузу. Тут появились двое русских солдат и еврей из Галанты. Русского пристрелили там же, на месте. Вот так нас принимали. Мы выжили в Аушвице. Чтобы умереть тут, дома. Вот так это было».[359]

Эти женщины входили в группу риска из-за молодого возраста. Их интервью не исчерпывающи, но типичны. То, как женщины рассказывали свои истории, определяли фреймы коллективной памяти. Они меняются в зависимости от исторических обстоятельств. Историкам Холокоста хорошо знакома проблема пробела или разрыва в памяти (memory gap). Архивные интервью записаны после 1989 года, когда пересматривалась доминировавшая ранее антифашистская историография. Некоторые женщины рассказывали, что испытали ощущение счастья, повстречавшись с советскими солдатами-освободителями. Но почти никто из респонденток не считает снятие нацистской блокады достаточным оправданием ужасов, которые ей последовали. Одна из пострадавших сказала следующее: «Они погибли за нас. Теперь уже всё равно, что было после. В то время они нас

---

358 Там же: Интервью 50807, часть 88.
359 Там же: Интервью 27212, часть 66.

спасли. Спасли. Я встала на колени и перекрестилась».[360] «Мы и в то время были свободны, а они нас освободили»[361], – ответила другая. Прозвучала и такая история: «Когда мы увидели первого советского солдата, как мы были счастливы! Но настал вечер, и пьяные солдаты согнали всех женщин, кого только нашли, и изнасиловали. Кто не смог выпрыгнуть в окно, того ждала эта судьба, их насиловали по несколько раз».[362]

На первых этапах интервью исследователи не расспрашивали женщин об опыте насилия и опасностях, подстерегавших их после освобождения из лагерей и осады Будапешта, и намеренно не наводили их на такой разговор. «В то время они уже совсем с ума посходили. Они заходили во все дома и насиловали женщин. Прямо там, на глазах у людей [голос дрожит] насиловали», – отмечала одна из них. [363] Истории распадались на фрагменты, но интервьюеры не задавали дополнительных вопросов, следуя заранее согласованному плану.

Сексуализированное насилие, особенно совершённое советскими солдатами — сложная тема в свидетельских показаниях. Как продемонстрировал Пол Фрош, их «значимость определяется взаимосвязью личного опыта, разделяемого знания и публичной репрезентации».[364] Личный опыт не существует для внешнего мира, если у человека нет подходящих слов, чтобы им поделиться, и безопасного пространства, где это можно сделать. Опыт можно превратить в знание только посредством слова. Травма формируется не в момент получения опыта, а в момент его принятия, анализа и передачи другому. [365] Жертвы обычно говорят об

---

360 Там же: Интервью 50208, часть 83.

361 Там же: Интервью 50210, часть 40.

362 Там же: Интервью 51554, часть 91.

363 Там же: Интервью 2809, часть 85.

364 Frosh, Paul: Telling Presences: Witnessing, Mass Media, and the Imagined Lives of Strangers. в: Frosh, Paul – Pinchevski, Amit (eds.): Media Witnessing: Testimony in the Age of Mass Communication. Basingstoke, Palgrave Macmillan, 2009, 51.

365 Caruth, Cathy: Trauma. Explorations in Memory. Baltimore, Johns Hopkins University Press, 1995, 4.

изнасиловании, используя краткие абстрактные выражения: «Мы сидели на обочине и ждали своей доли. Сначала пришли американцы, потом русские. Один схватил Эдит, второй меня, и нас изнасиловали. Невозможно было перенести это ещё раз, и мы вернулись в дом».[366]

Те, кто знал иностранные языки, попытались понять, почему военные, на которых они возлагали большие надежды, так обращались с местными. Обратившись к одному из советских военачальников, они услышали: «Не удивляйтесь, венгры и немцы с их [советских солдат – прим. ред.] жёнами и матерями делали то же самое. Они лишь возвращают долги. Им всё равно, кто и как; главное, что эти женщины тут и они венгерки». [367] В другом месте ответ был следующий: «Они пошли в комендатуру и сказали, что вернулись из Освенцима. Советский офицер ответил, что эти люди — рядовые солдаты и что когда они пьют, им невозможно объяснить разницу [между еврейками и немками — А.П.]»[368].

Замалчивание

Меннониты — это анабаптисты, этнические немцы, сотрудничавшие с нацистской Германией и бежавшие из Украины во время наступления Красной армии. Они вспоминали о взаимодействии с советскими войсками в рамках понятийных фреймов времён Холодной войны. «Небритые, грязные, вонючие (...) многочисленные беспощадные азиаты с жёлтой кожей, широкими лицами, выступающими скулами». [369] Будучи советскими гражданами, меннониты опасались депортации в СССР. Когда после 1945 года военное насилие над немками стало одним из ключевых нарративов в формировании национальной идентичности в Германии,

---

366 Интервью 50731, часть 102. Архив визуальной истории Шоа Университета Южной Калифорнии.

367 Там же: Интервью 54150, часть 88.

368 Там же: Интервью 18408, часть 67.

369 Epp, Marlene: The Memory of Violence: Soviet and East European Mennonite Refugees and Rape in the Second World War. Journal of Women's History 9.1 (1997) 60.

женщины из общины меннонитов попытались включить себя в этот нарратив. Похожая ситуация была в Венгрии, где воспоминания об изнасиловании были вплетены в зарождающийся национальный нарратив. Немецкий и венгерский нарративы объединяют хронологичность, безличность, а также замалчивание, т. е. отказ от обсуждения определённых тем.

Воспоминания (или их отсутствие) женщин из сообщества меннонитов и венгерских женщин очень похожи. За отсутствием надёжных архивных источников в изучении обеих групп можно полагаться только на личные документы и рассказы. Общая память — фундамент коллективной идентичности. Она должна опираться на истории, которыми можно поделиться. Для этого они должны быть рассказаны приемлемым для общества языком. Для рассказов украинских меннониток и венгерок характерны генерализация и обезличивание. Женщины постоянно говорят о последствиях изнасилований, например болезнях и рождении детей, но не о самом изнасиловании. В других случаях они отстраняются от рассказанной ими истории, будто она произошла с кем-то другим. Эта особенность травмирующих воспоминаний о военных изнасилованиях называется феноменом вторичного свидетеля. Он играет чрезвычайно важную роль в сохранении континуума насилия. Очень редко, возможно, только у современников, можно встретить такое описание опыта насилия, как в воспоминаниях Лотты Хайнриц, меннонитки из Пруссии, о бегстве в 1947 году: «Неожиданно дверь распахнулась, и четыре русских солдата приказали мне выйти в другую комнату, где меня изнасиловали». [370] «Бог их покинул», – говорили женщины, подчёркивая своё мученичество, подобно венгеркам и особенно полькам.[371]

Наибольшую угрозу для меннонитов представляла принудительная репатриация в СССР. Многие женщины общины были готовы предложить сексуальные услуги

---

370 Epp: The Memory of Violence 60.
371 Epp: The Memory of Violence 60.

советским офицерам, чтобы избежать депортации. Нам неизвестно, пытались ли они с помощью этой стратегии избавиться от назначения на принудительные трудовые работы. Списки отправляемых на них граждан составляли венгерские власти, а не советские военные. Участие в публичном обсуждении опыта военного насилия, совершённого советскими солдатами в Германии, помогло жертвам «включить» свои истории в новую национальную идентичность. Однако в патриархальной и набожной общине меннонитов придать огласке насилие значило подорвать мужское доминирование. Именно поэтому меннонитки не говорят об изнасилованиях ничего конкретного. Верующей женщине, для которой самоубийство или аборт были неприемлемы, оставалось только мученичество. В мученическом нарративе меннониток изнасилование стоит в одном ряду с голодом, нищетой и бегством из родного дома.

Как я упомянула, польки тоже воспринимали изнасилование как форму мученичества. Они часто использовали подобные выражения, чтобы описать травматичный опыт в частных письмах, которые перехватывала военная цензура. Например, в письме, оправленном из Гдыни 24 апреля 1945 года, польская женщина пишет: «Многих убили, они стали мученицами». [372] Это религиозный нарратив. Выжившие в Холокосте отреагировали на разгул долгожданных советских солдат в Венгрии особенно болезненно, но не могли подыскать в языке того времени слов и выражений, подходящих, чтобы передать своё разочарование.

Дневники как документальные романы

Изнасилования, совершённые советскими солдатами, вошли в коллективную память венгерского народа благодаря литературе. Авторы художественных произведений противопоставляли аутентичность личного опыта

---

372   Zaremba: Wielka Trwoga.

«официальной» истории, по идеологическим причинам отрицавшей сам факт насилия. События наиболее цитируемого в мире издания об изнасилованиях, совершённых советскими солдатами, разворачиваются в Берлине. [373] Книга под названием «Женщина в Берлине» вышла на английском языке в 1954 году, а в 1959-м её — на немецком. Позже оказалось, что её автором, скрывавшимся за псевдонимом «Аноним», была Марта Хиллерс (1911–2001). Журналистка, она работала в нацистской системе пропаганды и знала несколько языков. Марта жила одна и столкнулась со зверствами советских солдат, когда те заняли Берлин. Пытаясь защитить себя, она вступила в отношения с советским офицером. Женщина с холодным расчётом решает предоставить ему сексуальные услуги в обмен на возможность выжить.

Личная история изложена в книге так беспристрастно, что кажется, будто это документальное свидетельство. Авторка отказывается описывать события периода окончания войны исключительно через призму противостояния жертвы и преступника. Советские солдаты в книге обретают лица и выделяются из безличной пьяной бесчинствующей массы. Когда главная героиня встречается с другой жительницей Берлина, обе пренебрежительно отзываются о сексуальных способностях обладающих огромной властью советских солдат. Хиллерс показывает, как массовые изнасилования ограничили возможности социального контроля, заложенные в конструкте немецкой национальной маскулинности, и какие общественные и личные возможности это открыло для женщин. Несмотря на постоянную угрозу

---

373 Köpp, Gabi: Warum war ich bloß ein Mächen? Das Trauma einer Flucht 1945. München, Knaur, 2010. Grossmann, Atina: The „Big Rape": Sex and Sexual Violence, War, and Occupation in Post-World War II Memory and Imagination. в: Heineman, Elizabeth D. (ed.): Sexual Violence in Conflict Zones: From the Ancient World to the Era of Human Rights. Philadelphia, University of Pennsylvania Press, 2011, 136–151; Gebhardt: Als die Soldaten kamen. Самое свежее исследование, посвященное автору статьи: Yuliya von Saal, Anonyma: ‚Eine Frau in Berlin'. Geschichte eines Bestsellers", in Vierteljahrsheften für Zeitgeschichte 3/2019, 343–376.

сексуализированного насилия, женщины сходятся на мнении, что жить стало гораздо лучше.[374] Солдаты Красной армии в этом нарративе становятся гипермаскулинными. Такое представление о них сохранялось на протяжении всей Холодной войны. О сексуализированном насилии как форме проявления власти стали говорить только во время второй волны феминизма.

Книга «Женщина в Берлине» была забыта и распространялась только в фотокопиях. Но, появившись на немецком языке в 2003 году с предисловием Ханса Магнуса Энценсбергера, стала бестселлером за нескольких дней. Произошло это не в последнюю очередь потому, что в книге шла речь о страданиях немецкого народа во время войны. Она была переведена на множество языков[375]. Оглушающий успех не помешал специалистам усомниться в подлинности положенной в основу книги истории. В 2008 году по её мотивам сняли фильм, который многие хвалили за беспристрастность и избегание «вуайеризма» при изображении насилия.[376] Джоди Рафаэль проанализировала споры вокруг книги и показала, что в основном их спровоцировало бесстрастное описание сцен насилия. Согласно Рафаэль, сомнения в достоверности рассказа выражали мужчины-историки. При этом части дневника, где шла речь об изнасилованиях, они не цитировали.[377] Вашвари, исследовавшая дневники женщин, написанные после Второй мировой войны, подчёркивает, что

---

374   Schwartz, Agatha: Narrating Wartime Rapes and Trauma in A Woman in Berlin. CLCWeb: Comparative Literature and Culture 17.3 (2015). https://docs.lib.purdue.edu/clcweb/vol17/iss3/11/

375   Anonyma: Egy nő Berlinben. Budapest, Magvető, 1986, 2005. На русском языке доступен только любительский перевод книги, см.: https://royallib.com/read/hillers_marta/genshchina_v_berline.html#0. – *Прим. перев.*

376   Pötzsch, Holger: Rearticulating the Experience in War in Anonyma: Eine Frau in Berlin. Nordlit 30 (2012) 15–32; Schaumann, Caroline: "A Different Family Story": German Wartime Suffering in Women's Writing by Wibke Bruhns, Ute Scheub, and Christina von Braun. в: Taberner, Stuart – Berger, Karina Rochester (eds.): Germans as Victims in the Literary Fiction of the Berlin Republic. Rochester, NY, Camden House, 2009, 102–117.

377   О спорах вокруг сборника см. Raphael, Jody: Silencing Report of Sexual Assault. The Controversy over A Women in Berlin. Violence Against Women 12.7 (2006) 693–699.

об изнасилованиях, совершённых советскими солдатами, упоминали многие. Но эти источники не стали достоянием общественности не в последнюю очередь из-за отсутствия социально приемлемого дискурса об изнасилованиях.[378]

Военное насилие в Берлине заинтересовало историков раньше, чем аналогичные случаи в Венгрии. Следует отметить, что в венгерской военной историографии практически отсутствовала женская точка зрения на события того времени.[379] До 1989 года в Венгрии существовало табу на обсуждение изнасилований, совершённых советскими солдатами. Такие разговоры были возможны только в семейном кругу. Из литературных источников следует упомянуть опубликованный в 1982 году роман Дьордья Конрада «Сообщник». Его главный герой совершил побег из трудового лагеря в одежде солдата Красной армии и по дороге в Венгрию стал свидетелем жестоких преступлений.[380]

Последние тенденции в области исследований памяти показывают, что историческую дискуссию могут стимулировать и дневники, и литературные романы. Устные воспоминания, интервью и их современные адаптации — основные источники информации писателей и писательниц. Здесь важно подчеркнуть, что в художественных произведениях голос принадлежит свидетелям, а не непосредственным героям событий. Из-за временных ограничений литераторы практически не дают слова тем, кто перенёс насилие и выжил. Нередко они преподносят мнения, сформированные под влиянием увиденного или услышанного, как факты. Они забывают, что на воспоминания влияют и связи между прошлым, настоящим и будущим, и

---

378 Vasvári, Louise O.: A töredezett (kulturális) test írása Polcz Alaine Asszony a fronton című művében. Hungarian Cultural Studies 3 (2011). http://ahea. pitt.edu/ojs/index.php/ahea/article/view/20; Varga, Susan: Heddy and Me. Harmondsworth, Penguin, 1994; Katin, Miriam: We Are on Our Own. Montréal, Drawn & Quarterly, 2006.

379 Beevor, Antony: Berlin. The Downfall 1945. London, Viking, 2002; Naimark: The Russians in Germany.

380 Konrád György: A cinkos. Budapest, Európa, 2009.

властные отношения в конкретном пространственно-временном контексте.

Стелла Куйленстирна, авторка первых широко известных дневниковых воспоминаний о событиях в Венгрии, происходила из богатой стокгольмской семьи. Она очень рано вышла замуж за Имре Андраши, советника посольства Венгрии в Стокгольме и представителя древнего графского рода. Стелла надеялась, что её жизнь будет беззаботной волшебной сказкой, как годы, описанные в первой части дневника.[381] Она демонстрирует полное отсутствие у героини понимания того, что происходит в стране; жизнь для Стеллы — это череда балов и охотничьих выездов. Она просто не знает, почему в стране появились советские солдаты, а её семья вынуждена бежать на запад. Фрагмент книги о повторном захвате Секешфехервара в ноябре 1944 года цитируют наиболее часто. Когда до Стеллы доходят рассказы о «желтокожих азиатах», которые насилуют пожилых женщин и которых, как заколдованных, пуля не берёт, она уже живёт на Западе. На каком языке она вела эту беседу, отражающую универсум народных представлений, неясно. В дневнике упоминается и якобы проходившая в Секешфехерваре «чёрная месса», для которой женщин и девочек согнали в собор и изнасиловали во время службы. Детальное описание этого события в дневнике составлено со слов очевидцев. Авторка упоминает, как в переходившем из рук в руки Секешфехерваре русские отрезали грудь женщинам, которые после изнасилования вступили в отношения с немцами.[382] Впервые книга была издана в Стокгольме на фоне ухудшения геополитических отношений.

Сексуальные оргии, которые якобы устраивали русские, часто упоминают польские мемуаристы, особенно те, кто жил в Поморье. Подробно описывает их и представитель польского правительства в эмиграции в Лондоне в своём отчёте в мае 1945

---

381 Kuylenstierna-Andrássy Stella: Ég a puszta. Gróf Andrássy Imréné memoárja. Budapest, Corvina, 2015.

382 Polcz: Asszony a fronton 23. (На русском см. Алэн Польц «Женщина и война», // Нева, 2004 № 2, перевод Е. Шакировой).

года. На тон его свидетельства тоже повлияла риторика Холодной войны.[383]

Книга «Женщина и война» Алэн Польц, представляющая собой дневниковые воспоминания, разрушила молчание, окружавшее историю сексуализированного насилия времён Второй мировой войны. Сразу после издания ставшая книгой года в Венгрии, она была переведена на множество языков.[384] Польц — одна из немногих писательниц, вдохновлявшихся личным опытом. Поэтому это произведение часто приводят в пример как доказательство массовых изнасилований. При этом мужчины-литературные критики не впечатлились качеством прозы Польц. [385] Авторка рассказывает о событиях Второй мировой войны через историю христианской семьи среднего класса. Массовое насилие, учинённое советскими солдатами, и неспособность родственников принять то, что она была изнасилована, усиливают унижение, которое испытывает героиня в неудачном безэмоциональном браке. Судя по переписке Польц с её вторым мужем, писателем Микошем Месёйем, писательнице пришлось пройти через многое, прежде чем её начали воспринимать всерьёз как мыслящую женщину. То, что Польц приходилось постоянно сталкиваться с унижениями, показывает, насколько опыт изнасилования повлиял на её жизнь и личность.[386]

Эту книгу можно назвать мемуарами, романом, автобиографическим или документальным романом и даже памятником. Как следствие, анализировать её пытались многие. Уже само название — «Женщина и война» — породило множество интерпретаций. С точки зрения Вашвари, слово «женщина» (asszony, в переводе с венгерского «замужняя женщина») подчёркивает социальное положение

---

383 Zaremba: Wielka Trwoga.

384 Два издания на английском языке: Wartime Memoire. Budapest, Corvina, 1998; illetve One woman in the war. Budapest, CEU Press, 2002. На немецком: *Frau an der Front: Ein Bericht.* Suhrkamp, Berlin, 2011.

385 Lóránd, Zsófia: Exhibiting Rape, Silencing Women. Alaine Polcz in the House of Terror in Budapest. East Central Europe 42 (2015) 321–342.

386 A bilincs a szabadság legyen. Mészöly Miklós és Polcz Alaine levelezése 1948–1997. Budapest, Jelenkor, 2018.

героини. По мнению историка литературы Норы Шеллеи, оно вовсе не указывает на значимость социального статуса, а скорее связывает разные «фронты», домашний и военный. Девиз героини Польц «Рано или поздно об этом нужно было рассказать» указывает на то, что в процессе рассказывания она восстанавливает фрагментированную женскую субъектность.[387]

Вашвари интерпретирует книгу Польц как типичную историю страданий гетеросексуальной женщины.[388] В отличие от неё, Нора Шеллеи, опираясь на теорию жертвования Бернара Гисена, показывает, что главной жертвой в романе становится женское тело, оттесняемое на границу общества.[389] Шеллеи подчёркивает: «Изнасилование нужно не просто и даже в наименьшей степени для удовлетворения физиологических потребностей, когда своей женщины нет рядом: женщина в этом процессе — это символический объект, обладание которым для воюющих армий само по себе символизирует победу и превращает совершившего изнасилование в героя, означает символическое унижение побеждённой культуры».[390] С точки зрения Шеллеи, этот акт десакрализации — ещё и ритуальное принесение женщины в жертву. Слово «жертва» здесь имеет два значения: с одной стороны, оно связано с сакральным отпущением грехов, с другой, обозначает пострадавшего от уголовного преступления. Польц в своей работе критикует эту двойственность и отмечает, что определённые формы военных изнасилований сохраняются и в мирное время. [391] Это резонирует с теорией континуума насилия Синтии Энло. Насилие, с её точки зрения, прежде всего вопрос властных отношений. Из-за таких его последствий, как саморазрушение и потеря самосознания, субъект утрачивает целостность. Алэн

---

387 Séllei Nóra: A női test mint áldozat. Polcz, Alaine: Asszony a fronton. Korall, 59 (2015) 108–132.

388 Vasvári: A töredezett (kulturális) test írása.

389 Séllei: A női test mint áldozat.

390 Séllei: A női test mint áldozat.

391 Séllei: A női test mint áldozat.

Польц описывала это ощущение так: «Я пришла в сознание, но не чувствовала своего тела, как будто оно затекло или замерзло. Да мне, голой ниже пояса, в нетопленой комнате без окон, наверно, в самом деле было холодно. Не знаю, сколько русских насиловали меня после, не знаю, сколько их было до. Когда рассвело, они меня оставили. Я поднялась. Двигаться было трудно. Голова и всё тело ныли от боли. Кровь лилась ручьем. Я не чувствовала, что меня изнасиловали; ощущала только, что избита, искалечена. Это не имело никакого отношения ни к ласкам, ни к сексу. Это вообще ни на что не было похоже. Просто сейчас, когда пишу эти строки, я понимаю, что слово точное — насилие. Вот что это было».[392]

Продолжать жить после такого можно, только если отделить происшествие от субъекта. Шеллеи Фрейд описывает неэффективное переживание утраты в понятии инкорпорации. В таком случае индивид «запирает» внутри себя травматические переживания, не обрабатывая и сохраняя их в душе до конца жизни.[393] Эта особенность связи тела и души помогает понять, почему рассказы жертв изнасилований в Венгрии по форме напоминают нарратив, похожий на повествование Польц. Изнасилование описано как событие, происшедшее не с рассказчиком, а с кем-то другим. Статус жертвы приносит его обладательнице отвержение и отверженность. Однако она теряет этот статус, как только прерывает молчание, потому что группа, объединённая моральными ценностями, вытесняет жертву. Именно так в Венгрии объясняют военное сексуализированное насилие: «Насилие над женщинами, над женским телом становится обычным элементом культуры насилия, само существование которой не позволяет поделиться историей изнасилования».[394] Женский субъект, не просто замалчивающий свою травму, но и в принципе не имеющий возможности о ней рассказать, теряет целостность в неудачных браках, когда муж не

---

392   Polcz: Asszony a fronton.
393   Séllei: A női test mint áldozat 119.
394   Séllei: A női test mint áldozat 122.

разрешает жене танцевать, учиться, высказывать своё мнение в обществе или просто унижает её, убеждая, что она безобразна. Женская субъектность, как показывает Шеллеи в своей критике Вашвари, проявляется во взаимодействии с автором насилия, «обнажая взаимосвязь между военными изнасилованиями и домашним насилием и проливая свет на их структуру и общие истоки».[395]

Жофиа Лоранд анализирует, как цитату из книги Алэн Польц использовали в пространстве выставки в Музее террора. С её точки зрения, цитата была вырвана из контекста с целью указать на жестокие преступления советских солдат и доказать, что военное насилие действительно существовало. Таким образом выставка создаёт и поддерживает культуру жертвы. Лоранд обращает особое внимание на часть книги Польц, где идёт речь о формировании женской солидарности[396] и её роли в замалчивании происшедшего: «После ужина мама отозвала меня в сторону и сказала: "Доченька, ты не шути так грубо, ещё поверят!". Я посмотрела на нее: "Мамочка, это правда!". Мама расплакалась и обняла меня. Тогда я сказала: "Мамочка, я же говорила, никого не пощадили, всех женщин изнасиловали! Вы сказали, здесь тоже хватали женщин". "Да, но только шлюх. А ты не такая", – сказала мама. Потом бросилась мне на шею, умоляла: "Доченька, скажи, что это неправда!". "Ладно, – сказала я, – неправда. Меня забирали только ухаживать за больными"».[397]

Дьярмати Фанни, переносившая все удары судьбы вместе с Миклошем Радноти, описывает собственный опыт в дневнике. Будучи еврейкой, до наступления советских войск она была вынуждена прятаться и жила в Будапеште под псевдонимом. Она описывает советских солдат через призму ориентализма. Они предстают то «огромными эскимосами с дикими рожами»,[398] то «монголами, подлинными сынами

395 Séllei: A női test mint áldozat 128.
396 Lóránd: Exhibiting Rape 335.
397 Polcz: Asszony a fronton 155.
398 Radnóti Miklósné: Napló II 370.

Востока»[399]. Об изнасиловании она говорит так: «Он хотел, чтобы я крепко его обняла; он мял и тискал меня со всех сторон, отвешивая между делом тумаки и оплеухи по лицу, по голове, справа, слева. Я не издала ни звука, но поняла, что искры и вправду могут лететь из глаз, особенно когда мужчина бьет кулаком по виску. Я прикрыла глаза руками, чтобы он ненароком их не высадил, что дало ему возможность подобраться поближе; я не хотела, чтобы он прибил меня, потому после долгого сопротивления, сопровождавшегося то поцелуями, то бранью сквозь стиснутые зубы, я уступила. (…) То был адов ад. (…) Я была полностью опустошена».[400]

Сравнив художественные произведения венгерок и воспоминания польских женщин, можно прийти к любопытным выводам. Польки были активными участницами антисоветского подполья и сражались в том числе за свою честь и достоинство. Янина Сурынова-Вычулковска в книге «Тереза, неудавшийся ребёнок», изданной в 1961 году в Лондоне на польском языке, описывает, как её изнасиловали трое солдат. Выясняется, что за сопротивление её избили. Она желала себе смерти, чтобы не жить с этим дальше.[401] Зофья Посмыш (1923) участвовала в польском сопротивлении и была узницей Аушвица и Равенсбрюка. Позже она опубликовала несколько автобиографий. В книге «К свободе, к смерти, к жизни», изданной в 1996 году, она пишет, что советские «воины-освободители» в Польше ждали секса и алкоголя в знак благодарности. Отзываясь о госпоже Штраус, немке по национальности, которую изнасиловали советские солдаты, Зофья пишет следующее: «Ей было всё равно, выживет она или умрёт, насильникам она счёт не вела».[402] Будзимира Войталевич-Винке (1924–2015), участница польского подполья, позже попавшая в тюрьму, в своей автобиографии «Война

---

399 Radnóti Miklósné: Napló II 371.

400 Radnóti Miklósné: Napló II 384–385.

401 Janina Surynowa-Wyczółkowska: Teresa, dziecko nieudane [Teréza, a félresikerült gyerek]. London, B. Świderski 1961. Idézi Karwowska: Gwałty a kultura 163–171.

402 Idézi Karwowska: Gwałty a kultura 168–169.

закончилась, но не такой мы видели свободу» (1997) описывает насилие над монашками.[403] Она также упоминает 24-летнюю жительницу Гданьска, которая поседела, когда советские солдаты, приняв её за немку, стали угрожать ей оружием. Женщина была готова выпрыгнуть в окно и покончить жизнь самоубийством.[404]

В Венгрии процесс признания советских военных изнасилований историческим фактом начался с документального романа Юдит Ковач «Отрицание» (2012). Его публикация сопровождалась оживленной дискуссией. Книга Ковач написана по материалам архивных исследований и 23 интервью. Она стала популярна благодаря повороту в венгерской политике памяти.[405] Очевидно, роман написан в жанре fake memoires («вымышленные воспоминания») под влиянием Алэн Польц и повествует о жизни 17-летней Анны Шомлои с 1942 года до начала советской оккупации. О появлении советских войск авторка пишет так: «В последовавших за этим событиях участвовала не я. То была другая Шомлои Анна».[406] Она тоже описывает советских солдат через призму ориентализма. В отличие от Польц, выпавшие на долю главной героини испытания — репрезентация чужого опыта, а не пережитые автором события. Ковач беллетризирует тяготы жизни женщин и присваивает их голос. Этот роман — продукт культуры насилия. Он рассказывает о проблеме в стилистике, напоминающей порнографию. Его литературную форму определили текущие геополитические условия. «Мгновения сменяли друг друга, им не было ни конца, ни края. Не могу сказать, сколько их было, как долго всё продолжалось».[407] Далее: «Всё произошло внезапно и одновременно; не могу сказать, сколько рук меня касались. Две руки прижали меня к земле, кто-то держал мою голову, ноги развели с такой силой,

---

403   Idézi Karwowska: Gwałty a kultura 168-169.
404   Idézi Karwowska: Gwałty a kultura 168-169.
405   Kovács Judit: Megtagadva. Budapest, Magvető, 2012.
406   Kovács: Megtagadva 90.
407   Kovács: Megtagadva 151.

что мне казалось, меня сейчас разорвут пополам. И тут мне словно нож вонзили между ног в живую плоть; я поняла, что спасения нет. Я кричала, пока чья-то огромная ладонь не заткнула мне рот. Ладонь-лопата, настолько огромная, что и нос накрыла, и я не могла вдохнуть. Я стала задыхаться. Задыхаясь, я на секунду отвлеклась от боли внизу, между ног, но, когда мне удалось высвободить голову и вдохнуть, боль пронзила меня с такой силой, что я закричала. Мне отвесили несколько пощёчин, а ноги задрали еще выше, в небеса, и от толчков стоявшего надо мной на коленях русского я чувствовала каждый позвонок, смещаясь вверх-вниз, вверх-вниз. Боль, причинённая мне собственным телом, была такой, что казалось: я умру. Но я не умерла ни тогда, ни позже, когда его сменил другой русский и, жарко дыша мне в лицо, словно пытался загнать в меня гвоздь. Гвоздь рвал мою плоть, пробиваясь выше и выше, вверх до головы; мне казалось, что голова моя треснет пополам».[408] Вымышленная героиня Ковач тоже заразилась венерической болезнью, приведшей к бесплодию. Но, в отличие от Польц, чтобы избежать осуждения общества, она вышла замуж за человека значительно старше её.[409]

Таким образом, для описаний сексуализированного насилия в венгерской литературе характерны, с одной стороны, жанр дневника записей, как у Алэн Польц и Фанни Дьярмати, а с другой, внимание к женскому опыту во время Второй мировой войны. Такие особенности — закономерное следствие «заговора молчания». Роман, который бы описывал опыт изнасилованных женщин без нарушения этических норм и в полной мере отражал бы происходящее в те годы, пока не написан. Пенни Саммерфильд вкладывает в термин «форма» (composure) два значения — рассказывание истории об

---

408 Kovács: Megtagadva 150–151.
409 Schwartz, Agatha: Creating a "Vocabulary of Rupture" Following WWII Sexual Violence in Hungarian Women Writers' Narratives. Hungarian Cultural Studies 10 (2017). https://ahea.pitt.edu/ojs/index.php/ahea/article/viewFile/281

индивиде и поиск идентичности.[410] Если наше произведение не соответствует обоим значениям, ответом на него, какой бы захватывающей не была история, будет гробовая тишина. То же касается военных изнасилований. Чтобы их жертв услышали, они должны рассказывать свои истории только в социально одобренной форме (в обоих значениях этого слова).

Фотографии и плакаты

Кинохроника была популярным инструментом нацистской пропаганды. Кадры, изображавшие плохо одетых советских солдат, которые, как азиатские дикари, угрожают немецким женщинам и детям в Германии, были типичны для военного времени. Защищать отчизну во имя мирной семейной жизни призывали и слоганы на уличных плакатах.

По понятным причинам, визуальных свидетельств о сексуализированном насилии сохранилось немного. Фиксировали преступления на фотографиях либо авторы насилия, либо следователи. Обычные люди этого практически никогда не делали, в отличие от стран Дальнего Востока, но и там влияние таких фотодокументов на военную мобилизацию против японцев не было однозначным. Изображения обезображенных изнасилованных женщин, выбравших смерть и честь, не укрепляло военный дух, но порождало ненависть к врагу.[411] Советская пропаганда использовала фотографии, запечатлевшие зверства немцев, с куда большим успехом. Следовавшие за победоносной армией советские спецслужбы оценивали ущерб нацистской оккупации и опрашивали местных жителей (эти интервью были изданы Тамашем Краусем и Анной Марией Варга). На основе этих материалов они разрабатывали фреймы, в рамках которых пропагандистские газеты объясняли происходящее воюющим солдатам. Этот визуальный и нарративный порядок не только

---

410 Summerfield, Penny: Culture and Composure: Creating Narratives of the Gendered Self in Oral History Interviews. Politics and Society 1.1 (2004) 65-93.

411 Edwards, Louise: Drawing Sexual Violence in Wartime China: Anti-Japanese Propaganda Cartoons. The Journal of Asian Studies 72.3 (2013) 563–586.

позволял делиться личным опытом. В определённом смысле он легитимизировал насилие.[412]

Разумеется, фотографии изображают не процесс изнасилования, а погибших женщин. Факт насилия подтверждался уже после того, как полицейские сделали снимок, во время осмотра тела. В мирное время в таких случаях составляли протокол.

Проанализировав две фотографии того времени, я покажу, как доминирующие нормативные возможности выражения исторической правды определяют способы визуализации и репрезентации насилия. Самих снимков в книге нет по причинам, о которых я расскажу позже.

С первой фотографией мы уже знакомы. Она сделана полицией Вены и в настоящее время хранится в полицейском фонде городского архива. На ней изображён труп молодой женщины, найденный утром одного из дней 1945 года в парке Пратер после оккупации Вены советскими солдатами. Прибыв на место преступления, полиция сфотографировала тело и прикрепила к рапорту отчёт о медицинском освидетельствовании, согласно которому девушка была сначала изнасилована, а затем убита. Преступника не обнаружили, но многие винили советских солдат. Поскольку австрийское правосудие не распространялось на Красную армию, о расследовании не могло быть и речи. Дело закрыли.[413]

О второй фотографии я узнала от Арпада Раца, за что ему благодарна. Это была случайная находка, которую он сделал, когда помогал мне искать иллюстрации к одной из моих статей о военных изнасилованиях. Автор фотографии из Будапешта — известный советский военный фотограф Евгений Халдей

---

412 Pető, Andrea: Death and the Picture. Representation of War Criminals and Construction of Divided Memory about WWII in Hungary. в: Pető, Andrea – Schrijvers, Klaaertje (eds.): Faces of Death. Visualising History. Pisa, Edizioni Plus – Pisa University Press, 2009, 39–57. http://www.cliohres.net/books 4/books.php?book=4.

413 Фотографию можно найти в этом каталоге: Frauenleben 1945. Kriegsende in Wien. Wien. Eigenverlag der Museen der Stadt Wien, 1995.

(1917–1997), с чьим именем связан такой знаковый кадр, как «Знамя победы над Рейхстагом». Скорее всего, наш снимок был сделан в марте или начале апреля 1945 года, потому что с середины апреля Халдей уже работал в Вене. Арпад Рац позвонил мне, чтобы узнать, не кажется ли мне, что женщины, которых мы видим на фотографии, были изнасилованы, и если да, можно ли её использовать. Я, не раздумывая, ответила, что использовать её нельзя, потому что она объективирует женское тело.[414] В тот момент мне показалось, что это было бы неуважительно к памяти жертв. Спустя время снимок появился в научно-популярной книге издательства «Рубикон» о событиях Второй мировой войны в Венгрии, но она была раскритикована учёными.[415]

Изнасилования на этих фотографиях изображены шаблонно. Страдания женщин должны были вписываться в существующую, исторически сложившуюся к тому моменту иконографию. Образ женщины, убитой в парке Пратер, отсылает к иконографии христианских мучеников. На будапештской фотографии жертвой является мужчина, который (предположительно) оплакивает смерть родственницы, которую (предположительно) изнасиловали. Такая репрезентация ведет к объективации женщин.

Нередко военные делали фотографии после акта насилия. Фотосъёмка обычно ведёт к персонализации и обнажает надситуативные властные отношения. Но это не всегда так в изменчивых и опасных условиях военного времени. Участники Нанкинской резни и немецкие солдаты позировали с обезображенными трупами или частями тел.[416] Именно в этот момент осознанной саморепрезентации формируется военная маскулинность. Фотографии нужны,

---

414 Для иллюстрации словарной статьи о массовых изнасилованиях используется эта фотография: http://www.revisionist.net/human-loot.html.

415 Cornelius, Deborah: Kutyaszorítóban. Ford. Bánki Vera. Budapest, Rubicon-Ház, 2015.

416 Mailander, Elissa: Making Sense of a Rape Photograph: Sexual Violence as Social Performance on the Eastern Front, 1939–1944. Journal of the History of Sexuality. 28.3 (2017) 489–520.

чтобы её задокументировать. Подобных снимков, сделанных советскими солдатами, никто не видел. Тому может быть несколько причин. Во-первых, возможно, что Красная армия не заботилась о сохранности фотографий, найденных в карманах убитых солдат, в той степени, как это было принято в английской или японской. Советская армия продвигалась по Восточной Европе быстрыми темпами и с непрерывными боями, а для создания таких снимков требуется более спокойный ритм жизни. Во-вторых, для советских солдат, в отличие от немецких, фотоаппарат не был привычным предметом обихода, который можно взять с собой в наступление.[417] Не стоит забывать и о том, как на практики сохранения бумажных свидетельств повлияли десятилетия сталинского террора. За открытку из-за границы советским военным могло грозить несколько десятков лет сибирских лагерей.

---

[417]   О связи между любительской фотографией и насилием в ходе Второй мировой войны см.: Pető: Death and the Picture.

Советские военные в фотостудии. Будапешт, 1946

Другая причина — ещё с мирных времён (но наверняка не из наставлений военных командиров) военные знали, что изнасилование — это тяжкое преступление, и понимали, что документировать его не стоит. «Трофейные фотографии», т. е. проявление субъектности отдельных солдат, не были характерны для Красной армии, которая понесла огромные людские потери. Почти все фотографии с советскими солдатами — постановочные кадры на тему «Повседневная жизнь провинциального советского города». Для семейных альбомов делали снимки, которые отражали нормальность военной реальности. Государство контролировало визуальную память: качественные фотографии военных корреспондентов, нередко сделанные с риском для жизни, говорят о героизме и самопожертвовании советской армии.

Художественное и документальное кино

В анализе визуальной репрезентации военных изнасилований я опираюсь на предложенный Элисон Ландсберг термин «простетическая память» (prosthetic memory). Он обозначает воспоминания об опыте, который не принадлежит непосредственно индивиду-автору визуального материала.[418]

Немцы начали собирать документальные свидетельства о преступлениях советских солдат в Германии ещё в 1950-х. Но их время пришло только с падением коммунистических режимов, когда частично открылись советские архивы. Документальный фильм Хелке Сандерс, который вышел в 1992 году [419], был посвящён некогда запрещённой теме преступлений советской армии. Картина получила негативный отклик у зрителей. Многие обвинили режиссёрку, что она показывает немцев жертвами Второй мировой войны и тем самым стремится приуменьшить их ответственность за неё.[420]

В Венгрии тоже собирали сведения о действиях советских солдат во время оккупации. Начав в 1979-м, Шандор Шара за три года записал более 100 часов интервью с 80–100 венгерскими солдатами, служившими в Украине. Первые 17 серий документального фильма «Хроника» показали по венгерскому государственному телевидению в 1982-м. Позже по его мотивам сняли художественный фильм под названием «Ураганный огонь». Интервью были тщательно отредактированы и, как следствие, идеологически корректны. Всё, что не соответствовало мифу о благородстве Красной армии, пусть к тому времени и несколько поблекшему, из картины вырезали. Полностью без купюр фильм показали только после 1991 года. Оказалось, что записанные в 1982 году воспоминания сами по себе были красочнее и полнее созданного по их мотивам и идеологически выхолощенного документального фильма. Солдаты говорили о многом, что на тот момент считалось табу: зверствах партизан и венгерской

---

418   Landsberg, Alison: Prosthetic Memory. The Transformation of American Remembrance in the Age of Mass Culture. New York, Columbia University Press, 2004.

419   Sander-Johr: BeFreier und Befreite.

420   Grossmann: A Question of Silence.

армии, интимных связях с украинскими женщинами и прочем.

Журналисты видеожурнала «Чёрный ящик», снимавшие вывод советских войск из Венгрии, тоже записали несколько интервью о преступлениях советских солдат.[421] В одном из них женщина рассказывает, как в её квартиру вломились двое военных и заставили её раздеться. Чтобы спастись, она выпрыгнула с балкона, но сломала позвоночник. Как и другие опрошенные, наиболее болезненно она переживала бездействие венгерских властей — то, как они не мешали советским военным отправлять правосудие по своим, опиравшимся на иные процессуальные нормы законам. Несколько раз за интервью камера наплывает на лицо женщины, когда та бормочет, что у неё никогда не будет детей. С помощью этого кинематографического приёма автор показывает мученичество нации через страдание одной женщины. В отличие от других происшествий, упомянутых в фильме, в том числе ограбления и аварии со смертельным исходом, мы так и не узнаём, предстали ли обидчики героини перед судом. Нам известно только то, что советские военные несколько лет преследовали её, добиваясь, чтобы она забрала заявление.

Петер Эрдеи в фильме «Зеркало Дона» (2003) разговаривает о венгерской оккупации с украинцами. Понятно, что воспоминания, записанные через 60 лет после событий, несут отпечаток того, что происходило все эти годы. Ждать от них точности и достоверности не приходится. Тем не менее, фильм вызвал бурную реакцию, поскольку рассказы о венгерской оккупации полностью оправдали ожидания общества.

Ожесточённые споры вызвал фильм Фружины Шкрабшки «Тихий стыд».[422] Лоранд Жофия пересказал суть моего спора с режиссёркой. Эти аргументы прозвучали и

---

421 BOSA HU OSA 305-0-3.1991-051_91-55.
422 Lóránd Zsófia: Megszólaltatott félhangok. Kettős Mérce, 2014. jan. 24. http://kettosmerce.blog.hu/2014/01/27/megszolaltatott_felhangok

перед показом фильма в ЦЕУ. Моя первая претензия касалась визуального ряда. Зритель впервые слышит историю изнасилования в документальной части фильма, снятой в чёрно-белых тонах. Затем актёры реконструируют её в игровой части. Такой прием вызывает теоретические и методологические вопросы. Режиссёрка в интервью отвечала на них так: «Самым важным для меня было соблюсти меру. Я руководствовалась одним-единственным принципом: если об этом не расскажут они, об этом не расскажет никто. Нужно, чтобы зритель, случайно наткнувшись на фильм, не стал переключать канал. Для этого и были сняты художественные сцены, которые делают фильм более зрелищным. Понятно, что делать это нужно с осторожностью, чтобы не скатиться в пошлость».[423] Вызвало вопросы и то, что прозвучавшие в фильме воспоминания были сопоставлены с сегодняшней политической обстановкой. Комментарии депутата Европарламента от Венгерской социалистической партии и пожилых коммунистов, с моей точки зрения, были неуместны. Однако режиссёрка подчеркнула, что ей было важно показать, что некоторые люди и сейчас продолжают отрицать советские военные изнасилования. Наконец, мы не сошлись в оценках количества жертв из-за, как я сказала в предыдущей главе, методологических и этических сложностей таких подсчётов.

Одним из первых художественных фильмов на тему военных изнасилований стала лента Витторио де Сика «Чочара» (1960). Она посвящена зверствам французских имперских войск в Италии и повествует о событиях через призму расовых предрассудков. Этот фильм долгое время был своеобразной точкой отсчёта, указывая на то, что солдаты союзных войск на Западном фронте тоже были виновны в изнасилованиях. О фильме Шандора Шары «Обвинение» (1996) речь уже шла в начале книги. Немало картин затронули тему Нанкинской резни: Китаю было удобно использовать

---

423 Elhallgatott gyalázat: Nem merülhet feledésbe! Skrabski Fruzsina bűnről, büntetlenségről, megszálló hatalomról és tabukról. Magyar Nemzet, 2013. szept. 24. https://mno.hu/grund/nem-merulhet-feledesbe-1185943

воспоминания об этой трагедии в борьбе против Японии за политику памяти и геополитическое доминирование. Фильм известного китайского режиссёра Лю Чуана «Город жизни и смерти» (2009) имел огромный кассовый успех. Снятая в чёрно-белых тонах картина изобразила резню с точностью документального кино. Тема военного сексуализированного насилия также вдохновила международно известного китайского режиссера Чжана Имоу. Картина «Цветы войны» (2011) через стереотипные голливудские приёмы рассказывает о самопожертвовании нанкинских проституток. На фоне поворота в политике памяти в Германии появился фильм («Безымянная — одна женщина в Берлине», 2008) по мотивам упомянутого ранее анонимного дневника. Он с большим успехом шёл в кинотеатрах страны и за рубежом. [424] О переменах в политике памяти в Польше свидетельствовал фильм Войцеха Смажовского «Роза» (2011). Он рассказывает историю одинокой женщины из восточной Польши. Её муж погиб, и от насилия её спасает один из участников Варшавского восстания, скрывающийся от советских солдат. Польские монашки, родившие зачатых в результате насилия детей, стали главными героинями фильма Анн Фонтен «Непорочные» (2016). О фильме Марты Месарош «Аврора Бореалис: Северное сияние» (2017) я уже говорила.

Кино как художественная форма простетической памяти влияет на формирование коллективной памяти об изнасилованиях. Оно напоминает о забытом и рассказывает о женской истории в контексте изменений в политике памяти. Несмотря на то, что визуальная реконструкция событий по воспоминаниям свидетелей нормализует язык насилия, она также позволяет рассказать о проблеме и обсудить её.

Цифровой поворот

Свободный доступ к информации изменил то, как мы думаем о прошлом. Но какие последствия цифровая революция имела

---

424 Max Färberböck: Eine Frau in Berlin, 2008.

для темы, которую по многим причинам считали запретной? Что об изнасилованиях, совершённых советскими солдатами в Венгрии, думают пользователи сети?[425]

Свободный доступ к информации позволяет присваивать её себе. Цитирование и обсуждение существующего знания создаёт новое. Расширяется сообщество «историков», т. е. каждый становится сам-себе-историком. Это приводит к смене парадигмы в политике памяти. Наконец, историей, т. е. документальными свидетельствами и неоспоримой истиной, становятся опубликованные в сети устные истории и воспоминания.

Своим опытом — или опытом, который они выдают за свой — в публичном пространстве делятся пользователи Интернета. Они рассуждают об исторически значимых темах, хотя ещё недавно это было привилегией учёных. Изнасилования военного времени отличаются от других исторических тем, поскольку прежде практически не становились предметом профессионального изучения. В Венгрии эта дискуссия началась благодаря Интернету. Моя статья, опубликованная в «Историческом обозрении» в 1999 году, была оцифрована и размещена в сети одной из первых. Поэтому её часто цитировали на Интернет-форумах, где поднимали тему советского военного насилия. Пользователи либо делились ссылкой на исследование, либо его аргументами подкрепляли свою точку зрения. Были и те, кто отзывался о статье презрительно. Многие учёные пытались объяснить принципы распространения информации в социальных сетях и то, как они её связаны с офлайн-активизмом. Сетевая активность даёт человеку, сидящему у экрана компьютера, иллюзию реальной деятельности. Способствует активности и возможность сохранить

---

425 О войне за память между русскими и украинцами см. Zvereva, Vera: Historical Events and the Social Network "V Kontakte". East European Memory Studies 7 (2011) 1–6; Rutten, Ellen – Fedor, Julie – Zvereva, Vera (eds.): Memory, Conflict and New Media Web Wars in Post-Socialist States. New York – London, Routledge, 2013.

анонимность. Однако в таком случае эффект от поста заметен только внутри информационного пузыря пользователя.

Учёные-историки обычно интерпретируют источники в рамках бинарной оппозиции истина/ложь. Как я подметила в другой своей работе на примере памяти о событиях 1956 года, постмодернистский поворот, релятивизация истины и появление так называемых эго-документов привели к ревизионизму в исторической науке. [426] Для активности в Интернете характерна «избранная травма». Это травмирующий исторический эпизод, который пользователи «выбирают» и присваивают себе. [427] С этой точки зрения интересно сравнить две венгерские фейсбук-группы. Обе выступают за перенос памятника советским воинам с площади Свободы в Будапеште. При этом ими движут противоположные идеологические мотивы. В закрытой группе «Холокост и моя семья» состоит более 7 тысячи человек, тогда как у страницы, посвящённой популяризации фильма «Тихий стыд» и переносу памятника с площади Свободы, около 1 тысячи подписчиков. [428] Публикации последней в основном посвящены месту съёмок и резонансу, вызванному фильмом. Немногие подписчики были озабочены судьбой памятника, ещё реже они делились личными историями. С течением времени их интерес к теме значительно упал. Тем не менее, она важна, поскольку в последнее время венгерские мемориалы о Второй мировой войне едва ли можно назвать удачными. В ночь на 20 июля 2014 года безо всякой предварительной консультации венгерское правительство открыло памятник жертвам немецкой оккупации. За названием скрывалось желание властей уравнять всех жертв войны и переложить вину за Холокост на оккупационные немецкие войска. При этом они «забыли» о коллаборационизме венгров, геноциде и законах о преследовании евреев, принятых венгерским

---

426 Pető: Revisionist histories, „Future Memories" 41–51; Pető: Roots of Illiberal Memory Politics 42–58.

427 Volkan, Vamik D.: Transgenerational Transmissions and Chosen Traumas: An Aspect of Large-Group Identity. Group Analysis 34.1 (2001) 79–97.

428 Pető: «Hungary».

правительством до немецкой оккупации. Противники нового памятника воздвигли собственный мемориал в память о 450 тысячах депортированных евреях и в парке по соседству с ним регулярно проводят дискуссии.

Идентичность пользователей, которые оставляют в сети комментарии по теме, обычно опирается на неприятие всего советского. Советская армия для них — это дикая орда, вторгшаяся с Востока. Редко появляются посты, что изнасилование — это орудие войны и что венгерские солдаты тоже насиловали женщин на Восточном фронте. Напротив, преобладает мнение, что до советской оккупации жизнь была мирной и в какой-то степени идеальной. Тему Холокоста в Венгрии такие пользователи старательно обходят стороной. Споры на эти темы продолжились не на фейсбук-странице фильма «Тихий стыд», а в комментариях под моей статьёй на сайте Mandiner.hu. Сам факт коммуникационного жеста, т. е. наличия комментария, который все видят и могут прочитать, говорит больше, чем содержание сообщения. Оно же обычно сводится к оценке личности автора и не имеет отношения к теме статьи.

Комментарии в сети не формируют у читателя чёткого представления о причинах и обстоятельствах советского военного насилия. Историографию по теме тоже не назовёшь целостной, так как источники единичны и разрознены. Попавшие в сеть воспоминания — это «архивы выживания». Они не просто привлекают внимание к определённому опыту и способствуют тому, чтобы его признали в обществе. Это ещё и место рассказа и создания этого опыта. [429] У жертв изнасилований такого сборного «архива» нет. Их воспоминания не связаны друг с другом. Эта разрозненность усугубляет замалчивание проблемы.

В венгероязычной Википедии нет статьи под названием «Изнасилования, совершённые советскими солдатами». Ни слова о них и в статье «Похищения жителей Будапешта в 1945-

---

429 Wieviorka: The Era of the Witness 95-145.

м». Согласно венгерской Википедии, сексуализированное насилие есть по всему миру, но только не в Венгрии.[430]

Комментарии в Интернете включают ключевые элементы канонизированного нарратива о военных изнасилованиях — пьянство, часы, грабежи, насилие, грубость. Повторение — это часть коммуникации. С его помощью создается определённый исторический канон, воспроизводя который, участники дискуссии могут ощутить принадлежность к той или иной группе. Здесь важны не информированность и знания, а ощущение безопасности и защищённости при общении в Интернет-пространстве. Этот тип коммуникации называется фатическим (направленным на поддержание отношений), потому что при нём коммуникация строится без фактологической основы или отсылки к конкретному тексту. Исторический факт становится мнением. Комментирование в Интернете — это перформативное действие. Другими словами, важно не содержание, а среда. Рассказы о личном опыте повторяют знакомые элементы и топосы. Снова и снова мы слышим, что советские солдаты пьют одеколон и воруют часы, а женщины с перепачканными лицами спасаются бегством. Такая коммуникация, с одной стороны, легитимизирует обсуждение прежде запретной темы, а с другой, порождает «однобокие» воспоминания, в которых нет места определённым событиям. В частности, сегодня истории о «хороших» советских солдатах, которые делились хлебом, говорили на иностранных языках и играли на рояле, утратили свою привлекательность. Замолчали и те, для кого наступление Красной армии действительно означало освобождение и возможность остаться в живых.

Сетевая война за воспоминания — элемент дискурса политики безопасности, который в Венгрии имеет сложную форму. [431] С одной стороны, идеология «Фидеш» и

430 https://hu.wikipedia.org/wiki/Budapest_ostroma#K%C3%B6vetkezm%C3%A9nyek

431 Gaufman, Elizaveta: World War II 2.0: Digital Memory of Fascism in Russia in the Aftermath of Euromaidan. Ukraine Journal of Regional Security 10.1 (2015) 17–36.

Христианско-Демократической народной партии опирается на антикоммунизм, который они не стесняются использовать в повседневной политической борьбе с оппозицией. С другой стороны, из-за их пророссийских настроений тему изнасилований инструментализировали ультраправые. Они придают огласке преступления советских военных в Венгрии. Ещё больше усложняет картину то, что венгерские ультраправые тоже тесно связаны с российскими властями. Отчасти это привело к тому, что фильм «Тихий стыд», несмотря на приглашение, не попал в официальную программу лондонской конференции, посвящённой изнасилованиям военного времени, которую в июне 2014 года организовали Анджелина Джоли и Уильям Хейг. [432] Министерство иностранных дел Венгрии выразило настороженность относительно показа этой картины в других странах и её участия в кинофестивалях.

Положительную рецензию на «Тихий стыд» дала газета Washington Post. Интернет-пользователи оставили комментарии и к ней. Большинство из них посвящено зверствам русских солдат в Венгрии. Американские читатели венгерского происхождения благодарили судьбу, что в своё время им удалось бежать за океан, где они живут в мире и благополучии. Один из комментариев содержал ссылку на рецензию New Your Times на книгу Мэри Робертс, посвящённую «эпидемии насилия» в Нормандии. Но его автора тут же раскритиковали: «Русские были другими». [433] Другие пользователи вопрошали, зачем Washington Post пишет о фильме, который транслирует пропаганду ультраправого правительства Венгрии. Эти дискуссии хорошо иллюстрируют последствия экспорта информации о

---

432 Global Summit to End Sexual Violence in Conflict, 2014. www.gov.uk/gove rnment/topical-events/sexual-violence-in-conflict

433 Hunter, Lynn Joyce: 'Silenced Shame': Hungarian Women Remember War-time Rapes. The Washington Post, 2013. november 24. https://www.washing tonpost.com/blogs/she-the-people/wp/2013/11/24/silenced-shame-hunga rian-women-remember-wartime-rapes/?noredirect=on&utm_term=.3976ba 23b839

внутренних политических раздорах за рубеж. Поскольку обсуждение модерировалось, несколько комментариев были удалены. В них проводились параллели между преступлениями коммунистов и нацистов. Такое сравнение оказалось слишком радикально даже для толерантной Washington Post.

Прежде чем изучить, как насилие, совершённое советскими солдатами, представлено в Интернете, необходимо рассмотреть несколько идеализированную теорию украинского историка Мыколы Махортько. Согласно ей, Интернет в долгосрочной перспективе будет способствовать демократизации памяти. Но в Венгрии сетевая комммуникация не изменила коллективную память и не способствовала большей открытости общества. [434] Участники Интернет-дискуссий придерживаются поляризованных мнений, глухи к феминистской критике и не могут сформулировать свою точку зрения рационально, опираясь на нечто большее, чем ненависть ко всему советскому или дискурс политики безопасности. Более того, из-за запутанных российско-венгерских геополитических отношений ни один политический субъект в стране не в состоянии использовать Интернет как площадку для изменения политики памяти. Он будет только содействовать замалчиванию темы или распространению ригидных, стереотипных историй, чьё содержание не меняется от рассказа к рассказу.

Как я упомянула, телесный опыт изнасилования чрезвычайно трудно выразить словами. Человек словно отдаёт себя на суд других людей, и многое зависит от того, кому и когда рассказана история. К сегодняшнему дню сложились язык и нарративы для описания военного изнасилования. Истории, прозвучавшие в семейном кругу, с помощью Интернет-пользователей попали в публичный дискурс. Через комментарии и публикации в сети они распространяются

---

434 Makhortykh, Mykola: Remediating the Past: YouTube and Second World War Memory in Ukraine and Russia. Memory Studies (2017) Sept. 13, 1–16.

дальше. Но повествование в них разворачивается только в рамках уже существующих нарративов.

Общая идентичность формируется в процессе рассказывания историй. То же правило работает в сети. Цифровые архивы, хранящие сведения о травматичном опыте, способствуют созданию социальной группы.[435] Однако тема советских военных изнасилований не стала самостоятельным объектом интереса в Интернет-пространстве. Тематические веб-страницы, где пользователи аккумулировали бы свои мысли и впечатления, так и не появились. Комментарии к отдельным постам разрозненны и фрагментарны и потому не привлекают большого внимания. Онлайн-пространство, где можно поделиться травматичными воспоминаниями, становится местом политической борьбы за память. Такое место называют внимательным трибуналом (listening tribunal).

Существуют разные точки зрения на изнасилования военного времени. Но анализ сетевых публикаций и комментариев показывает, что в Интернете не оказалось места для диалога. Каждая размещённая в сети история индивидуальна и не взаимодействует с другими. Она словно живёт собственной жизнью. Обсуждение не выходит за рамки существующих аналитических фреймов («Советские солдаты шли на зверства сознательно»). Тех, кто предлагает более глубокий взгляд на вещи, критикуют, нередко переходя на личности. Иными словами, Интернет как новое виртуальное пространство не смогло сделать дискуссию о политике памяти более открытой и толерантной. Единственная цель Интернет-комментатора — ощутить принадлежность к виктимизированной группе. Личные воспоминания в этой картине отсутствуют: комментаторы описывают не свой, а

---

435   Arthur, Paul: Trauma online: Public Exposure of Personal Grief and Suffering. Traumatology 15.4 (2009) 65–75. Проект USHHM („Word is witness", «Слово как свидетель») и студенческие работы по курсу «Сохранение и толкование памяти о прошлом и социальная справедливость» (Preserving and Interpreting Knowledges of the Past and Promoting Social Justice) в ЦЕУ: https://www.youtube.com/watch?v=ui-Rc9syng&list=PLD42-FV_ylE1a980 nOoGGAUTbcuGwGdrB&t=61s&index=7.

чужой опыт, в том числе «со слов» непосредственных свидетелей событий. Таким образом, они опираются на парадигму об акте памяти как обязанности, построенной на моральной догме «Никогда не забудем».

Изначально разработанная, чтобы сплотить жертв Холокоста и дать им возможность высказаться, эта парадигма работает иначе среди тех, кто интересуется темой советского военного насилия, но не переживали его лично. Появляются группы, где делятся воспоминаниями о воспоминаниях, а не лично пережитых событиях. В таком случае пользователи стремятся не к демократизации общества и принятии прошлого, а к осознанию собственной исключительности.[436] Итак, Интернет не стал пространством для выстраивания демократической политики памяти и, как показывает анализ воспоминаний в венгерском сегменте, способствовал прямо противоположным процессам.

---

436 Об Интернет-сообществах памяти см.: Arthur: Trauma online.

Молчание и замалчивание

Историю военного насилия характеризует динамика молчания и замалчивания. Во время Холодной войны ореол святости вокруг советских солдат в Западной оккупационной зоне ослабевал, потому что там документировали совершённые ими преступления. Женщин изображали и жертвами войны, и её героинями. [437] В Восточном блоке, оккупированном Советским Союзом, ситуация была иной. В послевоенном патриархальном обществе принимали только «порядочных женщин». У большинства жертв не оставалось выбора, кроме как скрыть ото всех свою травму, чтобы соответствовать этому образу. О слабости и беззащитности женщин в тылу не говорили — только о героизме мужчин на фронте. Обсуждать насилие было непринято. От советских женщин ожидали, что они будут заботиться о семье и поддерживать буржуазные моральные ценности. Женщину саму считали виноватой в насилии: стоило получше прятаться, как более «удачливые» подруги, на чью долю не выпали домогательства. Та, которая отказывалась замалчивать факт изнасилования, рисковала собственной жизнью. Отец мог убить дочь, чтобы скрыть бесчестие. Несколько подобных случаев было зарегистрировано в Австрии.

Кто и почему поднимает тему насилия в публичном пространстве в наши дни? Причиной может быть желание изменить отношение к проблеме, добиться признания травматичного опыта или компенсаций. Последние бывают как персональные и финансовые, так и символические и общественные. В этом случае речь идёт об учреждении памятной даты или открытии мемориала в местах массовых изнасилований. Однако, почитая память исключительно о пострадавших женщинах, мы замалчиваем аналогичный мужской опыт. Получается, будто только женщины имеют право говорить о насилии и требовать преследования своих

---

437 Grossmann: A Question of Silence.

обидчиков. В контексте исторической науки это означает, что «полем битвы» за политику памяти становится именно женское тело.[438]

Общественная дискуссия о военных изнасилованиях началась на волне роста антикоммунистических настроений после Холодной войны. Эта дискуссия отразилась в произведениях искусства и работах феминисток. Нелиберальные изменения в политике памяти предоставили новые возможности тем, кто хотел рассказывать женские истории. Далее я проанализирую юридическую практику и политику памяти, которые были направлены на преодоление молчания об изнасилованиях военного времени.

Молчание и признание в юридической практике

Изнасилование — это уголовное преступление. Воинские уставы наказывают его за угрозу безопасности и нарушение субординации. Не допускают насилия и этические принципы. Несмотря на этот консенсус, даже в эффективной правовой системе жертвам бывает непросто наказать виновных. В мирное время до суда доходит небольшое количество дел. Это связано с продолжительностью и публичностью судебного производства. Сохраняется и риск судейской предвзятости. Правовые нормы, процедуры и профессиональный лексикон изначально сконструированы так, что автору насилия не составит труда обратить их себе на пользу.[439]

Поскольку солдат олицетворяет армию, форму которой носит, а армия — страну и народ, власти делают всё, чтобы сохранить преступление в тайне. Милитаризованная маскулинность — это основа армейского единства, и огласка военных преступлений плохо влияет на репутацию армии и снижает её боеспособность.

Общественный диалог о сексуализированном насилии начался именно с обсуждения возможностей его

---

438   Lim: Afterword 254.
439   Campbell, Kirsten: Legal Memories: Sexual Assault, Memory, and International Humanitarian Law. Signs 28.1 (2002) 149–178.

преследования. По армейскому уставу, виновного в изнасиловании солдата казнили на месте или предавали военному суду. Троп «защита женщин и детей» возник в Первую мировую войну, когда впервые в истории большие армии близко контактировали с гражданским населением во время военных действий. 3-я статья Женевской конвенции 1949 года урегулировала обращение с пленными разного пола – до того пленение женщин юридически было проблематичным вопросом (с этим впервые столкнулись во время Варшавского восстания). На положения конвенции опирались послевоенные расследования и суды. 2-я статья Конвенции о геноциде 1948 года провозгласила, что изнасилование — это преступление, направленное на предотвращение деторождения или моральное и физическое уничтожение группы людей путём убийства детей или препятствования деторождению. Военным преступлением изнасилование признали после расследования случаев массового сексуализированного насилия в бывшей Югославии в 1993–1994 годах. Этим мы во многом обязаны активисткам и активистам женского движения и правозащитникам. Изменить право им помогло эффективное использование научного знания.

Югославский прецедент вызвал волну апелляций по делам об изнасилованиях. В 1992 году Совет безопасности ООН создал Международный уголовный трибунал по бывшей Югославии. Он рассматривал преступления против человечности, опираясь на Женевскую конвенцию 1949 года. Понятие «преступление против человечности» появилось после Второй мировой войны во время Нюрнбергского процесса. После событий в Боснии изнасилование перевели из категории преступлений, оскорбляющих личное достоинство, в категорию систематических нарушений прав человека в военное время. Некоторые государства отразили это изменение в национальных судебных системах. Но из-за предвзятости её представителей и противоречий между законодательствами разных стран Международный уголовный трибунал по бывшей Югославии всё равно разбирал больше дел, чем местные суды. Конфликты между былканскими странами из-за гармонизации их законодательств можно было уладить, если бы все они признали сексуализированное насилие преступлением. [440] Практика Международного трибунала даёт представление о трудностях, с которыми связано наказание военного сексуализированного насилия. Несмотря на то, что 40 процентов дел, рассмотренных в трибунале, содержали признаки насилия, с виновных нередко снимали все обвинения. Далеко не всегда жертвы были готовы давать показания и убеждать судей в своей правоте, а свидетели — прерывать молчание. Распространённой причиной отказа от участия в изнурительных публичных процедурах были «традиции». Особенно часто закрывали из-за них дела в Сараево. Поскольку суды ещё не умели вести производство по делам о сексуализированном насилии, мужчины нередко давали показания вместо женщин. Друг или родственник мужского пола сопровождал почти половину женщин, свидетельствовавших в суде. Основной мотивацией бедных сельских женщин была денежная компенсация, которая могла стать единственным источником семейного дохода. Женщины прерывали молчание в первую очередь по экономическим причинам. Итак, согласно анализу судебной практики, успех дела зависел от степени гармонизации национального и международного права, ценностей и предрассудков юристов, а также гендерных стереотипов и экономических ограничений.[441]

Ситуация в Венгрии выглядела иначе. Находившиеся в стране с 31 августа 1944 года по 16 июня 1991 года советские войска не подчинялись местным законам. Венгерская историография практически не затрагивает экономическую и

---

440 Campbell, Kirsten: Rape as a "Crime against Humanity: Trauma, Law, and Justice in the ICTY. Journal of Human Rights 2.4 (2003) 507-515.

441 Mischkowski, Gabriela: The Trouble with Rape Trials. Views of Witnesses, Per-secutors and Judges on Persecuting Sexualised Violence during the War in the former Yugoslavia. Köln, Medica Mondiale, 2009. Мишковски изучает работу судов до 2009 года.

культурную историю этого периода, а также историю ментальности. [442] Недоступность советских источников, на которые можно было бы опереться в изучении темы, в этом случае кажется слабым оправданием. Венгерские военные историки ограничиваются тем, что анализируют, насколько действия Красной армии соответствовали военным уставам. До заключения перемирия советские военные находились в Венгрии на правах оккупантов. Их правовой статус определяла Союзная контрольная комиссия. Поскольку страна находилась под управлением военной администрации, на преступления солдат можно было пожаловаться только в советское военное управление. Это было рискованным предприятием: заявители нередко оказывались в сибирских трудовых лагерях.

Советские военные разместились в казармах, в которых ранее жили немецкие и венгерские солдаты. Подселение к гражданским сопровождалось постоянными конфликтами. В Кечкемете советские офицеры переехали в дома евреев, которые были отняты у владельцев или заброшены. Бывало, местных жителей выселяли из собственных квартир, но солдаты по каким-либо причинам их так и не занимали. Тем не менее, советское военное руководство не переставало беспокоить местные администрации по жилищному вопросу. Размещение советских военных легло бременем на гражданское население. Частично потребности армии закрывали за счёт имущества, оставленного евреями. Мебель и постельные принадлежности для военного госпиталя в Кечкемете собирали всем миром. 9 января 1945 года в пользу Красной армии у местных жителей изъяли 100 кроватей, 35 шезлонгов, 6 матрасов, 14 панцирных сеток, 30 соломенных матрасов, 18 простыней, 13 пледов, 16 одеял, 130 подушек и 25 маленьких подушек, 6 перин, 4 умывальника и 12 лампочек. 6 февраля 1945 года мэр Кечкемета написал главе 1-го района письмо с просьбой, чтобы правоохранительные органы

---

442 Отличный пример краеведческой работы о Кечкемете этого периода, которая опирается на местные источники: Lásd Rigó Róbert: Elitváltások évtizede Kecskeméten (1938–1948). Budapest–Pécs, Állambiztonsági Szolgálatok Történeti Levéltára — Kronosz Kiadó, 2014.

собрали для русских больниц следующие вещи: 200-300 кроватей с подушками, одеялами, простынями и соломенными матрасами, 50-60 штук лампочек, 60 квинталов досок для изготовления кроватей, 50-60 квинталов сена и 3 умывальника.[443] В Папе, где располагалась большая военная база, 4 апреля 1947 года проживало 950 советских офицеров, но они продолжал прибывать, и их нужно было где-то разместить. Тогда мэр Папы обратился к Генеральному секретарю Венгерской коммунистической партии Матьяшу Ракоши с просьбой, чтобы «прибывающие в Папу части не были столь многочисленны». [444] Что он имел в виду под «многочисленными», в письме не указано, но очевидно, что у венгров практически не было возможности отстоять свои интересы, в то время как потребности Красной армии были в приоритете.

В период между заключением перемирия и сентябрём 1955 года советские военные консолидировали своё положение в Венгрии. Они переехали в казармы и контролировали ситуацию в стране с военных баз (часто живя там без своих семей). Общение с представителями СССР было обязанностью и привилегией для членов Венгерской коммунистической партии. Оно нередко сулило экономические и политические выгоды. Советские советники в венгерской армии были практически незаметны, в частности потому, что умышленно ограничивали контакты с местными.[445] За порядком следили секретные советские службы, но военной полиции не было. Случаи, подобные тем, что я описала выше, обычно разбирали венгерские военные суды. Расследования не обходились без представителя советской армии, присланного командованием — и не за тем, чтобы помочь расследованию, а чтобы дать ему толчок в нужном направлении. После 1956 года армейские

---

443   Körzetvezetői jelentések. BKML IV. 1910/u Kecskemét th. város körzet-vezetőinek iratai 1944–1947. 1. doboz. Благодарю Роберта Риго, великодушно предоставившего свои материалы в моё распоряжение.

444   L. Balogh: „Törvényes" megszállás 401.

445   Baráth Magdolna: A szovjet tényező. Szovjet tanácsadók Magyarországon. Budapest, Gondolat, 2017.

подразделения обосновались в охраняемых микрорайонах и гарнизонах и практически перестали пересекаться с местными. [446] 29 мая 1957 года в газете партийной социалитической газете «Непсабадшаг» появилась заметка о законе № 54, принятом Советом министров Народной республики. Этот закон описал права и обязанности советской и венгерской стороны по содержанию советских военных, но сделал это так расплывчато, что в большей степени был выгоден СССР. Из-за этого время вывода советских войск между странами разгорится скандал. Венгрия потребует компенсации за то, что советские военные не только привели в негодность жилые помещения в военных городках, но и вывезли оттуда всё, что могли. [447] Советская сторона без стеснения вмешивалась в работу суда по делам, которые касались конфликтов между военными и гражданским населением. Истцов принуждали забирать заявления. Виновного могли перевести на другое место службы или отправить домой, но такое происходило только в крайнем случае.

Военные Красной армии со свойственным им имперским высокомерием и под влиянием советской идеологии смотрели на материальное имущество поверженных стран как на свою добычу. Победа над нацизмом только укрепила в них это ощущение. Они игнорировали местную правовую систему и её институты — для них все вопросы решали личные знакомства и блат. Венгерские коммунисты не могли защитить гражданское население. Они были поглощены демонстрацией своей лояльности к новым порядкам — это было нужно как для их собственного будущего, так и будущего страны. Полиция, которая находилась в подчинении коммунистов, время от времени пыталась воспользоваться своим доступом к вышестоящему руководству. Например, 10 декабря 1945 года капитан полиции Балатонфюреда написал Матьяшу Ракоши о

---

446 Molnár György: Megszállók a homályban. Beszélő online, 1. 9 (1996). http://beszelo.c3.hu/cikkek/megszallok-homalyban
447 О Красной армии в Венгрии см. BOSA HU OSA 300-40-1. 1588. doboz.

том, как один из местных жителей ранил топором советского солдата, ночью проникшего в его дом, и попросил вмешаться. 25 февраля 1946 года пришёл ответ от подконтрольной Советам Союзной контрольной комиссии: каменщик из Балатонфюреда ранил советского солдата из ревности, поэтому приговор — пять лет лишения свободы — вынесен на законных основаниях. То, что сопротивление насилию было расценено как преступление на почве ревности, показывает, что члены Комиссии всё же понимали, как устроена венгерская правовая система. Даже в наши дни случаи, когда мужчина убивает женщину, с которой состоит в значимой эмоциональной связи, классифицируют как преступление на почве ревности. Секретариат не стал обжаловать решение суда, а Ракоши — использовать своё «товарищеское» влияние, чтобы спасти каменщика из Балатонфюреда. Не стоит забывать, что к тому моменту иерархия внутри венгерской коммунистической партии ещё не сложилась. Венгерские коммунисты, пережившие советские «чистки», хорошо знали, что новая волна арестов может начаться в любой момент.[448]

То, как венгерская правовая система игнорировала дела о сексуализированном насилии, стоит сравнить с борьбой за память о так называемых «женщинах для утешения» — сексуальных рабынях в японских борделях в Южной Корее во время Второй мировой войны.[449] Споры вокруг этой истории не утихают по сей день. В октябре 2020 года посольство Японии даже хотело демонтировать памятную статую, установленную в берлинском районе Митте. Один из профессоров Гарварда опубликовал статью, вызвавшую огромный резонанс. Он утверждал, что женщины добровольно нанимались на секс-работу к японцам. Исследователи составили длинный список заблуждений, упомянутых в этом тексте.[450] «Женщинами для

448   BOSA HU OSA 408-1-3/9.

449   Kimura, Maki: Narrative as Site of Subject Construction. The "Comfort Women" Debate. Feminist Theory 9.1 (2008) 5–24. О положении в Северной Корее ничего не известно.

450   Amy Stanley, Hannah Shepherd, Sayaka Chatani, David Ambaras and Chelsea Szendi Schieder, "Contracting for Sex in the Pacific War": The Case for

утешения» называли тех, кого похитили, изолировали в закрытых помещениях и сексуально эксплуатировали до окончания Второй мировой войны японские солдаты. За годы войны от 70 до 200 тысяч женщин, 80 процентов из которых были родом из Кореи, оказались в сексуальном рабстве. [451] Публичные дома представляли как «подарок» японскому народу от японского императора. На самом деле они были средством достижения экономических и имперских амбиций с помощью насилия. Японские бордели — это государственный институт сексуального рабства. Он был создан с целью получения прибыли и просуществовал дольше всех себе подобных — с 1932-го по 1945-й годы. В 2018 году правительство Южной Кореи объявило 14 августа Международным днем памяти «женщин для утешения». Существуют польские источники, которые описывают, как советские солдаты для удовлетворения своих потребностей держали в плену польских девушек. Угроза пленения сохранялась до 1947 года. [452] О том, что польских женщин насильно удерживали в советских казармах как сексуальных рабынь, упоминали в быдгощском докладе для польского правительства в эмиграции.[453] Документ оговаривает, что это непроверенные сведения, но слухи несомненно влияли на формирование коллективной памяти.

Случаи непродолжительного принудительного удержания женщин зафиксированы в Венгрии (об этом упоминает и Алэн Польц). Массовые групповые изнасилования невозможно сравнить с японской развитой сетью сексуального рабства. Негативный отклик международной прессы на Нанкинскую резню и массовые

Retraction on Grounds of Academic Misconduct. The Asia Pacific Journal, Japan Focus https://apjjf.org/2021/5/ConcernedScholars.html, March 1, 2021, 19(5), 3, Article ID 5543.

451 Soh, Chunghee Sarah: The Korean" Comfort Women". Movement for Redress. Asian Survey 36.12 (1996) 1226–1240; Chinkin, Christina M.: Women's International Tribunal on Japenese Military Sexual Slavery. The American Journal of International Law 95(2) (2001) 335–341.

452 Zaremba: Wielka Trwoga.

453 Ostrowska–Zaremba: „Kobieca gehenna".

изнасилования подстегнул японское правительство ускорить работу над созданием сети солдатских публичных домов. Женщин привозили не только из оккупированных стран, но и Японии. Такие «поставки» были тщательно организованы. Как я упоминала, публичные дома для офицеров и заключённых лагерей смерти существовали и в нацистской Германии. Но немецкие и японские официальные лица до сих пор хранят молчание об этой странице истории своих государств. Будет ли оно прервано, не в последнюю очередь зависит от геополитической обстановки.[454]

Впервые публично говорить о военных изнасилованиях в Венгрии и Корее стали как раз на волне геополитических изменений. В Венгрии толчком для этого послужил вывод советских войск, а в Южной Корее — окончание Холодной войны, во время которой страна была вынуждена поддерживать добрые отношения с Японией. Поднимать тему военного насилия гражданскому обществу и женскому движению в Южной Корее запрещали под угрозой тюремного заключения вплоть до смерти японского императора Хирохито в 1989 году.

Пострадавшие женщины утаивали правду о своём прошлом, как правило, виня себя в насилии, которое пережили. Впервые о японских публичных домах в Южной Корее заговорили только в 1990-х годах. До того южнокорейский официальный дискурс повторял японский. Жертв насилия считали проститутками или секс-работницами, которые добровольно взялись за хорошо оплачиваемую работу. Женские консервативные организации после Женского трибунала [455], прикрываясь «защитой женского достоинства», заявили, что кореянки оказывали секс-услуги по своей воле. Это соответствовало действительности

---

454   Soh, Chunghee Sarah: The Comfort Women: Sexual Violence and Postcolonial Memory in Korea and Japan (Worlds of Desire: The Chicago Series on Sexuality, Gender, and Culture). Chicago, University of Chicago Press, 2008.

455   Речь идёт о Женском международном трибунале по военным преступлениям, связанным с сексуальным рабством в японской армии. – *Прим. ред.*

только в некоторой степени. Среди бедных сельских женщин из патриархальных семей были те, кто поверил обещаниям японских военных, будто работа в публичном доме изменит их жизнь к лучшему. Как правило, из оккупированных деревень женщин увозили под дулом автомата. В Венгрии тоже хорошо понимали, для чего советские солдаты ищут «добровольцев» на чистку картошки, а в Польше — зовут ухаживать за ранеными.[456] Женщин ссылали в трудовые лагеря независимо от того, насиловали их или нет.

Сравнивая корейских «женщин для утешения» и заключённых трудовых лагерей, стоит обратить внимание на действия государства. Корейских секс-рабынь называли «женщинами для утешения», поскольку не считали их «нормальными» проститутками. По мнению Элейн Скэрри, пытки и отсутствие контроля над собственной жизнью превращали женщин в «живые трупы». Власти Японии утверждали, что забирали только тех, кто соглашался работать добровольно в надежде на хорошую зарплату. Со временем этих женщин зачисляли в армию. Армейскому персоналу не положены компенсации. Организации гражданского общества настаивают, что между секс-рабынями и секс-работницами существует разница, поскольку последние теоретически могут выбирать, когда и как им работать. Спор о терминологии — не более чем тактический приём, который преступники используют, чтобы выиграть время. Пострадавшие женщины постепенно уходят из жизни. Кореянки, выжившие в японских военных борделях, активно участвовали в политической борьбе за память о «женщинах для утешения». Их участие делало борьбу легитимной в глазах общества. В этом отличие корейских женщин от венгерских. 6 февраля 1996 года ООН осудила японскую систему «женщин для утешения». Но лишь в 2000 году был учреждён Женский международный трибунал по военным преступлениям, связанным с сексуальным рабством в японской армии (Women's International War Crimes Tribunal on Japan's Military Sexual Slavery). Позже при Женском

---

456   Zaremba: Wielka Trwoga.

трибунале открыли музей, посвящённый корейским секс-рабыням.[457] Создание Женского трибунала — это результат активной работы, которая позволила правозащитному движению сформировать свой собственный дискурс.[458] Цель движения — добиться статуса жертв для «женщин для утешения» и признания Японией ответственности за нарушение прав человека (именно это представляет собой насилие).[459] Трибунал стремится наказать виновных, чтобы приблизить установление гендерной справедливости. Он появился благодаря тем, кого стремление к международной солидарности мотивировало идти дальше национальных институтов права.[460] Император Хирохито (1901–1989), правивший Японией во время Второй мировой войны, не предстал перед судом в 1946 году. Таким образом было решено умиротворить Японию на фоне начинавшейся Холодной войны. Сегодня Женский трибунал считает, что Хирохито несёт личную ответственность за организацию системы сексуального рабства. Однако мнения активистов по этому поводу разделились. Некоторые настаивают на ответственности структур, которые способствовали созданию сети военных борделей. Южнокорейское политическое движение возглавляют женщины, которые получили католическое или протестантское образование и принадлежат к местной элите.[461] Отличие венгерского женского движения от корейского в том, что оно слабо и не вмешивается в борьбу за политику памяти.

Корейский и венгерский опыт объединяет то, насколько тяжело получить доступ к документам по их теме. Японцы уничтожили все свои письменные свидетельства о сексуальном рабстве. Однако нашлись источники в странах Юго-Восточной

---

457 Soh: The Korean „Comfort Women"; Chinkin: Women's International Tribunal.
458 Chinkin: Women's International Tribunal.
459 Tai, Eika: Museum Activism against Military Sexual Slavery. American Anthropologist 39.1 (2016) 35–47.
460 Tai: Museum Activism.
461 Soh: The Korean „Comfort Women".

Азии, которые во время Второй мировой войны попали в японскую зону оккупации.[462] Несмотря на то, что венгерские исследователи до сих пор не могут вести поиск в военных архивах России, есть надежда на открытие украинских.

Кроме того, можно найти общее в том, как в Корее и Венгрии проходил первый этап борьбы за признание проблемы военного насилия и восстановление исторической справедливости. В обоих странах в качестве альтернативного источника информации прибегнули к показаниям свидетелей. Напомню, что в Венгрии лишь небольшое количество свидетельств принадлежит тем, кто знает о насилии не с чьих-то слов, а непосредственно пережил его. Нередко о произошедшем вместо женщин рассказывали мужчины. Сторонники интенционалистского подхода в Корее и Венгрии, используя эту тактику, лишили женщин субъектности и дееспособности. Так они дают понять, что в их представлении женщина не может выделяться из гомогенной группы жертв.

В Японии молчания пострадавших пытались добиться другим способом. Преступники указывали на противоречия в их устных свидетельствах. Корейские исследователи, прежде чем обнародовать показания, обычно тщательно их редактировали. Кроме того, показания менялись в зависимости от собеседника и обстоятельств интервью. Женщины нередко доверяли свои истории исключительно друг другу в том числе потому, что боялись бросить вызов мужчинам, которые доминировали над обществом, но ничего не сделали для их защиты. В Венгрии женщины прибегали к формализованному нарративу, чтобы описать опыт насилия.

Сравнение опыта двух стран показывает, почему в Венгрии сами жертвы обычно не говорят об изнасиловании. Процесс дачи свидетельских показаний превращает женщину в говорящий субъект. В Венгрии, где, в отличие от Южной Кореи, показания нередко давали мужчины, женского говорящего субъекта так и не появилось. В обеих странах

---

462   Soh: The Korean „Comfort Women".

наблюдалась медикализация — процесс, когда последствия насилия рассматривают исключительно в контексте охраны общественного здоровья, а не права или психологии. В Венгрии обществу угрожало то, что женщины заражались венерическими болезнями. Противоречия в показаниях южнокорейских женщин, записанных в разное время, были следствием посттравматического стрессового расстройства, которым они страдали во время следствия. Единственным дискурсом, которым могли воспользоваться жертвы насилия, чтобы объяснить своё состояние, был медицинский дискурс о психических расстройствах. Благодаря второй волне феминизма появился структуралистский подход к насилию, в рамках которого оно считается орудием войны. Он дал толчок к анализу проблемы с позиций постколониальных теорий. Южнокорейские женщины, пережившие насилие в военных борделях, наконец получили возможность открыто и не теряя достоинства говорить о своём прошлом. В Венгрии такая нарративная позиция отсутствует. Положение венгерских женщин делают неоднозначным преступления венгерских войск в Советском Союзе. Но южнокорейских женщин подобная критика в адрес армии Южной Кореи за участие в войне во Вьетнаме не остановила. Благодаря их борьбе появилось общее понимание характеристик милитаризма, в частности военной маскулинности. В Венгрии женщинам ничего не остаётся, как говорить о себе из позиции жертвы. Здесь не сформировалось альтернативы представлению о русском солдате как «насильнике с азиатскими корнями». Женщины отстраняются от собственного опыта, рассказывая о нём так, будто его пережил кто-то другой.

Трагедия южнокорейских женщин получила международное правовое признание благодаря тому, что их поддержали местные католические элиты. Не последнюю роль сыграла возможность получить финансовую компенсацию. Ранее судебное разбирательство по делу о 35 секс-рабынях вели голландцы. Южнокорейские женщины не шли в суд, опасаясь, что из-за своего прошлого не смогут выйти замуж.[463] В Индонезии открыли 50 домов престарелых для бывших «женщин для утешения», оставшихся без родственников, которые могли бы о них заботиться. В Южной Корее им выплачивают военную пенсию и другие денежные компенсации. В Венгрии вопрос о подобной поддержке не поднимался, да государственные институты и не были в этом заинтересованы. Табу на обсуждение темы «женщин для утешения» в Южной Корее исчезло, когда проблему признали на инстуциональном, правовом и экономическом уровне. Женщины приобрели более социально приемлимую идентичность как жертвы военного насилия. Однако южнокорейские власти, как, к слову, боснийские и косовские, изначально не стремились к такому результату. Насилие над женщинами — это всегда унижение для мужчин, и правительства, где им принадлежит большинство, имеют тенденцию думать о будущих, а не прошлых обидах. В 1995 году власти Японии выразили сожаление о содеянном, будучи под международным давлением во время создания Фонда азиатских женщин (Asian Women's Fund). [464] Язык, который использовали японские официальные лица, отразил изменения в публичном дискурсе. Было принято решение выплатить компенсации 240 женщинам. Ею воспользовались только 80. Власти Южной Кореи развернули общественную кампанию, утверждая, что правительство Японии соглашается на выплаты отдельным женщинам, чтобы отвлечь внимание от системного характера насилия, поощряемого государством.

Женщине дорого обходится наказание своего обидчика. Если военное насилие как продукт милитаризма всегда обсуждают в контексте политики и геополитики, то домашнее просто замалчивают. Не проведено анализа его причин. Режимы видимости/невидимости насилия — это

---

463   Soh, Chunghee Sarah: Human Rights and the "Comfort Women". Peace Review 12.1 (2000) 123–129.

464   Фонд азиатских женщин был создан правительством Японии в 1994 году для выплаты компенсаций бывшим «женщинам для утешения». – *Прим. ред.*

политический инструмент в руках тех, кто о нём говорит. Но рассказ о насилии, который не включает обсуждения его структурных причин — это порнография, которая только поддерживает символический порядок, замалчивающий насилие. Именно против того, чтобы дискуссия о насилии развивалась в таком ключе, борются его жертвы и активисты.

Улучшить положение пострадавших от массовых изнасилований в Венгрии могли бы комитеты по установлению истины. Они должны быть институтами местного, низового уровня и вершить правосудие на основе фактов, собранных в конкретной местности. При этом формализовывать процедуру сбора данных необязательно. Деятельность таких комитетов привела бы к созданию новых нарративных форм. Привычный порядок расследования случаев насилия не всегда работает из-за срока давности и их массовости. [465] Женское движение должно участвовать в формировании политики памяти. Однако в Венгрии, где новая парадигма памяти уже изменила общепринятые нарративные фреймы, это невозможно.

Вместо памятника

После прочтения этой книги может показаться, что в Европе до сих пор нет памятника женщинам, изнасилованным во время Второй мировой войны. Но в 2013 году в Гданьске появилась композиция под названием «Иди сюда, женщина». Её без разрешения властей установил скульптор Йежи Богда Шумчик. Памятник изображает советского солдата, который надругается над беременной женщиной, приставив к ней дуло пистолета. Скульптор намекает на месть, которая двигала военными, совершающими насилие над немками и польками. Шумчика арестовали и некоторое время удерживали в изоляторе. Памятник, несмотря на протесты местных жителей, вскоре демонтировали из-за отсутствия официального разрешения.

---

465 Bakiner, Onur: One Truth Among Others? Truth Commissions' Struggle for Truth and Memory. Memory Studies 8.3 (2015) 345–360.

В 2019 году свой мемориал появился в Венгрии. Непосвященный человек, взглянув на него, едва ли поймёт, о чём он. На бронзовой доске, установленной на стене здания в Чонграде, изображена обнажённая длинноволосая молодая женщина. Она пытается прикрыть свою наготу сложенными у груди руками, а к ней со всех сторон тянутся угрожающие руки. [466] «И отрёт Бог всякую слезу с очей их», – гласит выгравированная на мемориальной доске цитата из «Откровения» (гл. 21, 3-4). Памятник удалось открыть именно потому, что его послание было «закодировано» в цитате. Об открытии доски написали только в местной прессе.

Задумал и профинансировал создание мемориала экономист на пенсии Йожеф Ботош, претворил в жизнь мужчина-скульптор и торжественно открыл мужчина-мэр. Справедливо будет добавить, что на открытии, как отметил мужчина-журналист, присутствовала женщина: «Устанавливая этот мемориал, мы преклоняем голову перед женщинами и человеческим достоинством. „Их жертва была святой“, – заявила жена патрона». У жены патрона есть имя. Её зовут Ботош Каталин, и она министр без портфеля в правительстве Венгерского демократического форума. Вопросы, почему жертва женщин была святой и почему она была принесена, остались открытыми. Но на венгерском языке появляется всё больше источников, которые пытаются на них ответить.

29 января 2020 года на заседании городского совета Будапешта было принято решение 62/2020 (01.29). Оно содержало рекомендацию к «профессиональной подготовке к установке памятника женщинам, изнасилованным во время войны, и к разработке художественного проекта и выборе места установки памятника жертвам военного насилия после профессиональной (художественной и исторической) и общественной консультации». Власти обещают учесть мнение

---

466   Majzik Attila: Hadd legyenek ők is tiszták, hősők, szentek, delmagyar.hu, 2019. Febr 24. Hadd legyenek ők is tiszták, hősők, szentek! - Csongrádi nők kaptak emlékművet | DÉLMAGYAR Csongrád, Csongrád és környéke (delmagyar.hu).

профессионального сообщества, дать средства на реализацию проекта и обеспечить прозрачность процесса. Рекомендацию городского совета утвердила широкая коалиция. Это значит, что большинство от оппозиции поддержало меньшинство от правительственной партии. Кажется, это первый в истории Венгрии подобный случай в вопросах, касающихся политики памяти.

Памятная доска жертвам насилия. Чонград, Венгрия

Проект должен продлиться три года. Он может стать важной площадкой для продолжения общественного диалога о военном сексуализированном насилии. Представители разных политических взглядов вошли в координационный совет проекта. На его сайте размещены важные документы, сведения о мероприятиях, списки источников и венгерских и зарубежных научных публикаций, художественных произведений и интервью по теме.[467] Проект ведется на базе столичного архива Будапешта, в котором собраны частные документы, источники, дневники, письма и мемуары о Второй мировой войне. Это начинание, возможно, изменит фреймы

---

467 www.elhallgatva.hu

политики памяти. [468] Проект важен ещё и потому, что мемориалы событиям Второй мировой войны, установленные в Венгрии в последнее время, едва ли можно назвать удачными. Памятник жертвам немецкой оккупации над подземным гаражом на площади Свободы в Будапеште установили без предварительных консультаций с гражданским обществом в ночь на 20 июня 2014 года. Однобокое понимание концепции памяти, воплощённое в этих памятниках, появившихся в отсутствие социального консенсуса, вызвало серьёзные споры.[469] После выхода фильма Фружины Шкрабшки идея памятника венгерским женщинам, изнасилованным советскими солдатами, витала в воздухе. Выше я рассмотрела вопросы, связанные с визуальной репрезентацией насилия. Время задуматься о том, как стоит говорить об историческом факте или событии, которое пока не приобрело своей визуальной репрезентации.

Первый возможный ответ — визуальная память не нужна вовсе. Этой точки зрения придерживается Сюзан Зонтаг. Она утверждает, что, потребляя визуальные образы насилия, мы поддерживаем визуальную культуру насилия. Само разглядывание подобных образов — уже акт насилия.[470] Таким был и один из доводов в пользу демонтажа памятника в Гданьске. Прибегнула к этому аргументу и я, когда просила Арпада Раца не публиковать в «Рубиконе» фотографию, упомянутую в предыдущей главе. По этой причине многие вполне обоснованно осудили сцену из фильма Фружины Шкрабски, в которой актёры (пусть и с максимальной оглядкой на этические нормы) воспроизводят ситуацию изнасилования. Это способствует воспроизводству цикла насилия и его визуальной культуры.

Некоторые дошедшие до нас фотографии Второй мировой войны мы можем проанализировать с опорой на

---

468 Andrea Pető, The New Monument of Victims of Military Sexual Violence in Budapest. Hungarian Studies Review 2021.2. Vol 48. pp. 209-216.

469 Подробнее о памятнике: Pető: „Hungary 70".

470 Sontag, Susan: Regarding the Pain of Others. New York, Farrar, Straus and Giroux, 2003.

данные, которые стали доступны совсем недавно. Иконография художественных произведений не может быть оторвана от историй, которые рассказывают жертвы. Так было и с созданием памятника «Иди сюда, женщина». Случай насилия, произошедший с одной венгерской женщиной, реконструировала с помощью актёров Фружина Шкрабски. Иными словами, реконструкции, которые опираются на устные истории, становятся визуальной репрезентацией реальности в отсутствие других визуальных образов.

Существуют разные стратегии создания памятников жертвам насилия во время Второй мировой войны. Музей памяти женщин, угнанных в сексуальное рабство в Японию — только один из примеров. В Военном музее Японии первое текстовое упоминание института сексуального рабства времён Второй мировой войны относится к 1998 году. Тайваньский музей «Ама», увековечивший память «женщин для утешения», открыли 8 марта 2016 года в присутствии одной из пострадавших, 92-летней Чэнь Ленхуа. «Ама» в переводе означает «бабушка» — так на Тайване называют жертв секс-рабства. Из почти двух тысяч человек пострадавшими официально были признаны 58. Из них в момент открытия музея были живы три. Всем было за 90. НПО «Тайбэйский фонд спасения женщин» содержит музей за счёт благотворительных взносов.[471] В 2007 году в Шанхае открылся центр исследований темы «женщин для утешения», а 2016 году — музей. Годом ранее такой музей заработал в Нанкине.

В 2017 году в Сеуле объявили о создании музея войны и прав женщин под названием «Дом диалога». Там подчеркнули, что общество не должно забывать о болезненном прошлом, как под предлогом заботы о национальной безопасности того желает Япония. И хотя корейское правительство преследует собственные политические интересы, открывая этот музей, ключевая роль в проекте

---

471 A Taiwanese rights group opens a comfort women museum in Taipei". The Japan Times, 10 December 2016. https://www.japantimes.co.jp/news/ 2016/12/10/national/taiwanese-rights-group-opens-comfort-women-museu m-taipei/#.WrEziqjwY2w

принадлежит именно активистам движения за сохранение исторической памяти. Южнокорейские гражданские инициативы занимаются проблемой символической и правовой компенсации жертвам секс-рабства при негласной поддержке властей ещё с 1990-х годов. Проект «Дома диалога» предусматривает открытие музея, здание которого вместит храм и общественное пространство для нетворкинга. Сакральность памяти и прощения будет подчёркнута в открытии архива. Он должен стать инструментом борьбы за социальные права. Он будет не просто местом хранения документов, а так называемым «зеркальным архивом» (confrontational archive), где с помощью исторических источников будут рассказывать, как работает процесс замалчивания. Цель музея — дать новую оценку событиям прошлого с помощью правдивых рассказов, активного участия в формировании политики памяти, проведения интервью, исследования архивов, обучения и просвещения. По планировке он напоминает планировку церкви: сакральность — ключевой мотив экспозиции. На большой карте обозначены места, где женщин держали в сексуальном рабстве; также можно прочесть личные истории каждой. Однако музей вопреки собственному замыслу рассказывает только о «достойных женщинах» — тех, кого японцы увели силой. Так стирается память о секс-работницах, которые пошли за ними добровольно.

С 2013 года памятник южнокорейским секс-рабыням есть в калифорнейском Глендейле. Эта статуя — точная копия той, которую в 2014 году открыли в Сеуле у здания посольства Японии, несмотря на протест японского правительства. Пустой стул рядом со фигурой одетой в традиционный костюм женщины отсылает к похищению и отсутствию слушателей, готовых выслушать её историю. [472] Такого же размера памятник разместили в 2017 году в сеульском автобусе. Пассажиры могли сесть рядом с фигурой одинокой женщины. В памятную дату 14 августа похожие статуи «посадили» ещё в

---

472   Tai: Museum Activism.

пяти автобусах, а затем установили в других городах страны. Правительство Японии снова выразило протест.[473] В 2015 году корейские и японские власти подписали соглашение. В нём Япония приносила извинения и обещала выплатить южнокорейским женщинам 8,3 млн долларов в качестве компенсации. Его исполнение, однако, откладывается. Одна из причин связана с личностью нового президента Южной Кореи Джейн Мун (Мун Чжэ Ин)[474], юриста и правозащитника, требующего расследования нарушений прав человека. С его вступлением в должность геополитическая борьба между странами возобновилась. Когда в Сеуле началось строительство музея, Япония отозвала своего посла для консультаций.[475]

В 2017 году в живых оставались 37 бывших южнокорейских секс-рабынь. Памятники и музеи как объекты «вторичного свидетельствования» создают новых свидетелей далёких событий Второй мировой войны. Результатом этого процесса стало открытие в 2017 году монумента в память о «женщинах для утешения» в Сан-Франциско. Он изображает взявшихся за руки девушек из Южной Кореи, Китая и Индонезии. Жест символизирует их общую долю — сексуальное рабство в колонизировавшей их страны Японии. Но читается в нём и взаимная поддержка. После установки статуи Осака отказалась быть городом-побратимом Сан-Франциско. Этот пример ещё раз подтверждает, насколько связаны в наши дни эмоции, геополитические установки и военные мемориалы. Реконструировать общность памяти в Южной Корее сегодня помогают почти 80 памятников секс-рабыням.

---

473 McCurry, Justin: "Buses in Seoul install 'comfort women' statues to honour former sex slaves". The Guardian, 16 August 2017. https://www.theguardian.com/cities/2017/aug/16/buses-seoul-comfort-women-statues-korea-japan

474 Занимал этот пост с 2017-го по 2022-й год. – *Прим. ред.*

475 "South Korea to build 'comfort women' museum in Seoul". The Indian Express, 11 May 2018. http://indianexpress.com/article/world/south-korea-to-build-comfort-women-museum-in-seoul-4744198/

В Косове памятники изнасилованным женщинам появились в рамках двух творческих проектов, которые ссылались на разные политические парадигмы. В 2015 году открыли барельеф, на котором из 20 145 монет было выложено женское лицо. Надпись на барельефе гласит: «В память о самопожертвовании и вкладе всех албанских женщин в Косовскую войну 1998–1999 годов и о жестоком преступлении — изнасиловании почти 20 тысяч женщин солдатами сербской армии». Второй памятник, инсталляция Алькеты Джафы Мрипа «Думаю о тебе», появился в том же году. Выглядел он так. На футбольном стадионе, символизировавшем маскулинность, на 45 верёвках развесили сушиться 5 тысяч предметов одежды. Пострадавшие женщины и их родственники собирали одежду по всей стране. Они хотели донести мысль, что жертвы насилия не виноваты в том, что с ними произошло. [476] Так, первый памятник увековечивает память пострадавших от массовых изнасилований в рамках интенционалистского подхода к политике памяти, а второй — структуралистского.

В 2017 году памятник женщинам, оказавшимся в секс-рабстве во время Второй мировой войны, открыли на Филиппинах. Бронзовая статуя изображает женщину с завязанными глазами и в развевающемся платье, которая прижимает руки к груди в знак отчаяния. В конце апреля 2018 года памятник демонтировали — по официальной версии, на время ремонта пролегавших в этом месте под землёй труб. Министр внутренних дел Японии, в январе того года приехавший в Манилу с визитом, несмотря на протесты женских организаций, дал понять: пока монумент стоит, экономические связи между двумя странами развиваться не будут. Если в январе президент Дутерте заявлял, что не может игнорировать гражданское общество, по чьей инициативе появился памятник, то к апрелю его точка зрения изменилась.

---

476 Tren, Mark: "Dresses on washing lines pay tribute to Kosovo survivors of sexual violence". The Guardian, 11 June 2015. https://www.theguardian.com/world/2015/jun/11/kosovo-sexual-violence-survivors-art-dresses

Статую демонтировали на неопределённое время. [477] Она хранилась в студии скульптура, но позже её оттуда украли.[478]

В Венгрии выбрали иной путь. Здесь призывают открыть мемориал жертвам коммунизма в память о пострадавших от «двойной оккупации». С инициативой установить памятник жертвам ГУЛАГа в форме чёрного обелиска выступила гражданская организация «Союз бывших венгерских политических заключенных и узников трудовых лагерей в Советском Союзе» (Szorakész). Четыре стороны обелиска символизировали бы четыре группы жертв: венгерских немцев, политических заключённых, военнопленных и угнанных в трудовые лагеря гражданских лиц. Этот памятник мог бы напоминать и о жертвах военного сексуализированного насилия. Но из-за политических споров до сих пор не определено даже место, где он появится. После институционализации нелиберального поворота и канонизации теории «двойной оккупации» в политике памяти венгерское правительство возложило вину и ответственность за военные преступления на тех, кто оккупировал страну во время войны. Тем самым власти предают молчанию факты о коллаборационизме венгров и изменяют фреймы политики памяти. Аналогичные процессы наблюдаются в Украине и Польше, где принята этноцентричная политика памяти. Она умалчивает о тёмных страницах прошлого, особенно тех, о которых сохранилось много противоречивых воспоминаний. Иными словами, нарратива и институциональной системы, в которой бы гармонично сочетались национальная историография и воспоминания разных групп жертв, пока не существует. Нет и гражданских инициатив, которые бы работали над сохранением противоречивых воспоминаний.

477　"New 'comfort women' memorial removed from thoroughfare in Manila under pressure from Japanese Embassy". The Japan Times, 8 December 2018. https://www.japantimes.co.jp/news/2018/04/28/national/politics-diplomacy/new-comfort-women-memorial-removed-thoroughfare-manila-pressure-japanese-embassy/#.WuguboiFM2w

478　https://www.reuters.com/article/us-philippines-japan-comfortwomen-idUSKBN1F114Q

Память работает на нескольких уровнях: локальном, национальном, региональном и транснациональном. Их совокупность отражает разнообразие воспоминаний. Но политическая природа исторической памяти такова, что в борьбе за влияние на неё преимущество оказывается на стороне тех групп и нарративов, которые пользуются поддержкой государства.

Бесчувственная иконография гданьского мемориала и чрезмерная эмоциональность памятников корейским секс-рабыням только подчёркивают и усиливают женскую уязвимость. Скульпторы создают свои произведения, опираясь на воспоминания пострадавших, которые могут рассказать о пережитом только с позиции жертвы. Иногда их истории остаются незамеченными, как в случае с венгерским барельефом. Остаётся ждать, пока появится памятник, при формулировке замысла которого будет учтено общественное мнение и инновационные подходы.

Россия: ненаписанная история

1989 год принёс новые интерпретации событий Второй мировой войны.[479] Переоценивая деятельности победоносной и «безупречной» Красной армии, историки прикоснулись к ранее запретным темам, в том числе к теме военного насилия.[480] Политические перемены привели к тому, что в странах Восточного блока узнали о преступлениях советской армии против женщин.

Осенью 1944 года газета «Советский воин» объявила конкурс. Условие — объяснить, почему все немецкие солдаты должны быть убиты. Не переоценивая свободу прессы и слова в сталинском СССР, интересно ознакомиться с присланными на конкурс письмами. Каждое из них содержало историю личной мести.[481] Месть служила оправданием доступа к женщинам из враждебных стран. Особенно беспощадно военные расправлялись с теми, кто сотрудничал с оккупационными немецкими властями. О жестокости советских солдат сохранилось много воспоминаний. Женщин насиловали в присутствии родственников мужского пола, чтобы их позор был сильнее.[482] В бесчинствах участвовали партизанские отряды, контролировать которые было сложно, поскольку они не не входили в состав регулярных частей. При этом сильнее всего угроза насилия была для евреек-партизанок.[483]

Есть связь между случаями массового насилия над венгерскими женщинами и тем, как советские солдаты в Венгрии отнеслись к материальному имуществу. На территории страны, которую практически не затронула война, части Красной армии оказались после длительных боёв.

---

479 Lásd Stelz-Marx, Barbara: Stalins Soldaten in Österreich. Die Innensicht der sowjetischen Besatzung. Wien–Köln–Weimar, Böhlau Verlag, 2012.

480 Ungváry: Budapest ostroma 331.

481 Цитаты см. в Burds: Sexual Violence 51–53.

482 Nesaule, Agate: A Woman in Amber: Healing the Trauma of War and Exile. London, Penguin 1995.

483 Burds: Sexual Violence 59.

Поскольку венгерские города пережили бомбардировки союзников, то, что открылось глазам военных, было несопоставимо с ущербом, нанесённым немецкой армией Советскому Союзу. В Венгрии солдаты наконец получили доступ к материальным благам и даже могли ими завладеть. Конфискация и отправка в Советский Союз трофеев с оккупированных территорий проходила быстро и организованно. Среди солдат сложилась своеобразная неформальная экономика. Украденные вещи переходили из рук в руки, а потом отправлялись домой родным в посылках. Почти 30 миллионов солдат участвовали в этом неформальной обмене. В декабре 1944 года советское Министерство обороны выпустило указ, который разрешил каждый месяц отправлять на родину по одной посылке. Её размеры зависели от поведения военнослужащего и его ранга. За один раз можно было отправить от 5 до 16 кг. Этот указ, по сути, был призывом к открытому грабежу. Солдаты забирали не только продукты, а всё, что можно было унести, понимая, что на обескровленной войной родине не будет потребительского рая. Хорошо продуманная по составу посылка могла заложить основы экономического благополучия семьи. Товары из Восточной Европы, в том числе велосипеды, одежда и шляпы, оказались в самых удалённых уголках Советского Союза. Огромный объём посылок вызвал хаос на почте и интерес воров. Поэтому военные ценили небольшие вещи, особенно часы. Они стали настоящей неформальной солдатской валютой. Рационализм солдатской экономики никак не отразился на коллективных воспоминаниях венгров о советской оккупации. Для них советские солдаты так и остались наивными варварами, которых интересовали только часы.[484]

Российские источники

Если историка не пускают в архив, он отчаянно ищет источники в Интернете. Так поступила и я. Многие

---

484   Merridale: Ivan's War 299–336.

десятилетия я пытаюсь получить доступ к советским военным архивам, где рассчитываю найти материалы об изнасилованиях времён Второй мировой войны. В этой главе я покажу, какие материалы по теме можно обнаружить в сети. Проанализировав венгерскую историографию, я решила сравнить венгерские воспоминания с источниками на русском языке. Я постараюсь опровергнуть устоявшееся представление, что «российское» общественное мнение неизменно, едино и однородно в отрицании зверств Красной армии во Второй мировой войне. Как я писала в одной из своих статей в 1999 году, изнасилования, совершённые советскими солдатами, окружает «заговор молчания». Это обусловлено преемственностью культуры милитаризма, которая подкрепляет военные и геополитические притязания.

Авторы насилия и их жертвы в равной степени заинтересованы в том, чтобы об акте изнасилования забыли. В этой главе речь пойдет о молчании первых. Когда и при каких обстоятельствах они сознаются — и сознаются ли — в своих преступлениях? Опираясь на российские источники в сети, я выделила три нарративные стратегии замалчивания прошлого.

Первая — стратегия «проявления», когда свидетели — и виновные и пострадавшие — сами заговаривают о болезненном опыте. Вторая нарративная стратегия — изменение способа обсуждения. Здесь речь пойдет о двух явлениях — российском законопроекте, запрещающем приравнивание коммунизма к нацизму[485], а также о попытках объяснить случаи насилия «иным» этническим происхождением некоторых советских солдат, которые появились после начала кризиса на востоке Украины. Такой

---

[485] Речь идёт о российском законе, который предусматривает административную и уголовную ответственность за отождествление роли СССР и Германии во Второй Мировой войне. Он вступил в силу в 2022 году. Наказание за нарушение закона — денежный штраф или административный арест до 15 суток. Российские власти нередко используют его в качестве предлога для преследования своих критиков. - *Прим. ред.*

нарратив удивительным образом вписывается в сложившееся в Венгрии представление о Красной армии как «нецивилизованной азиатской орде». Третья стратегия — это юридическое признание. Она сопровождается обнародованием приговоров военных судов, которые подтверждают, что в СССР существовала своя институциональная система борьбы с сексуализированным насилием. Последняя стратегия — самая опасная и многообещающая. Именно она создаёт возможности для критики милитаризма. Но все эти стратегии можно использовать и для политических интриг.

Учитывая время появления и ограниченное количество моих источников, можно говорить о чёткой смене парадигмы в формировании нарративных стратегий. В начале 2000-х в российском общественном пространстве ещё сохранялась возможность для самоанализа. Использовалась, пусть ограниченно, стратегия проявления. К середине 2010-х ситуация существенно изменилась. Вследствие аннексии Крыма и конфликта на востоке Украины вырос интерес к теме военного сексуализированного насилия в советское время. Можно ожидать, что эта тенденция сохранится в будущем. Однако важно то, когда и в какой форме это произойдёт. После 2010-х годов в общественной дискуссии всё чаще звучат аргументы, апеллирующие к этническому происхождению некоторых советских солдат. Так дискуссия о насилии становится частью повседневной политической борьбы. Обрывочных советских документов, которые время от времени появляются в сети, недостаточно для полноценного правового осмысления проблемы. Для этого нужен доступ к военным архивам, которого у нас нет.

Источники в открытом доступе дают представление о том, как в обществе обсуждают изнасилования, в которых были виновны советские солдаты. Они также позволяют предположить, как эта дискуссия будет развиваться дальше. С моей точки зрения, отказ в доступе к российским архивам не выгоден практически всем участникам борьбы за политику памяти о Второй мировой войне, которая становится всё более ожесточённой. Можно только надеяться, что селективный доступ к источникам не представляет собой ещё одну попытку манипулировать венгерским дискурсом о советском военном насилии.

Анализ Интернет-источников требует особой методологии, которая учтёт их *селективность, временность* и *репрезентативность.* Из-за того, что источники появляются в сети спонтанно, с их помощью нельзя прийти к каким-либо общим выводам. Из-за особенностей работы российских архивов документы появляются в сети благодаря физическим лицам или пользователям, которые представляются ими. Их критерии выбора при этом далеки от научных. Документы обладают особыми внутренними временными характеристиками, особенно в России, где постоянно предпринимают попытки ввести цензуру в Интернете. Иногда невозможно понять, когда текст появился в сети и как долго он будет доступен (этим объясняется потенциальная недоступность некоторых источников, цитируемых в книге). Так мы сталкиваемся с проблемой репрезентативности: что может дать анализ таких источников, насколько типичны комментарии активных пользователей, скрывающихся за никами? Кроме того, я не могу взять на себя дискурсивный анализ бесчисленных комментариев по теме, поскольку мои ресурсы небезграничны. Поэтому я укажу только на те публикации, которые вызвали особый резонанс среди читателей. Иными словами, на данный момент я могу только дать экспресс-оценку ситуации и описать её. Это предварительный анализ, который демонстрирует, что о предмете этой книги могут узнать читатели, которые говорят только по-русски, если проведут поиск в сети.

Воспоминания на русском языке

Русский перевод ключевой работы Алэн Польц «Женщина и война» (1991) опубликовал журнал «Нева» в 2004 году. [486] В

---

486   Алэн Польц: Женщина и война. Нева 2004/2. http://magazines.
     russ.ru/neva/2004/2/po9.html.

предисловии писатель-публицист Александр Мелихов (род. 1947) пишет, что эта книга должна быть включена в общеобразовательную программу средней школы. В 2013-м по произведению Польц в Москве была поставлена пьеса, вызвавшая огромный резонанс. Критик Елена Волгуст в блоге под названием «Петербургский театральный журнал» похвалила произведение и отметила, что критикуют его только сталинисты и милитаристы, лелеющие новые имперские мечты. [487] Часть комментаторов (например, пользователь под ником sefeol) посчитали, что «аморально» ставить такую пьесу в стране, пожертвовавшей стольким во Второй мировой войне. [488] По их мнению, книга Польц написана с пристрастием и ненадёжна как источник. Этот пример отлично указывает на неоднородность российского общества. Он также иллюстрирует наиболее важный российский принцип: поиск и осмысление «справедливости на войне», как её называет Уолцер, невозможны из-за «справедливости войны» (добавим: из-за понесённых страной потерь).

Русскоязычные пользователи в целом не кажутся заинтересованными в венгерской истории сексуализированного насилия. Куда чаще предметом обсуждения становятся случаи изнасилования в Германии. В мае 2011 года в интернет-газете «Подробности» был опубликован отзыв об автобиографической книге Габи Кёпп Why Did I Have To Be A Girl? («Зачем я родилась девочкой»?)[489]. Она вышла в печати на английском языке в 2010 году, через год после публикации оригинала на немецком (Warum war ich bloß' ein Mädchen? Das Trauma einer Flucht, 1945). Кёпп было 15 лет, когда её изнасиловали солдаты Красной армии. Свои переживания она запечатлела в дневнике. Книга получила широкое международное признание. Автор статьи перевёл

---

487 Елена Волыуст: «Всякий перед всеми за всех и за все виноват…». 04.03.2013. http://ptj.spb.ru/blog/vsyakij-pered-vsemi-zavsex-izavse-vinovat/

488 Вот такой спектакль… 21.03.2013. http://sefeol.livejournal.com/160320.html

489 http://podrobnosti.ua/769633-v-germanii-vyshla-kniga-o-zverstvah-sovetsk ih-soldat-napisannaja-zhertvoj.html

название книги так: «Почему у меня не было секса?». Он добавил, что каждую из жертв в Берлине, которым на тот момент было от 9 до 90 лет, советские солдаты изнасиловали 12 раз. Подобную магию чисел я уже критиковала в своей статье в «Историческом вестнике» (Történelmi Szemlé). В конце автор утверждает, что российские власти до сих пор хранят в тайне факт массовых изнасилований, совершённых советскими солдатами.

Венгерская дискуссия о военном насилии времён Второй мировой войны и феминистский анализ его практик не проникли в русскоязычный сегмент Интернета. Исключение — статья молодых польских историков Йоанны Островска и Мартина Зарембы, опубликованная в польском журнале «Политика» и после переведённая на русский язык.[490] Авторы, опираясь на классическую работу Сюзан Браунмиллер Against Our Will: Men, Women and Rape («Против нашей воли: мужчины, женщины и изнасилование», 1975), отказываются от нормализующего насилие принципа «На войне как на войне». Островска и Заремба считают изнасилования орудием войны, что вписывается в рамки интенционалистского подхода, который я описывала ранее. Действия советских солдат в Польше они описывают, опираясь на богатую источниковую базу (письма женщин, интервью, протоколы полиции и т. д.), а также работы английского историка Энтони Бивора.

Показания свидетелей: тайное становится явным

Несмотря на дешевизну и доступность Интернета как инструмента сбора информации, в сети очень мало проектов, которые бы собирали воспоминания и свидетельства свидетелей военного сексуализированного насилия. Публикация в Минске книги Светланы Алексиевич «У войны не женское лицо» в 1985 году стала поворотным моментом в изучении деятельности советских женщин на войне. Перевод издания на венгерский язык вышел в издательстве «Зрини»

---

490   Йоанна Островска, Мартин Заремба: Чистилище. 04.11.2009. http://yun.
      complife.info/miscell/kobieca-gehenna.html

через три года. Писательница брала интервью у женщин-ветеранов, чтобы понять, какой они увидели войну. Несмотря на то, что методология книги оставляет желать лучшего, она дала мощный толчок дальнейшим исследованиям. В мае 2015 года, в год 30-летия первого издания, сетевой журнал «Гордон» опубликовал отрывки книги, вырезанные советской цензурой.[491] Среди них оказались рассказы ветеранов, мужчин и женщин, о сексуальных домогательствах и половых преступлениях служащих советской армии. Одно из писем было признанием бывшего солдата в том, что он участвовал в сексуализированном насилии над немецкими женщинами.

В российских источниках часто упоминается имя ветерана войны Леонида Рабичева. В 2005 году журнал «Знамя» опубликовал его воспоминания, в которых Рябичев подробно описывает изнасилования, совершённые советскими солдатами. Письменное изложение своих впечатлений он назвал «искуплением». Интересно, что так создаются новые религиозные фреймы памяти о тех преступлениях. Писательница и журналистка Ольга Ильницкая настояла на уничтожении этого текста, приводя уже знакомые нам доводы.[492] Стоит вспомнить видео, размещённое на одном из Интернет-порталов, где с аналогичным признанием выступает ещё один ветеран войны, не называя своего имени. Он утверждает, что лично не участвовал ни в чём подобном, но считает себя соучастником преступления, поскольку знает, что его совершали другие.[493]

---

491 «Мы вдесятером насиловали немецкую двенадцатилетнюю девочку. Боялись только, чтобы наши медсестры не узнали — стыдно». Из запрещённой книги Светланы Алексиевич. 10.05.2015. http://gordonua.com/publications/Aleksievich-80220.html

492 Леонид Рабичев: «Война всё спишет». Знамя 2005/2. http://magazines.russ.ru/znamia/2005/2/ra8.html

493 Воспоминания советского солдата о массовом насилии над немецкими женщинами: Всё тайное становится явным. Русские солдаты массово насиловали мирных немецких женщин, в чём признаётся ветеран Второй мировой войны. 2013. 2 декабря. https://www.youtube.com/watch?v=dxS2e0RIdGc.

Обобщая сказанное, стоит отметить, что в русскоязычном сегменте Интернета нет гражданских активистов или инфлюенсеров, которые бы расспросили ветеранов Красной армии об изнасилованиях, совершённых советскими солдатами, и поделились этой информацией. Если советские документы о катынских расстрелах [494] были опубликованы «Мемориалом», известной неправительственной организацией, занимающейся расследованием преступлений сталинского режима, то вслучае с военным насилием этого не произошло. [495] Политика российского правительства в отношении гражданского общества не позволяет надеяться на улучшение ситуации.

Военное насилие и маскулинность

В основанной на всеобщей воинской повинности Красной армии, как и в войсках императорской России, идеальным мужчиной считали того, кто защищает родину (в русском языке это слово женского рода). [496] Многолетняя военная служба с момента взросления до создания семьи, сопровождавшаяся насилием и пьянством, заложила основы русской маскулинности. [497] Поддержание боевого духа и беспрекословного послушания оказалось непростой задачей на фоне разлуки с домом, постоянных неудобств, дезорганизованности и смертельной опасности. Солдат разного социального происхождения командирам предстояло

---

494 «Мемориал» собирает средства на книгу о Катыни. 19.06.2015. http://www.colta.ru/news/7716

495 Неправительственная организация «Мемориал» была создана в 1987 году для исследования политических репрессий в СССР и реабилитации их жертв. После нескольких лет политического преследования российские суды по требованию властей ликвидировали структуры общества в России зимой 2021–2022 гг. В 2022 году «Мемориал», украинский «Центр гражданских свобод» и белорусский правозащитник, создатель центра «Весна» Алесь Беляцкий вместе получили Нобелевскую премию мира. – *Прим. ред.*

496 Merridale, Catherine: Masculinity at War: Did Gender Matter in the Soviet army? Journal of War and Culture Studies 5.3 (2012) 308.

497 Kay, Rebecca: Men in Contemporary Russia: The Fallen Heroes of Post-Soviet Change. Burlington, Ashgate, 2006.

превратить в сплочённый, держащийся на доверии коллектив. Не имея возможности уйти в отпуск или получить новости из дома (которые всё равно подвергались цензуре), военные становились эмоционально лабильны. Их институционально готовили насиловать и умерщвлять противника. Они переносили на других стресс и насилие, которому были подвержены сами. В армии насилие вопроизводится, контролируется и применяется в рамках дозволенного. Сексуальность — важная составляющая процесса воспроизводства насилия, поскольку через неё в некоторой степени достигается и утверждается военная маскулинность. Ряд исследований подтверждает связь между гипермаскулинностью и насилием, т. е. силой, властью, подавлением, жестокостью и отвагой. [498] Советские солдаты совершали изнасилования коллективно, словно стремясь сплотиться через эту проверку на маскулинность. [499] В ритуалах посвящения и насилия формируется мужская солидарность. Это объясняет, почему так часто происходят групповые изнасилования. Милитаризм производит послушных солдат. Не стоит забывать об индивидуальных чертах характера. Нередко именно они определяют поступки человека в сложных обстоятельствах. По сути, каждого солдата готовят подтвердить свою маскулинность через сексуализированное насилие, но не каждый пойдёт на это. Обратив внимание на индивидуальные различия в поведении военных, мы можем понять, как избежать насилия.

Формирование армейской маскулинности всегда сопровождается созданием сленга. В СССР таким сленгом стал примитивный язык блатных, зародившийся в ГУЛАГе. Как обычно бывает в армии, советские военные получали право на секс по умолчанию. Особенно уязвимы были женщины из Польши, угнанные на принудительные работы в Германию. У них не было возможности попросить помощи у кого бы то ни

---

498   Seifert, Ruth: War and Rape: A Preliminary Analysis. In: Stiglmayer, Alexandra (ed.): Mass Rape: The War against Women in Bosnia-Herzegovina. Lincoln, University of Nebraska Press, 1994, 54–72.

499   Merridale: Masculinity at War 313.

было. Двадцатилетняя Наталья в свидетельских показаниях, записанных сразу по возвращению домой, рассказывает, с чем она столкнулась по дороге из Берлина в родной Щецин. Солдаты первого попавшегося ей подразделения изнасиловали девушку, а затем отвезли к своему полковнику. Он уже ждал её обнажённым. После изнасилования много рассказывал о себе, например, что его жена — врач. Наталья была поражена: по её словам, до того момента всех советских солдат она считала конченными злодеями. [500] Вернувшись домой, советские военные предпочитали молчать о своём сексуальном опыте на фронте, независимо от того, был он результатом взаимного согласия или насилия: в их гражданской жизни ему просто не было места.

Музей Великой Отечественной войны был открыт в Ленинграде ещё в 1943 году. Государство жёстко регламентировало, как рассказывать её историю. По окончанию войны всё — военные кладбища, памятники, названия улиц, фильмы, театральные постановки, встречи ветеранов и выставки — говорило о подвиге и самопожертвовании народа. Этот миф в значительной степени сформировал коллективную память, и многим воспоминаниям в ней не нашлось места. Солдаты, ежедневно получавшие на фронте 100 граммов спирта, дома были вынуждены бороться не только с ночными кошмарами, но и алкогольной зависимостью. [501] Они не могли ни рассказать о своих кошмарах, ни поделиться воспоминаниями о совершённом насилии. В публичном пространстве была уместна только поддержка мифов, окружающих победу. Сталинская система жёстко наказывала за нарушение этого «контракта». Говоря о фильме «Тихий стыд», чаще всего упоминают эпизод, где один из ветеранов делится на камеру официально одобренными воспоминаниями о войне. Для личных воспоминаний тогда не было ни пространства, ни языка.

---

500   Zaremba: Wielka Trwoga.
501   Merridale: Ivans' War 314.

Женщины в Красной армии

История войн — это история мужчин в военной форме. Женщины обычно исполняют в ней роль пострадавшего гражданского населения. О женщинах на военной службе во Вторую мировую войну известно очень мало. При этом в Венгрии с 1939 года они могли служить в армии, а в рядах вермахта сражались почти 450 тысяч женщин, не считая медицинских работников. [502] Точных данных о количестве женщин, служивщих в Красной армии, нет. О насилии советских женщин над венгерскими мужчинами известно только из личных воспоминаний. Не сохранилось ни одного официального источника на эту тему. [503] Замалчивание насилия было обусловлено маскулинным характером армии и войны. После 1942 года в Красную армию призвали около 800 тысяч женщин. [504] Только недавно исследователи начали изучать их социальное происхождение, уровень образования и опыт возвращения к мирной жизни.[505]

---

502 Seifert, Ruth: Krieg und Vergewaltigung. Ansätze zur Analyse. München, Sozialwissenschaftliches Institut der Bundeswehr, 1993.

503 Один из опрошенных мной мужчин рассказал, что его изнасиловали в Будапеште. Он, как и пострадавшие венгерские женщины, подчеркнул, что больше всего боялся смерти и венерических заболеваний. Подобных историй в Вене я не слышала.

504 Первое упоминание этих цифр см. здесь: Мурманцева, В.: Советские женщины в Великой Отечественной войне. Москва, Мысль, 1974.

505 Charon Cordona, Euridice – Markwick, Roger D.: "Our Brigade will not be Sent to the Front": Soviet Women under Arms in the Great Fatherland War, 1941–45. The Russian Review 68.2 (2009) 240–262; Engel, Barbara A.: The Womanly Face of War: Soviet Women Remember World War II. In: N. A. Dombrowski (ed.): Women and War in The Twentieth Century: Enlisted with or Without Consent. New York, Routledge, 2004, 138–162; Havryshko, Marta: Illegitimate Sexual Practices in the OUN Underground and UPA in Western Ukraine in the 1940s and 1950s. The Journal of Power Institutions in Post-Soviet Societies 17 (2016) 1–20; Krylova, Anna: Soviet Women in Combat. A History of Violence on the Eastern Front. New York, Cambridge University Press, 2010; Catherine Merridale: Masculinity at War; Pennington, Reina: Wings, Women and War. Soviet Airwomen in World War Two Combat. Lawrence, University Press of Kansas, 2001; Petrenko, Olga: Anatomy of the Unsaid: Along the Taboo Lines of Female Participation in the Ukrainian Nationalistic Underground. In: Röger, Maren – Leiserowitz, Ruth (eds.): Women and Men at War: A Gender Perspective on World War II and its Aftermath in Central and Eastern Europe. Osnabrück, Fibre, 2012, 241–262; Schechter, Brandon M.:

В начале войны женщины, воодушевлённые верой в равенство полов, стремились в армию защищать родину наравне с мужчинами. Но после были глубоко разочарованы. Когда в 1942 году трудности в обучении персонала и просчёты командования обернулись огромными людскими потерями, женщин стали призывать на фронт. Они были снайперками, танкистками, механикессами, пилотессами и, естественно, поварихами и медсёстрами. В 1943 году открылись полевые парикмахерские. Женщинам разрешили обменивать на шоколад свою порцию махорки. Несмотря на то, на фронте на плечи большинства из них лёг тяжёлый физический труд, мужчины назвали женщин «девушками». Они находились в подчинённом и сегрегированном положении. [506] Как показывает в своём исследовании Кэтрин Мерридейл, воинскому званию придавали намного больше значения, чем гендеру, особенно после восстановления в 1942 году упразднённых после революции званий царской армии. Возраст, квалификация и национальность также были важнее гендера. Поэтому у этнических русских было преимущество. Всеобщее равенство в имперской по своему характеру Красной армии существовало только на бумаге. На практике на офицерские должности назначали русских.[507]

Маскулинная армейская культура насилия стала вызовом для женщин. Они нередко вступали в отношения со старшими по званию, чтобы защитить себя от посягательств сослуживцев. [508] Новые исследования дополняют картину, описанную Алексиевич в её новаторской книге в 1985 году.[509] Но как советские женщины-военнослужащие относились к массовым изнасилованиям?

„Girls" and „Women". Love, Sex, Duty and Sexual Harassment in the Ranks of the Red Army 1941–1945. The Journal of Power Institutions of Post-Soviet Societies, 17 (2016). http://journals.openedition.org/pipss/4202.

506 John Erickson: Soviet Women at War. In: J. Garrard, C. Garrard (Ed.): World War II and the Soviet People, New York, St Martin's Press, 2002, 50–76.

507 Schechter: „Girls" and „Women".

508 Schechter: „Girls" and „Women".

509 Marwick, Roger D. – Charon Cordona, Euridice: Soviet Women on the Front-line in the Second World War. Basingstoke, Palgrave Macmillan, 2012.

Убеждение, что женщина — это милое и наивное существо, неспособное на насилие, — один из многих предрассудков, поддерживающий институт сексуализированного насилия.[510] Женщины, служившие в Красной армии, вспоминали, что советские солдаты в подобном не были замешаны. По их убеждению, командиры несли ответственность за дисциплину в строю. Тем не менее, это не уберегало самих женщин от постоянных домогательств сослуживцев.[511] Уязвимое положение женщин в армии может объяснить, почему нам так мало известно о военном насилии над мужчинами. Изнасилование — это результат властных отношений, а в армейской властной иерархии женщины значительно уступали мужчинам.

Сохранилось достаточно источников о том, как женщины-военнослужащие избежали насилия в армии. Жалобы секретарю партийной ячейки обычно было достаточно, чтобы обидчиков заключили под стражу. Положение женщин осложняло то, что в армейской иерархии, как я сказала, они все без исключения уступали мужчинам, т. е. находились в более уязвимом положении, чем те, кто их домогался. Вышестоящие офицеры часто принуждали их к интимным отношениям.[512] Сожительство в военных условиях пытались ограничить законодательно. В январе 1944 года постановление Центрального комитета ВЛКСМ переложило на женщин ответственность за прекращение двусмысленного поведения.[513] Поскольку аборты в СССР были запрещены в 1936 году, женщины точно знали, что тех, кто забеременеет, отправят домой. Дома детей без отца не всегда встречали с радостью. Тем не менее, государство, из-за военных потерь заинтересованное в росте населения, приняло правовые и экономические меры для улучшения положения матерей-

510   Sjoberg, Laura: Women as Wartime Rapists. Beyond Sensation and Stereotyping. New York, New York University Press, 2016.
511   Marwick–Charon-Cordona: Soviet Women on the Frontline.
512   Engel: The Womanly Face of War.
513   Regamey, Amedine: Women at War in the Red Army. Politika, 2017. szept. 6. https://www.politika.io/en/notice/women-at-war-in-the-red-army.

одиночек. Изменения в семейной политике отразились на пропаганде. Теперь акцент делали не на равный вклад полов в защиту родины, а на семейных обязанностях женщин, в том числе воспитании детей.[514]

До советского наступления в Венгрии никогда не видели такого большого количества женщин-военных, как в Красной армии. Новые исследования, которые я упомянула выше, описывают особенности их положения и пытаются объяснить, почему женщинам было так трудно делиться воспоминаниями о том времени. Победоносная Красная армия была армией мужчин, и женщины исчезли из воспоминаний о войне.[515] При этом сексуализированное насилие над мужчинами — более табуированная тема, чем насилие над женщинами.[516] Ференц Надь, не свободный от предрассудков и страхов, в своих написанных в эмиграции мемуарах вспоминает: «Возле Кечкемета красные устроили лагерь отдыха для более чем 30 тысяч больных и выздоравливающих женщин из армии и милиции. Организованные группировки русских женщин по ночам совершали набеги на окрестные деревни и похищали мужчин, которых потом долгое время удерживали в плену. Как следствие, сложилась уникальная ситуация, когда (венгерские) женщины не сами прятались, а помогали спрятаться в лесу и стогах сена мужчинам, чтобы спасти их от инфицированных русских женщин».[517] В Кечкемете действительно находились важная военно-логистическая база и большой госпиталь, но такое количество больных и опасность, исходившая от советских женщин, конечно, художественное преувеличение.

---

514   Krylova, Anna: "The Healers of Wounded Souls": The Crisis of Private Life in Soviet Literature, 1944–1946. The Journal of Modern History 73 (2001) 307–331.

515   Alekszijevics, Szvetlana: A háború nem asszonyi dolog. Ford. Kulcsár Valéria. Budapest, Zrínyi, 1988. Переиздано: Nők a tűzvonalban. Budapest, Helikon, 2016.

516   Touqueta, Heleen – Gorris, Ellen: Out of the Shadows? The Inclusion of Men and Boys in Conceptualisations of Wartime Sexual Violence. Reproductive Health Matters 24 (2016) 36–46.

517   Nagy: Küzdelem a vasfüggöny mögött 206. Благодарю Роберта Риго за указание на это.

Тем не менее, в военных условиях женщины переступают закон чаще, чем можно подумать. По некоторым оценкам, каждый четвёртый преступник в гражданской войне в Сьерра-Леоне — женщина.[518] Не стоит идти на поводу у заблуждения, будто женщины по природе более миролюбивы и не склонны к насилию. Они прибегают к нему по той же самой причине, что и мужчины — чтобы усилить групповую динамику.[519]

Служившие в Красной армии женщины были жертвами домогательств и одновременно их свидетельницами. После 1945 года о них забыли. Консолидирующаяся сталинская власть не предусмотрела достойного места в обществе для женщин, привыкших к армейской форме и независимости. Напротив, в 1943 году в советских школах восстановили гендерное разделение. Строгие моральные устои нивелировали количественное преобладание женщин в структуре советского населения. На каждом углу пропагандистская машина трубила: главная обязанность женщины — это забота о семье. Как следствие, женщинам, служившим в армии, не нашлось места в советском каноне памяти, который прочно связал военный подвиг с маскулинностью.[520]

Нарративный поворот: борьба за память между Россией и Украиной

Одна из тенденций последнего времени — изменение социальной среды в России и Украине. В России на смену робкой самокритике пришёл законопроект, грозящий тюремным заключением за отождествление нацизма и

---

518 Cohen, Dara Kay: Female Combatants and the Perpetration of Violence: Wartime Rape in the Sierra Leone Civil War. World Politics 65.3 (2013) 383–415.

519 Первой женщиной, осуждённой за совершение геноцида, была Полин Нирамашухуко, бывший министр семейной политики Руанды. Она призывала к сексуализированному насилию, несмотря на то, что в её обязанности входило прямо противоположное. К пожизненному заключению была приговорена и министр юстиции Агнес Нтамабиариро, которая занималась формированием воинских частей и подготовкой переписи населения. Lásd Cohen: Female Combatants 410.

520 Merridale: Masculinity at War.

коммунизма. Положение осложняется конфликтом Украины и России в сфере политики памяти, преимущественно по поводу того, «кто фашист». Время от времени к нему присоединяются историки из других стран.

Тема сексуализированного насилия во время Второй мировой войны приобрела актуальность после аннексии Крыма и эскалации конфликта на востоке Украины. В украинском официальном историческом дискурсе советские солдаты, которых обвиняют в совершении массовых изнасилований в других странах, внезапно стали «русскими». Тем самым Украина получила возможность использовать возрождённый в путинской России культ Второй мировой войны, чтобы переложить ответственность за советские военные преступления на «русских». Для государственной украинской политики памяти изнасилования, совершённые советскими солдатами в годы войны — это только инструмент. Рассматривая насилие исключительно с точки зрения этнического происхождения виновных, украинцы демонстрируют неготовность говорить о проблеме по существу и оценить её объективно.

В июне 2013 года Борис Соколов, историк и автор биографий Берии, Сталина, Молотова и Брежнева, на ведущем российском оппозиционном портале grani.ru [521] подверг критике законопроект о наказании за отрицание преступлений нацизма. [522] Такой закон, с его точки зрения, сотрёт память о военных преступлениях Красной армии, в том числе против гражданских лиц, на территории Германии, Австрии, Венгрии, Польши, Чехии, Словакии и стран Балтии. Источники Соколова включают материалы расследований немецких и венгерских властей, признания, интервью и дневники. Ссылался он и на работы военных историков

---

521 Новостной сайт «Грани.ру» полностью заблокирован в России с 2014 года. В 2016 году он покинул российскую доменную зону и на момент публикации русского перевода этой книги находится по адресу graniru.org. – *Прим.ред.*

522 Соколов, Б. Закон о военном времени. Грани.ру. URL: http://grani.ru/opinion/sokolov/m.216084.html.

(Йоахима Гоффмана, Энтони Бивора, Кристиана Унгвари), а также на показания свидетелей, в том числе книгу Василия Быкова «Мёртвым не больно», произведения Александра Солженицына, заметки военного корреспондента Льва Копелева и воспоминания ветерана Леонида Рабичева.

Об обострении политической борьбы за память между Украиной и Россией свидетельствует заметка 2017 года. Согласно ей, с 1941-го по 1944-й годы шла борьба между «коричневым» и «красным» фашизмом. В заметке упоминается передача писательницы и журналистки Юлии Латыниной на «Эхе Москвы», возможно, единственной независимой радиостанции в России. [523] Запись эфира на данный момент недоступна, но во второй части заметки можно найти его описание. В передаче Латынина процитировала воспоминания Рабичева, и они вызвали живой отклик у аудитории. По мнению большинства слушателей, Рабичев существенно преувеличил массовость явления. Другие осудили автора за то, что он не препятствовал массовым изнасилованиям, хотя стал их свидетелем. [524] Повышенное внимание к личной ответственности не позволило слушателям проанализировать структурные причины военного насилия.

В феврале 2009 года Марк Солонин, автор многих резонансных статей и книг по истории Второй мировой войны, разместил в своём блоге заметку под заголовком «Весна победы: забытое преступление Сталина». [525] По его мнению, сексуализированное насилие — только одно из множества преступлений, которые Красная армия совершила в Европе. Но из-за повышенного внимания к изнасилованиям о них

---

523 Радиостанция «Эхо Москвы» вещала в России с 1990-го по 2022-й год. 1 марта 2022 года российские власти заблокировали её сайт и отключили станцию от вещания. Причиной стало распространение «ложных сведений», которые, по мнению властей, дискредитировали действия российской армии во время полномасштабного вторжения на территорию Украины. – *Прим. ред.*

524 Советский солдат-насильник. 14.05.2007. http://tapirr.livejournal.com/672 064.html

525 Весна победы. Забытое преступление Сталина. 15.02.09. http://www. solonin.org/article_vesna-pobedyi-zabyitoe

забывают. Эта заметка по своим последствиям была равноценна выступлениям некоторых российских историков, например Гареева или Ржешевского в газете «Труд» в 2005 году. Солонин ссылается на опубликованную в 1995 году книгу немецкого военного историка Йоахима Гоффмана «Сталинская война на уничтожение» (Stalins Vernichtungskrieg 1941–1945). Эту книгу, которая подробно рассматривает случаи насилия, совершённые Красной армией в Германии, многие осудили за прогерманские настроения. Солонин утверждает, что если советские граждане хорошо обращались с немецкими военнопленными, то советские солдаты с немецким гражданским населением вели себя чрезмерно жестоко. Историк связывает это с упадком воинской дисциплины и отличиями между советской и немецкой армиями. Главным виновником преступлений Солонин называет Сталина, но призывает всех россиян разделить ответственность за действия страны. Судя по его доводам, тема насилия времён Второй мировой войны стала заложником спора между противниками и сторонниками сталинизма.

Советские солдаты в Кечкемете, Венгрия

В феврале 2009 года пользователь под ником «Украинец» разметил на украинском портале censor.net статью под названием «Берлин 1945. Русские солдаты изнасиловали два миллиона женщин». Под ней набралось 14 страниц комментариев, где о Красной армии судили исключительно с точки зрения этнической принадлежности военных.[526] Сам автор ссылается на слова пережившей изнасилование Рут Ирмгард, выводы специалистов по теме, немецких историков Зильке Затьюков и Йохен Штадт, а также работы американского историка Нормана Наймарка.

Тема привлекает и сторонников радикальных взглядов. Публицист и постоянный автор материалов в крайне правых СМИ Алексей Широпаев в мае 2009 года разместил в своём блоге статью под названием «Могила неизвестного насильника», комментарии к которой заняли 34 страницы.[527] Статья, по форме напоминающая личное обращение, в большей степени посвящена изнасилованиям в Германии. Автор упоминает свои источники информации. Среди них известный текст Ильи Эренбурга, в котором, как считается, тот призывает к насилию над немецкими женщинами. Широпаев цитирует Льва Копелева, Леонида Рабичева и Александра Солженицына. Также используются воспоминания пилота Эрика Хартмана, историка-антикоммуниста Йоахима Гоффмана и научно-популярные работы Энтони Бивора. Одновременно Широпаев ссылается и на выступавшего против СССР американского неонациста Уильяма Пирса, что вписывается в антисоветский тон его анализа.[528]

В декабре 2014 года политический активист и блогер с неоднозначной репутацией, член партии «Евразия»[529] Миша Вербицкий под ником tiphareth опубликовал заметку

526   Берлин 1945 года. Русские солдаты изнасиловали 2 миллиона женщин. 02.03. 2009.http://censor.net.ua/forum/460598/berlin_1945_goda_russkie_s oldaty_iznasilovali_2_milliona_jenschin.

527   Могила Неизвестного Насильника - Алексей Широпаев. 03.05.2009. http://shiropaev.livejournal.com/29142.html

528   https://natallsac.wordpress.com/2012/11/13/allied-atrocities/

529   Основана в 2002 году философом Александром Дугиным, которого нередко называют основоположником доктрины неоевразийства. – *Прим.ред.*

«Массовые изнасилования людьми советскими».[530] В статье, написанной по материалам источников на русском и английском языке, работам военных исследователей и материалам из Википедии, автор сравнивает сексуализированное насилие над немецкими женщинами с аннексией Крыма и призывает к открытому обсуждению советских военных преступлений, чтобы предотвратить возрождение сталинизма. В мае 2015 года на той же веб-странице[531] ветеран войны по фамилии Никулин рассказал о насилии солдат Красной армии не только над немками, но и советскими женщинами-военнослужащими. Его заметка была озаглавлена так: «Воспоминания о войне».[532] Эти примеры показывают, как в России на фоне украинского конфликта стало возможно критическое осмысление милитаризма и насилия, совершённого советскими военными на Второй мировой войне.

Правовое признание

Политическая борьба за память определяет, какие материалы российские архивы оцифруют в первую очередь. В приоритете, естественно, воспоминания героев Второй мировой войны. В сентябре 2012 года пользователь под ником allin выложил в сеть документы из открытой коллекции документов Министерства обороны России.[533] Речь идет о копиях материалов 3-го военного трибунала 26 армии от 19 апреля 1945 года. Оригиналы хранятся в фонде 5-го Центрального архива Министерства обороны Российской Федерации.[534] Такие данные следовало бы разместить на

---

530 Misha Verbitsky: массовые изнасилования людьми советскими. 22.12.2014. http://lj.rossia.org/users/tiphareth/1877390.html

531 Бессрочная Акция «Антипобеда». http://yun.complife.info/miscell/antivict.htm.

532 Нравы «воинов-освободителей». http://yun.complife.info/miscell/nikulin.htm

533 Обобщенный банк данных «Мемориал». http://www.obd-memorial.ru/html/default.htm

534 Донесение о безвозвратных потерях. http://www.obd-memorial.ru/html/info.htm?id=4388906&page=3

странице обобщённого банка данных «Мемориала», чего пока не произошло. Получить доступ к подобным документам можно, только подтвердив родственные связи с теми, кто в них упомянут. Защита личных данных осложняет работу исследователей, поскольку узнать имена обычных солдат практически невозможно. Не поможет даже наличие поименного списка состава подразделения. Далеко не каждый солдат совершил преступление и был предан суду. В этой коллекции есть документы о преступлениях в отношении венгерских женщин. В частности, приговоры военного суда по делу об изнасиловании девятилетней девочки и по делу об убийстве женщины. [535] Эти данные опровергают распространённую точку зрения, что авторов насилия в советской армии либо казнили на месте, либо оставляли безнаказанными. Документ, одна страница которого попала в сеть, подтверждает, что в Красной армии существовали внутренние механизмы контроля, а нарушители воинских предписаний представали перед военным судом. Но кто, как и за какие преступления? Для кого предназначалась статистика под грифом «Совершенно секретно»? Насколько типичны для Красной армии были суровые приговоры? Приводили ли их в исполнение? Ответ на эти вопросы можно дать только после исследования военных архивов. Из данных, приведённых в сводке, к которой прилагаются документы отдельных судебных дел, следует, что разбирательства по делам об изнасилованиях проводились с определённой периодичностью, а наказанием были 10 лет исправительно-трудовых лагерей. Без анализа материалов советских военных архивов мы можем только строить предположения о том, как функционировала Красная армия и выглядела жизнь обычных солдат. Будущие исследования смогут изменить фреймы, в рамках которых разворачивается обсуждение темы. Другой труднодоступный источник — это военные доклады. Они содержат свидетельства, что поведение советских солдат

---

535 Иногда советский суд проявлял необъяснимый гуманизм... 10.09.2012. http://allin777.livejournal.com/166277.html

не всегда соответствовало уставу армии и тем самым ставило под угрозу её эффективность.

«... 3.2.1945. начальнику заставы, лейтенанту Сандакову от местного жителя Гутмана Шандора стало известно, что неизвестные военнослужащие ежедневно приходят на пекарню и забирают хлеб, выпеченный для местных жителей.

В 14.30 начальником заставы была выслана группа в 4 человека, где было задержано 3 военнослужащих. Из опроса задержанных установлено, что они принадлежат команде численностью в 244 человека — старший команды сержант Погребняк А.А. — двигающейся из госпиталя №2363 на пополнение батальона обслуживания 6 ТА.

Выйдя со всем личным составом на место расположения команды, лейтенант Сандаков установил, что последняя расположилась в доме терпимости вместе с находившимися там женщинами, вследствие отсутствия офицера весь личный состав разбрёлся по городу и в течение 5 суток занимался пьянством, мародёрством, грабежом и насилием. Собрав всю команду, лейтенант Сандаков под конвоем направил её военному коменданту 7-го района Пешта, где передал представителю 6 ТА ст. лейтенанту Кернос под расписку, который разыскивал эту команду в течение 10 дней».

Военнослужащие, прибывшие для «пополнения» и оставшиеся без контроля офицера, очевидно, предпочли время в «доме терпимости» продвижению на Берлин.

Анализ источников в российском сегменте Интернета показывает, что интерес к теме растёт, но без участия гражданских организаций и историков, чувствительных к феминистской оптике. Вопрос в том, насколько дискурс об изнасилованиях, совершённых солдатами Красной армии, сможет выйти за пределы упрощённого интенционалистского или структуралистского объяснения. На данный момент в Интернет-источниках наблюдается разделение военнослужащих Красной армии по этническому признаку и воспроизведение риторики Холодной войны. Этот дискурс изменит только появление современной монографии, повествующей о результатах методологически выверенного исследования архивных источников, написанной без предрассудков и попыток использовать историческое знание для «охоты на ведьм». Надеюсь, она не заставит себя долго ждать.

Заключение

Пройдя через Венгрию, Красная армия опустошила чуланы, квартиры и погреба. Она же принесла новую политическую систему. Церкви было сложно найти себе в ней место. Епископы Венгерской католической церкви на встрече 24 мая 1945 года обсуждали не зверства советских солдат, а притязания сторонников зарождающейся венгерской демократии на власть в стране, церковную инфраструктуру и имущество. В свете событий того времени их выводы не кажутся удивительными: «Над нами пронеслись военные бури; их влияние на церковь было менее драматичным, чем ожидалось». [536] О влиянии «военных бурь» на сексуализированное насилие над женщинами этого сказать нельзя. Укрепление сексуальной морали играло важную роль в послевоенном восстановлении повседневной жизни. Нередко именно сексуальность была критерием, по которому определялись принадлежность человека к нации и гражданские права. Однако многие исследования того, как функционируют политические системы, до сих пор избегают вопросов, связанных с сексуальностью.

Шерон Маркус считает, что изнасилование — это особый «язык», на котором автор насилия сигнализирует о своей власти, силе и доминировании, а также об уязвимости, поражении и унижении жертвы. Поэтому чрезвычайно важно понимать, как реакция венгерского общества на массовое насилие изменила его ценности. [537] Сексуализированное насилие на оккупированных территориях привело к серьёзным психологическим последствиям. Венгерская правовая система была разрушена. В ситуации политического

---

536 A Magyar Katolikus Püspöki Kar 1945. május 24-én tartott püspökkari értekezletének jegyzőkönyve. Idézi Bánkuti: A frontátvonulás 421.

537 Marcus, Sharon: Fighting Bodies, Fighting Words: A Theory and Politics of Rape Prevention. In: Butler, Judith – Scott, Joan W. (eds.): Feminist Theorize the Political. New York, Routledge, 1992, 385–403.

вакуума неоткуда было ждать правосудия над солдатами победившей армии. Венгерские власти, передавая наверх жалобы простых людей, слышали нравоучения в ответ. Как следствие, преступления оставались безнаказанными. Отсутствие механизмов восстановления справедливости, усугубляемое тем, что советская армия не подчинялась законодательству оккупированных стран, только усиливало среди местного населения ощущение неопределённости и уязвимости.

В последние десятилетия стало модно исследовать военные изнасилования. Бурные дискуссии пришли на смену замалчиванию. Не в последнюю очередь это связано со случаями насилия во время современных войн в Боснии, Косово, Руанде и Конго. Привлекая внимание к проблеме, белые феминистки из западных стран руководствовались наилучшими побуждениями. Но в результате женщин стали воспринимать исключительно как жертв сексуализированного насилия. Опыт их повседневной жизни словно исчез из поля зрения. Такой подход не позволяет распознать связь между домашним и военным насилием. Изучение насилия времён Второй мировой войны остаётся орудием в политической игре. Её участникам не хватает понимания политики памяти, культуры публичного признания вины и умения просить прощение. Сексуализированное насилие — органическая составляющая милитаризма. Но оно способно стереть в песок мифы, навязанные с помощью военной силы. Именно по этой причине вермахт так долго цеплялся за миф, будто его военнослужащие не совершали преступлений, не содержали публичных домов, не приближались к женщинам, которых считали расово ущербными, и тем более не насиловали их. Мифы о Красной армии гласили, что она несла освобождение народам и делилась хлебом. Из-за представления, будто венгерские солдаты в Украине были жертвами немецкого военного командования, об их преступлениях на территории этой страны речь не шла долгое время.

Объяснить феномен массовых изнасилований поможет не культура, а политическая экономия. Военная оккупация неизбежно меняет гендерную политику. Во время войны изнасилование — одна из форм контроля, подавления, маргинализации и управления. Массовое насилие над женщинами может быть следствием не только изменений во внутренней и международной политике, но и быстрых политических и общественных трансформаций. Часто совокупность политических обстоятельств приводит к тому, что тему насилия используют в политических играх и в погоне за сенсацией.[538] Убеждение, что автор насилия — это варвар, чья культура отличается от «нашей», формируется в процессе насилия над женским телом. При этом об ответственности локальных субъектов — политиков, правоохранительных органов и мужчин, которые использовали культуру насилия как средство для получения выгоды — забывают. Упрощая контекст события, исследователь упускает из виду сложные исторические и политические процессы, с которыми оно связано. Утверждение, что «русские» насиловали «венгров», порождает ложные общности. Чтобы взглянуть на историю критически, нужно избавиться от интенционалистского подхода к политике памяти, для которого характерна виктимизация жертвы, акцент на этничности преступника и претензия на монополию на историческую правду.

Советское военное насилие долго замалчивали. С одной стороны, это молчание носило институционализированный характер. Пространства для обсуждения проблемы просто не существовало: венгерские государственные органы не имели власти над солдатами Красной армии. Какие приговоры выносили виновным в изнасиловании советские суды, можно узнать лишь случайно из-за труднодоступности российских архивов. С другой стороны, молчание о насилии было мотивировано внутренне. Пострадавшим было чрезвычайно сложно открыться окружающим. Молчание гарантировало выживание и сохранение связи со своей социальной группой.

---

538 Alison, Miranda – Bergoffen, Debra – Bos, Pascale – Toit, Louise – Mühlhäuser, Regina – Zipfel, Gaby: „My plight is not unique". Sexual violence in conflict zones: a roundtable discussion. Eurozine, http://www.eurozine.com/articles/2009-09-02-zipfel-en.html

Наконец, молчание было *национальным*. Сексуализированное насилие часто рассматривают через призму этничности («русские» изнасиловали «венгерских женщин»), что усиливает чувство национального поражения и стыда. Правовая система с её унизительной и долгой процедурой доказывания препятствовала преодолению спирали молчания. Замалчивание стало возможным и потому, что не существовало нарратива и лексикона, с помощью которых женщины могли бы адекватно описать свой опыт.

Возможность поделиться пережитым, то есть существование нужного для этого языка, и физическая безопасность — вот, в чём жертва насилия нуждается прежде всего. Только такие условия обеспечат исцеление. В Венгрии не было ни того ни другого. Венгерские женщины создавали обрывочные личные воспоминания, «облачая» их в поверхностные коллективные нарративы. Они делились только тем, что казалось уместным, тем самым вынуждено принимая на себя роль жертвы. Даже цифровая революция не изменила эту ситуацию. Пострадавшие до сих пор ждут помощи и не получают её, показывает анализ дискуссий о сексуализированном насилии в венгерском сегменте Интернета. Они слышат только банальные общие высказывания, в которых субъективные опыт и знания выдаются за истину в последней инстанции. При этом те, кто ссылается на свой личный опыт, говорят о далёких для них и обезличенных преступниках и сотрудничавших с ними коммунистах.

Долгое время учёные не проявляли интереса к тому, что происходит с авторами насилия. Те прожили жизнь, пронеся в себе и опыт совершения насилия, и его последствия. Согласно исследованиям, солдаты шли на преступление сознательно по приказу свыше или, наоборот, в состоянии алкогольного опьянения, не отдавая себе отчёт в своих действиях. Сомнения, чувства вины и неопределённости стали их привычными спутниками. Они возвращались домой не только с венерическими инфекциями, но и воспоминаниями о насилии. Историки только сейчас начинают публиковать исследования, которые связывают повседневную культуру милитаризма в Советском Союзе с семейным насилием.[539]

В отличии от Кореи, Боснии или Конго, в Венгрии жертвам изнасилования не положены денежные компенсации. На символическое признание, как было сказано, они могут рассчитывать, если будут соответствовать общепринятому образу жертвы. Нормализуя сексуализированное насилие через его визуальное (в описанные выше случаях порнографическое) изображение и реконструкцию, как в фильме «Тихий стыд» и «Аврора Бореалис: Северное сияние», мы одобряем вуайеризм в качестве тактики в дискуссии о сексуализированном насилии. «Охота на ведьм» среди виновных, поиск детей, родившихся в результате сексуализированного насилия, без их ведома и согласия, стимулирование интереса к теме через порнографию неприемлемы.

В последней сцене фильма «Тихий стыд» свидетель, рыдая, заявляет, что простит, но не забудет. Робин Мэй Шотт, цитируя Ханну Арендт, утверждает, что с точки зрения философии прощение невозможно, поскольку оно выходит за границы возможностей субъекта. Пережив естественную стадию возмущения, жертва должна идти дальше, а преступник — признать свою вину. Так можно разорвать цикл вражды.[540] Если, как мы видим на примере коллективной памяти о насилии, совершённом советскими солдатами, этого не происходит, если преступники отрицают свои преступления и используют это отрицание, чтобы расширить своё геополитическое влияние, то прервать молчание вряд ли удастся. Вместо того, чтобы ждать «прощения», следует изучать структурные особенности и причины, из-за которых возникает противопоставление сексуальной чистоты и порочности и построенная на нём, а также насилии и изоляционизме, политика идентичности. Исследуя случаи

---

539 Fürst, Juliane: Late Stalinist Russia: Society between Reconstruction and Reinvention. New York – London, Routledge, 2006.

540 Schott, Robin May: The Atrocity Paradigm and the Concept of Forgiveness. Hypatia 19.4 (2004) 202-209.

военного сексуализированного насилия, мы поймём, что его цикл беспрерывен, и уясним суть сегодняшних событий. Изнасилования, которые совершили солдаты Красной армии, в отличие от более поздних случаев, не были следствием этнического конфликта. К ним привела жажда мести и власти. Аргументы, апеллирующие к этничности виновных, впервые прозвучали только после 1989 года на волне роста антикоммунистического сентимента.

Поэтому не только прощение, — забвение невозможно. Мы не можем стереть из истории воспоминания жертв насилия. Они и их дети своим существованием напоминают нации о её поражении, унижении и препятствуют сознательным попыткам замолчать прошлое. Воспоминания об изнасиловании, совершённом советскими солдатами, не травмировали венгерское общество целиком. Рассказывали о нём совсем не те, кто от него пострадал, а последние не могли обсуждать свой опыт с семьёй. Поэтому их травма не передалась следующим поколениям. Произошла институционализация селективных, самоподкрепляющихся, проективных воспоминаний. У нас есть шанс переосмыслить события прошлого. Правда, их жертвы в этом почти никогда не участвуют.

Источники и литература

Архивные источники

Blinken Nyílt Társadalom Levéltára (BOSA):

HU OSA 300-40-1. 1588. Varsó Szerződés c. doboz

HU OSA 300-1-2-13123

HU OSA 300-1-2-37537

HU OSA 300-1-2-77361

HU OSA 408-1-3/9. Orosz katonák bűntettei

HU OSA 305-0-3.1991-051_91-55. Fekete Doboz Alapítvány Videó Archívuma, Puzsoma Tünde-interjú

Magyar Nemzeti Levéltár Bács-Kiskun Megyei Levéltár:

IV. 1910/u Kecskemét th. Város körzetvezetőinek iratai 1944–1947

Magyar Nemzeti Levéltár Győr-Moson-Sopron Megye Győri Levéltára:

GYML Nemzeti Bizottság iratai, 1945. április 30.

GYML Győr megyei tiszti főorvos iratai 245/1845. tfo. sz.

GYML Győr, Moson és Pozsony megyei alispán levele, 1945. január. 20. 108/1945.

Budapest Főváros Levéltára:

BFL IV.1416.a. Budapest Székesfőváros Közigazgatási Bizottságának iratai. A Közigazgatási Bizottság üléseinek jegyzőkönyvei, 5. doboz. 1945-1946. (korábbi munkákban a jelzete: BFL XXI. 515.)

BFL IV.1479.c. Budapest Székesfőváros X. kerületi elöljáróságának iratai. A kerületi tisztiorvos iratai, 1944-1946. (korábban: BFL XXI. 580. b.)

BFL VIII.1102 Rókus Kórház iratai (korábban BFL XXVI. 1102.)

BFL VIII.1134. Budapest Székesfővárosi Anya-, Csecsemő- és Kisdedvédelmi Intézet iratai (korábban XXVI. 1117.)

Magyar Nemzeti Levéltár Országos Levéltár:

MNOL XIX-C-2-s 17. doboz NDO Népjóléti Minisztérium iratai

Magyar Nemzeti Levéltár Politikatörténeti Intézet Levéltára:

PIL 283. f. 20. cs. 28. ő. e. p. 80. 1946. június 9-i jelentés

PIL 867. f. l/k-91. Visszaemlékezés-gyűjtemény

Állambiztonsági Szolgálatok Történeti Levéltára:

ÁBTL V 47 431. Cserba Anna besúgó ügye

ÁBTL V 46 506. Holló Sándorné házfelügyelő ügye

ÁBTL V 92 849. Kassai Ferencné ügye

ÁBTL V 88 627. (V 113 027) Hoffmann Lajosné ügye

ÁBTL 3445/59 (V144979) Volay Károly pere

ÁBTL 1.5. II/41. Afj7 353/7. 3. doboz 18. Összefoglaló jelentések az imperialista kémszervezetekről

USC Soá Alapítvány (USC Shoah Foudation) Vizuális Történelmi Archívuma:

2809, 18408, 27212, 7041, 23403, 26942, 28491, 43781, 50176, 50210, 37262, 50208, 48431, 51550, 51554, 50807, 54131, 50731, 54140, 511131, 54409 számú interjúk.

Источники, опубликованные в коллекциях

A bilincs a szabadság legyen. Mészöly Miklós és Polcz Alaine levelezése 1948–1997. Budapest, Jelenkor, 2018.

A magyar katolikusok szenvedései 1944–1989. Havasy Gyula dokumentumgyűjteménye. Budapest, szerzői kiadás, 1990.

Gáspár Ferenc – Halasi László (szerk.): A Budapesti Nemzeti Bizottság jegyzőkönyvei 1945–1946 (Budapest Főváros Levéltára Forráskiadványai VII). Budapest, 1975.

Hubený, David: Spolupráce Policejního ředitelství a Rudé armády na zajištění bezpečnosti ve Velké Praze a potlačení kriminality rudoarmejců [A Rendőrfőkapitányság és a Vörös Hadsereg együttműködése a vöröskatonák bűnözésének visszaszorításáért és Nagy Prága biztonságának megőrzéséért]. Sborník archivu bezpečnostních složek 11 (2013) 159–174.

Jeszenői Danó: Losoncz története. In: Losonczi Phőnix. Történeti és szépirodalmi emlékkönyv. Az 1849-diki háborúban földúlt és elpusztított Losoncz város némi fölsegélésére. Kiadja és szerkeszti Vahot Imre. Pest, 1851, I. k. 19–29.

Karsai Elek – Somlyai Magda (szerk.): Sorsforduló. Iratok Magyarország felszabadulásának történetéhez I. Budapest, Levéltári Igazgatóság, 1970.

Krausz Tamás – Varga Éva Mária (szerk.): Magyar megszálló csapatok a Szovjetunióban. Levéltári dokumentumok (1941–1947). Budapest, L'Harmattan, 2013.

L. Balogh Béni (szerk.): „Törvényes" megszállás. Szovjet csapatok Magyarországon 1944–1947. Budapest, Magyar Nemzeti Levéltár, 2015.

Mink András (szerk.): Tanúságtevők az ENSZ előtt. Budapest, Nagy Imre Alapítvány, 2010.

Mózessy Gergely (szerk.): Inter arma, 1944–1945. Fegyverek közt. Válogatás a második világháború egyházmegyei történetének forrásaiból (Források a Székesfehérvári Egyházmegye történetéből 2). Székesfehérvár, Székesfehérvári Püspöki és Székeskáptalani Levéltár, 2004.

Muhi Csilla – Várady Lajos (szerk.): „A múltat be kell vallani..." Szatmár egyházmegye papjainak visszaemlékezései a második világháború helyi eseményeire és más háborús dokumentumok. Szatmárnémeti, Szatmári Római Katolikus Püspökség, 2006.

Perger Gyula (szerk.): „...félelemmel és aggodalommal..." Plébániák jelentései a háborús károkról a Győri Egyházmegyéből 1945. Győr, Győri Egyházmegyei Levéltár, 2005.

Rigó Róbert (szerk.): Sorsfordító évtizedek Kecskeméten. Kecskemét, Kecskemét Írott Örökségéért Alapítvány és a Neumann János Egyetem Pedagógusképző Kar Hely- és Családtörténeti Kutatóműhely, 2017.

Rosonczy Ildikó (vál.) – Katona Tamás (szerk.): Orosz szemtanúk a magyar szabadságharcról. Budapest, Európa, 1988.

Tomek, Prokop – Pejčoch, Ivo: Černá kniha sovětské okupace: Sovětská armada v Československu a jejî oběti 1968–1991 [A szovjet megszállás fekete könyve: A szovjet hadsereg Csehszlovákiában és áldozatai 1968–1991] Cheb, Svět křídel, 2015.

Varga Szabolcs: A plébániai levéltárak forrásértéke a pécsi egyházmegyében. In: Varga Szabolcs – Vértesi Lázár (szerk.): A magyar egyháztörténet-írás forrásadottságai. Egyháztörténeti kutatások levéltári alapjai különös tekintettel a pécsi egyházmegyére (Seria Historiae Dioecesis Quinqueecclesiensis 2). Pécs, Pécsi Püspöki Hittudományi Főiskola Pécsi Egyháztörténeti Intézet, 2012, 135–161.

Varga Tibor László (szerk.): Folytonos fegyverropogás közepette. Források a veszprémi egyházmegye második világháborús veszteségeiről I. (A veszprémi egyházmegye múltjából 27). Veszprém, Veszprémi Főegyházmegye, 2015.

Vass Henrik (vál.): Dokumentumok Rákositól – Rákosiról. Múltunk 2-3 (1991) 244–288.

Воспоминания

Anonyma: Eine Frau in Berlin. Tagebuchaufzeichnungen vom 20. April bis 22. Juni 1945. Genf-Frankfurt, Verlag Helmut Kossodo, 1959; A Woman in Berlin. New York, Harcourt, Brace, Jovanovich, 1954.

Anonyma: Egy nő Berlinben. Ford. Nádori Lídia. Magvető, Budapest, 2005.

Boldizsár Iván: Don–Buda–Párizs. Budapest, Magvető, 1982.

Đilas, Milovan: Találkozások Sztálinnal. Ford. Radics Viktória. Budapest, Magvető, 1989.

Gabori, George [Gábori György]: Amikor elszabadult a gonosz. Ford. Halász Zoltán. Budapest, Magyar Világ, 1991.

Grősz József kalocsai érsek naplója 1944–1946. Sajtó alá rendezte Török József. Budapest, Szent István Társulat, 1995.

Hay, Julius [Háy Gyula]: Geboren 1900. Erinnerungen. Hamburg, Christian Wegner Verlag,1971.

Horn Gyula: Cölöpök. Budapest, Zenit Könyvek, 1991.

Katin, Miriam: We Are on Our Own. Montréal, Drawn & Quarterly, 2006.

Knef, Hildegard: Der geschenkte Gaul. Frankfurt, Büchergilde Gutenberg 1970.

Köpp, Gabi: Warum war ich bloß ein Mächen? Das Trauma einer Flucht 1945. München, Knaur, 2010.

Kovács Imre: Magyarország megszállása. Budapest, Katalizátor, 1990.

Kuylenstierna-Andrássy Stella: Ég a puszta. Gróf Andrássy Imréné memoárja. Budapest, Corvina, 2015.

Márai Sándor: Föld, föld! … Emlékezések. Budapest, Helikon – Akadémiai Kiadó, 1991.

Nagy Ferenc: Küzdelem a vasfüggöny mögött. Budapest, Európa, 1990.

Noack, Barbara: Ein Stück vom Leben. München–Wien, Langen-Müller, 1984.

Polcz Alaine: Asszony a fronton. Egy fejezet az életemből. Budapest, Szépirodalmi Kiadó, 1991.

Polcz, Alaine: A Wartime Memoire. Budapest, Corvina, 1998. One woman in the war. Budapest, CEU Press, 2002.

Polcz, Alaine: Frau an der Front: Ein Bericht. Suhrkamp, Berlin, 2011.

Radnóti Miklósné Gyarmati Fanni: Napló I–II. 1935–1946. Budapest, Jaffa, 2014.

Rákosi Mátyás: Visszaemlékezések I–II. 1940–1956. Budapest, Napvilág, 1997.

Schöpflin Gyula: Szélkiáltó. Visszaemlékezés. Budapest, Magvető–Pontus, 1991.

Szekfű Gyula: Forradalom után. Budapest, Gondolat, 1983.

Varga, Susan: Heddy and Me. Harmondsworth, Penguin, 1994.

Монографии

Adler, Karen H.: Jews and Gender in Liberation France. Cambridge, Cambridge University Press, 2003.

Alekszijevics, Szvetlana: Nők a tűzvonalban. Ford. Földeák Iván. Budapest, Helikon 2016.

Balogh Margit: A KALOT és a katolikus társadalompolitika 1935–1946. Budapest, MTA Történettudományi Intézet, 1998.

Bandhauer-Schöffmann, Irene – Hornung, Ela (Hrsg.): Wiederaufbau weiblich. Dokumentation der Tagung „Frauen in der österreichischen und deutschen Nachkriegszeit" (Veröffentlichungen des Ludwig-Boltzmann-Institutes für Geschichte der Gesellschaftswissenschaften, Bd. 22). Wien–Salzburg, Geyer Edition, 1992.

Baráth Magdolna: A szovjet tényező. Szovjet tanácsadók Magyarországon. Budapest, Gondolat, 2017.

Baris, Tommaso: Tra due fuochi. Esperienza e memoria della guerra lungo la linea Gustav. Bari, Laterza, 2004.

Barna Ildikó – Pető Andrea: A politikai igazságszolgáltatás a II. világháború utáni Budapesten. Budapest, Gondolat, 2012.

Beard, Mary: Women and Powe: A Manifesto. London, Profile Books, 2017.

Beck, Birgit: Wehrmacht und sexuelle Gewalt. Sexualverbrechen vor deutschen Militärgerichten 1939–1945 (Krieg in der Geschichte, Bd. 18). Paderborn, Ferdinand Schöningh, 2004.

Beevor, Antony: Berlin. The Downfall 1945. London, Viking, 2002.

Bencsik Péter: Hódmezővásárhely politikai élete 1944–1950 között (Emlékpont Könyvek 8). Hódmezővásárhely, Tornyai János Múzeum és Közművelődési Központ, 2018.

Bibó István: Válogatott tanulmányok I–III. Budapest, Magvető, 1986.

Blessing, Benita: The Antifascist Classroom. Denazification in Soviet-occupied Germany 1945–1949. New York, Palgrave MacMillan, 2006.

Bock, Gisela: Zwangssterilization im Nationalsozialismus. Studien zur Rassenpolitik und Frauenpolitik. Opladen, Westdeutscher Verlag, 1986.

Brownmiller, Susan: Against Our Will. Men, Women and Rape. London, Simon&Schuster, 1975.

Caruth, Cathy: Trauma. Explorations in Memory. Baltimore, Johns Hopkins University Press, 1995.

Chang, Iris: The Rape of Nanking: The Forgotten Holocaust of World War II. New York, Basic Books, 1997.

Cornelius, Deborah: Kutyaszorítóban. Ford. Bánki Vera. Budapest, Rubi-con-Ház, 2015.

Csikós Gábor – Kiss Réka – Ö. Kovács József (szerk.): Váltóállítás. Dikta-túrák a vidéki Magyarországon 1945-ben (Magyar vidék a 20. században I). Budapest, MTA BTK, Nemzeti Emlékezet Bizottsága, 2017.

Diamond, Hanna: Women and the Second World War in France, 1939–1948. Choices and Constraints. Harlow, Longman, 1999.

Enloe, Cynthia: Maneuvers: The International Politics of Militarizing Women's Lives. Berkeley, University of California Press, 2000.

Ericsson, Kjersti – Simonsen, Eva (eds.): Children of World War II: The Hidden Enemy Legacy. New York, Berg, 2005.

Fehrenbach, Heide: Race after Hitler: Black Occupation Children in Postwar Germany and America. Princeton, Princeton University Press, 2005.

Fiegl, Verena: Der Krieg gegen die Frauen. Die Zusammenfang zwischen Sexismus und Militarismus. Bielefeld, Tarantel Frauenverlag, 1990.

Forrester, John: The Seductions of Psychoanalysis: Freud, Lacan, and Derrida. Cambridge – New York, Cambridge University Press, 1990.

Fürst, Juliane: Late Stalinist Russia: Society between Reconstruction and Reinvention. New York – London, Routledge, 2006.

Gebhardt, Miriam: Als die Soldaten kamen. Die Vergewaltigung deutscher Frauen am Ende des zweiten Weltkriegs. München, Deutsche Ver-lags-Anstalt, 2015.

Gebhardt, Miriam: Crimes Unspoken: The Rape of German Women at the End of the Second World War. Cambridge, UK – Malden, MA, Polity, 2016.

Gémesi Ferenc (szerk.): A magyar megszállás – vajúdó nemzeti önismeret. Válasz a kritikákra (Posztszovjet füzetek XX). Budapest, ELTE Ruszisztikai Központ, Magyar Ruszisztikai Intézet, Russica Pannoni-cana, 2013.

Gyarmati György (szerk.): Államvédelem a Rákosi-korszakban. Tanulmányok és dokumentumok a politikai rendőrség második világháború utáni tevékenységéről. Budapest, Történeti Hivatal, 2000.

Hagemann, Karen – Schüler-Springorum, Stefanie: Home/Front: The Military, War, and Gender in Twentieth-Century Germany. Oxford, Berg, 2002.

Hedgepeth, Sonja M. – Saidel, Rochelle G. (eds.): Sexual Violence against Jewish Women during the Holocaust. Waltham, MA, Brandeis University Press – Hanover, University Press of New England, 2010.

Horváth Miklós – Györkei Jenő (szerk.): Szovjet katonai intervenció, 1956. Budapest, Argumentum, 1996.

Kay, Rebecca: Men in Contemporary Russia: The Fallen Heroes of Post-Soviet Change. Burlington, Ashgate, 2006.

Kenéz, Péter: Hungary from the Nazis to the Soviets. The Establishment of the Communist Regime in Hungary, 1944–1948. New York, Cambridge University Press, 2006.

Kleinau, Elke – Mochmann, Ingvill C. (Hrsg.): Kinder des Zweiten Weltkrieges. Stigmatisierung, Ausgrenzung, Bewältigungsstrategien. Frankfurt – New York, Campus Verlag, 2016.

Krylova, Anna: Soviet Women in Combat. A History of Violence on the Eastern Front. New York, Cambridge University Press, 2010.

Landsberg, Alison: Prosthetic Memory. The Transformation of American Remembrance in the Age of Mass Culture. New York, Columbia University Press, 2004.

Lilly, Robert J.: Taken by Force. Rape and American GIs in WWII. Basingstoke, Palgrave Macmillan, 2007.

Marwick, Roger D. – Charon Cordona, Euridice: Soviet Women on the Frontline in the Second World War. Basingstoke, Palgrave Macmillan, 2012.

Merridale, Catherine: Ivans' War. Life and Death in the Red Army 1939–45. London, Faber & Faber, 2005.

Mesner, Maria: Frauensache? Zur Auseinandersetzung um den Schwangerschaftsabbruch in Österreich (Veröffentlichungen des Ludwig-Boltzmann-Instituts für Geschichte der Gesellschaftswissenschaften, Bd. 23). Wien, Jugend und Volk, 1994.

Mischkowski, Gabriela: The Trouble with Rape Trials. Views of Witnesses, Persecutors and Judges on Persecuting Sexualised Violence during the War in the former Yugoslavia. Köln, Medica Mondiale, 2009.

Murmanceva, V.: Szovetszkije zsenscsini v Velikoj Otyecsesztvennoj Vojnye. Moszkva, Miszl, 1974.

Naimark, Norman M.: The Russians in Germany. A History of the Soviet Zone of Occupation, 1945–1949. Cambridge, MA, Harvard University Press, 1995.

Neitzel, Sönke – Welzer, Harald: Soldiers: On Fighting, Killing and Dying: The Secret Second World War Tapes of German POWs. London, McClelland & Stewart, 2012.

Nesaule, Agate: A Woman in Amber: Healing the Trauma of War and Exile. London, Penguin 1995.

Papp Barbara – Sipos Balázs: Modern, diplomás nők a Horthy-korban. Budapest, Napvilág, 2017.

Pennington, Reina: Wings, Women and War. Soviet Airwomen in World War Two Combat. Lawrence, University Press of Kansas, 2001.

Pető Andrea: Nőhistóriák. A politizáló magyar nők történetéből (1945–1951). Budapest, Seneca, 1998.

Pető, Andrea (ed.): Gender: War (Macmillan Interdisciplinary Handbooks). Gale, Cangage Learning, 2017.

Randolph-Higonnet, Margaret et al. (ed.): Behind the Lines: Gender and the Two World Wars. New Haven, Yale University Press, 1987.

Ránki György: 1944. március 19. Magyarország német megszállása. Budapest, Kossuth Könyvkiadó, 1978.

Rigó Róbert: Elitváltások évtizede Kecskeméten (1938–1948). Budapest-Pécs, Állambiztonsági Szolgálatok Történeti Levéltára – Kronosz Kiadó, 2014.

Roberts, Mary Louise: What Soldiers Do: Sex and Amercian GI in World War II France. Chicago, University of Chicago Press, 2014.

dr. Rostás Ilona (összeáll.): A szociális titkárok első továbbképzési tanfolyamának tananyaga. Budapest, 1947.

Rutten, Ellen – Fedor, Julie – Zvereva, Vera (eds.): Memory, Conflict and New Media Web Wars in Post-Socialist States. New York – London, Routledge, 2013.

Ryan, Cornelius: The Last Battle. London, Simon & Schuster, 1966.

Sander, Helke – Johr, Barbara: BeFreier und Befreite. Krieg, Vergewaltigung, Kinder. Frankfurt, Fischer Verlag, 2005.

Satjukow, Silke – Gries, Rainer: „Bankerte!" Besatzungskinder in Deutschland nach 1945. Frankfurt, Campus Verlag, 2017.

Seifert, Ruth: Krieg und Vergewaltigung. Ansätze zur Analyse. München, Sozialwissenschaftliches Institut der Bundeswehr, 1993.

Sjoberg, Laura: Women as Wartime Rapists. Beyond Sensation and Stereotyping. New York, New York University Press, 2016.

Skultans, Vieda: The Testimony of Lives: Narrative and Memory in Post-Soviet Latvia. New York – London, Routledge, 1998.

Soh, Chunghee Sarah: The Comfort Women: Sexual Violence and Postcolonial Memory in Korea and Japan (Worlds of Desire: The Chicago Series on Sexuality, Gender, and Culture). Chicago, University of Chicago Press, 2008.

Sontag, Susan: Regarding the Pain of Others. New York, Farrar, Straus and Giroux, 2003.

Stelz-Marx, Barbara: Stalins Soldaten in Österreich. Die Innensicht der sowjetischen Besatzung. Wien–Köln–Weimar, Böhlau Verlag, 2012.

Stelz-Marx, Barbara – Satjukow, Silke (Hrsg.): Besatzungskinder. Die Nachkommen alliierter Soldaten in Österreich und Deutschland. Wien–Köln–Weimar, Böhlau Verlag, 2015.

Szabó Péter – Számvéber Norbert: A keleti hadszíntér és Magyarország, 1943–1945. Debrecen, Puedlo Kiadó, 2003.

Tanaka, Yuki: Hidden Horrors. Japanese War Crimes in World War II. Boulder, CO, Westview Press, 1996.

Ungváry Krisztián: Budapest ostroma. Budapest, Corvina, 1998.

Ungváry Krisztián (szerk.): A második világháború. Budapest, Osiris, 2005.

Ungváry Krisztián: Magyar megszálló csapatok a Szovjetunióban, 1941–1944. Esemény – Elbeszélés – Utóélet. Budapest, Osiris, 2015.

Vandana, Joshi: Gender and Power in the Third Reich. Female Denouncers and the Gestapo (1933–45). Basingstoke, Palgrave Macmillan, 2003.

Virgili, Fabrice: Shorn Women. Gender and Punishment in Liberation France. Oxford, Berg, 2002.

Walzer, Michael: Just and Unjust Wars: A Moral Argument with Historical Illustrations. New York, Basic Books, 1977.

Wieviorka, Annette: The Era of the Witness. Ithaca, NY, Cornell University Press, 2006.

Zaremba, Marcin: Wielka Trwoga Polska 1944–1947 [A nagy lengyel rettegés 1944–1947]. Wydawnictwo Znak, Instytut Studiów Politycznych PAN, 2012.

Статьи в научных журналах и сборниках

Altınay, Ayşe Gül – Pető, Andrea (eds.): Gendering Genocide. Special issue of European Journal of Women's Studies. 22.4 (2015)

Arthur, Paul: Trauma online: Public Exposure of Personal Grief and Suffering. Traumatology 15.4 (2009) 65–75.

Bakiner, Onur: One Truth Among Others? Truth Commissions' Struggle for Truth and Memory. Memory Studies 8.3 (2015) 345–360.

Bandhauer-Schöffmann, Irene – Hornung, Ela: Vom "Dritten Reich" zur Zweiten Republik. Frauen im Wien der Nachkriegszeit. In: Good, David F. – Grandner, Margarete – Maynes, Mary Jo (Hrsg.): Frauen in Österreich. Beiträge zu ihrer Situation im 19. und 20. Jahrhundert. Wien, Böhlau, 1994, 225–246.

Bandhauer-Schöffmann, Irene – Hornung, Ela: Der Topos des Sowjetischen Soldaten. In: Jahrbuch 1995. Dokumentationsarchiv des österreichischen Widerstandes, Wien, 1995, 28–44.

Bánkuti Gábor: A frontátvonulás és a diktatúra kiépülésének egyházi recepciója. In: Csikós Gábor – Kiss Réka – Ö. Kovács József (szerk.): Váltóállítás. Diktatúrák a vidéki Magyarországon 1945-ben (Magyar vidék a 20. században I). Budapest, MTA BTK, Nemzeti Emlékezet Bizottsága, 2017, 411–424.

Bartha Eszter: Emlékezetpolitika vagy történetírás? A magyar megszálló csapatok körül kialakult vita. Eszmélet 27.106 (2015) 100–106

Baumgartner, Marianne: Zwischen Mythos und Realität. Die Nachkriegsvergewaltigungen in sowjetisch besetzten Mostviertel. Unsere Heimat: Zeitschrift für Landeskunde von Niederösterreich 64 (1993) 73–108.

Beck, Birgit: Rape: The Military Trials of Sexual Crimes Committed by Soldiers in the Wehrmacht, 1939–1944. In: Hagemann, Karen – Schüler-Springorum, Stefanie (eds.): Home/Front: The Military, War and Gender in Twentieth Century Germany. Oxford, Berg, 2002, 255–274.

Beck, Ulrich – Grande, Edgar: Beyond Methodological Nationalism. Extra-European and European Varieties of Second Modernity. Soziale Welt 61.3–4 (2010) 329–331.

Beer, Siegfried – Staudinger, Eduard G.: Die „Vienna Mission" der Westalliierten im Juni 1945. Studien zur Wiener Geschichte. In: Ferdinand Oppl (Hrsg.): Jahrbuch des Vereins für Geschichte der Stadt Wien Bd. 50. Wien, Karl Fischer Verlag, 1994, 317–412.

Bischl, Kerstin: Telling Stories: Gender Relationships and Masculinity in the Red Army 1941–1945. In: Röger, Maren – Leiserowitz, Ruth (eds.): Women and Men at War: A Gender Perspective on World War II and its Aftermath in Central Europe. Osnabrück, 2012, 117–134.

Bos, Pascale: Her Flesh is Branded? "For Officers Only": Imagining and Imagined Sexual Violence against Jewish Women during the Holocaust. In: Earl, Hilary – Schleunes, Karl A. (eds.): Lessons and Legacies XI: Expanding Perspectives on the Holocaust in a Changing World. Evanston, Northwest University Press, 2014, 59–85.

Burds, Jeffrey: Sexual Violence in Europe in World War II, 1939–1945. Politics and Society 37.1 (2009) 35–74.

Campbell, Kirsten: Legal Memories: Sexual Assault, Memory, and International Humanitarian Law. Signs 28.1 (2002) 149–178.

Campbell, Kirsten: Rape as a "Crime against Humanity": Trauma, Law and Justice in the ICTY. Journal of Human Rights 2.4 (2003) 507–515

Cerna, Marie: Occupation Friendly Assistance. The Soviet Army, 1968–1991 in the Memory of the Czech People. Czech Journal of Contemporary History 4 (2016) 80–101.

Charon Cordona, Euridice – Markwick, Roger D.: "Our Brigade will not be Sent to the Front": Soviet Women under Arms in the Great Fatherland War, 1941–45. The Russian Review 68.2 (2009) 240–262.

Chinkin, Christina M.: Women's International Tribunal on Japenese Military Sexual Slavery. The American Journal of International Law 95.2 (2001) 335–341.

Cohen, Dara Kay: Female Combatants and the Perpetration of Violence: Wartime Rape in the Sierra Leone Civil War. World Politics 65.3 (2013) 383–415.

Connerton, Paul: Seven Types of Forgetting. Memory Studies 1.1 (2008) 59–71.

Damousi, Joy: Mothers in War, "Responsible Mothering", Children and the Prevention of Violence in 20th century. History And Theory: Studies in the Philosophy of History 56.4 (2017) 119–134.

Debruyne, Emmanuel: "Femmes à Boches". Sexual Encounters Between Occupiers and Occupied (France Belgium 1914–1918). In: Karner, Stefan – Lesiak, Philipp (Hrsg.): Erster Weltkrieg. Globaler Konflikt – lokale Folgen. Neue Perspektiven. Innsbruck–Wien–Bozen, Studien Verlag, 2014, 105–122.

Denéchère, Yves: Des adoptions d'État: les enfants de l'occupation française en Allemagne. Revue d'Histoire Moderne et Contemporaine 57.2 (2010) 159–179.

Denov, Myriam: Children Born of Wartime Rape: The Intergenerational Realities of Sexual Violence and Abuse. Ethics, Medicine and Public Health 11.1 (2015) 61–68.

Di Lellio, Anna: Seeking Justice for Wartime Sexual Violence in Kosovo: Voices and Silence of Women. East European Politics and Societies and Cultures 30. 3 (2016) 621–643.

Dorner, Helga – Jeges, Edit – Pető, Andrea: News of Seeing: Digital Testimonies, Reflective Inquiry, and Video Pedagogy in a Graduate Seminar. In: Pető, Andrea – Thorson, Helga (eds.): The Future of Holocaust Memorialisation. Confronting Racism, Anti-Semitism, and Homophobia Through Memory Work. Budapest, Tom Lantos Institute, 2015, 42–46.

Edwards, Louise: Drawing Sexual Violence in Wartime China: Anti-Japanese Propaganda Cartoons. The Journal of Asian Studies 72.3 (2013) 563–586.

Engel, Barbara A.: The Womanly Face of War: Soviet Women Remember World War II. In: N. A. Dombrowski (ed.): Women and War in The Twentieth Century: Enlisted With or Without Consent. New York, Routledge, 2004, 138–162.

Epp, Marlene: The Memory of Violence: Soviet and East European Mennonite Refugees and Rape in the Second World War. Journal of Women's History 9.1 (1997) 58–87.

Erickson, John: Soviet Women at War. In: Garrard, J. – Garrard, C. (eds.): World War II and the Soviet People. New York, St. Martin's Press, 2002, 50–76.

Fazekas Csaba: A második világháború interpretációja a Magyarországi Református Egyházban. Egyháztörténeti Szemle 17.4 (2016) 95–122.

Feitl István: Az ideiglenesség időszaka: Magyarország 1944–1945-ben. Eszmélet 27.106 (2015) 8–41.

Frosh, Paul: Telling Presences: Witnessing, Mass Media, and the Imagined Lives of Strangers. In: Frosh, Paul – Pinchevski, Amit (eds.): Media Witnessing: Testimony in the Age of Mass Communication. Basingstoke, Palgrave Macmillan, 2009, 49–72.

Gadi, Zerach – Zahava, Solomon: Gender Differences in Posttraumatic Stress Symptoms among Former Prisoners of Wars' Adult Offspring. Anxiety, Stress and Coping 31.1 (2017) 1–11.

Gaufman, Elizaveta: World War II 2.0: Digital Memory of Fascism in Russia in the Aftermath of Euromaidan. Ukraine Journal of Regional Security 10.1 (2015) 17–36.

Gorris, Ellen Anna Philo: Invisible Victims? Where Are Male Victims of Conflict-related Sexual Violence in International Law and Policy? European Journal of Women's Studies 22.4 (2015) 412–427.

Greathouse, Sarah Michal – Saunders, Jessica – Matthews, Miriam – Keller, Kirsten M. – Miller, Laura L.: Characteristics of Male Perpetrators Who Sexually Assault Female Victims. In: A Review of the Literature on Sexual Assault Perpetrator Characteristics and Behaviors. Santa Monica, CA, RAND Corporation, 2015, 7–31.

Grossmann, Atina: A Question of Silence: The Rape of German Women by Occupation Soldiers in West Germany under Construction. In: Moeller, Robert G. (Ed.): Politics, Society and Culture in the Adenauer Era. Ann Arbor, University of Michigan Press, 1997, 33–52.

Grossmann, Atina: The „Big Rape": Sex and Sexual Violence, War, and Occupation in Post-World War II Memory and Imagination. In: Heineman, Elizabeth D. (ed.): Sexual Violence in Conflict Zones: From the Ancient World to the Era of Human Rights. Philadelphia, University of Pennsylvania Press, 2011, 136–151.

Gyáni, Gábor: Memory and Discourse on the 1956 Hungarian Revolution. Europe-Asia Studies 58.8 (2006) 1199–2008.

Gyarmati György: A fegyverszünet nem vet véget a háborús állapotnak. Korunk, 26. 10 (2015) 67–72.

Hájková, Anna: Sexual Barter in Times of Genocide: Negotiating the Sexual Economy of the Theresienstadt Ghetto. Signs: Journal of Women in Culture and Society 38.3 (2013) 503–533.

Hall, Rachel: "It Can Happen to You". Rape Prevention in the Age of Risk Management. Hypatia 19.3 (2004) 1–19.

Havryshko, Marta: Illegitimate Sexual Practices in the OUN Underground and UPA in Western Ukraine in the 1940s and 1950s. The Journal of Power Institutions in Post-Soviet Societies 17 (2016) 1–20.

Hayden, Robert M.: Rape and Rape Avoidance in Ethno-National Conflicts: Sexual Violence in Liminalized States Mass. American Anthropogist 102.1 (2000) 27–41.

Hoerning, Erika M.: The Myth of Female Loyality. The Journal of Psychohistory 16 (1988) 19–45.

Horváth Attila: Egyházi áldozatok. Rubicon 2 (2014) 58.

Johr, Barbara: Die Ereignissen in Zahlen. In: Sander, Helke – Johr, Barbara: BeFreier und Befreite. Krieg, Vergewaltigung, Kinder. Frankfurt, Fischer Verlag, 2005, 46–73.

Karwowska, Bożena: Gwałty a kultura końca wojny [Erőszak és kultúra a háború végén]. In: Majchrowski, Zbigniew – Owczarski, Wojciech (eds.): Wojna i postpamiec. Wydawnictwo Uniwersytetu Gdańskiego, 2011, 163–171.

Katz, Steven T.: Thoughts on the Intersection of Rape and Rassen[s]chande during the Holocaust. Modern Judaism 32.3 (2012) 293–322.

Kell, Liz – Burton, Sheila – Reagan, Linda: Researching Women's Lives or Studying Women's Oppression. Reflections on What Constitutes Feminist Research. In: Maynard, Mary – Purvis, Jane (eds.): Researching Women's Lives from a Feminist Perspective. Taylor and Francis, London, 1994, 27–48.

Kimura, Maki: Narrative as Site of Subject Construction. The "Comfort Women" Debate. Feminist Theory 9.1 (2008) 5–24.

Kirby, Paul: How is Rape a Weapon of War? Feminist International Relations, Modes of Critical Explanation and the Study of Wartime Sexual Violence. European Journal of International Relations 19.4 (2012) 797–821.

Krausz Tamás – Varga Éva Mária: Egy könyvrecenzió – tizenkét csúsztatás. Történelmi Szemle 55.2 (2013) 325–341.

Krausz Tamás: Egy levéltári kurzuskötet a Győzelem 70. évében. Eszmélet 106 (2015) 86–99.

Krylova, Anna: "The Healers of Wounded Souls": The Crisis of Private Life in Soviet Literature, 1944–1946. The Journal of Modern History 73 (2001) 307–331.

L. Balogh Béni: A helyes történészi magatartásról. Válasz Krausz Tamásnak. Rubicon 9 (2015) 10–13.

Laurens, Corran: "La Femme au Turban". Les Femmes tondues. In: Kedward, H. R. – Wood, Nancy (eds.): The Liberation of France. Image and Event. Oxford – Washington DC, Berg, 1995, 155–179.

Liebman, Stuart – Michelson, Annette: After the Fall: Women in the House of the Hangmen. October 72 (1995) 4–14.

Lim, Jie-Hyun: Afterword. Entangled Memories of the Second World War. In: Finney, Patrick (ed.): Remembering the Second World War. London – New York, Routledge, 2018.

Lóránd, Zsófia: Exhibiting Rape, Silencing Women. Alaine Polcz in the House of Terror in Budapest. East Central Europe 42 (2015) 321–342.

Mailander, Elissa: Making Sense of a Rape Photograph: Sexual Violence as Social Performance on the Eastern Front, 1939–1944. Journal of the History of Sexuality. 28.3 (2017) 489–520.

Majstorović, Vojin: The Red Army in Yugoslavia, 1944–1945. Slavic Review 75.2 (2016) 396–421.

Makhortykh, Mykola: Remediating the Past: YouTube and Second World War Memory in Ukraine and Russia. Memory Studies (2017) Sept. 13, 1–16.

Malksoo, Maria: Nesting Orientalism at War. WWII and the Memory War in Eastern Europe. In: Barkawi, Tarak – Stanski, Keith (eds.): Orientalism and War. New York, Columbia University Press, 2013, 177–195.

Marcus, Sharon: Fighting Bodies, Fighting Words: A Theory and Politics of Rape Prevention. In: Butler, Judith – Scott, Joan W. (eds.): Feminist Theorize the Political. New York, Routledge, 1992, 385–403.

Mattl, Siegfried: Frauen in Österreich nach 1945. In: Rudolf G. Ardelt u.a. (Hrsg.): Unterdrückung und Emanzipation. Festschrift für Erika Weinzierl zum 60. Geburtstag. Wien–Salzburg, Geyer Edition, 1985, 101–126.

Mattl, Siegfried: „Aufbau" — eine männliche Chiffre der Nachkriegszeit. In: Bandhauer-Schöffmann, Irene — Hornung, Ela (Hrsg.): Wiederaufbau weiblich. Wien–Salzburg, Geyer Edition, 1992, 15–24.

Merridale, Catherine: Masculinity at War: Did Gender Matter in the Soviet Army? Journal of War and Culture Studies 5.3 (2012) 307–320.

Moore, Alison M.: History, Memory and Trauma in Photography of the Tondues. Visuality of the Vichy Past through the Silent Images of Women. Gender and History 17.3 (2005) 657–681.

Mühlhäuser, Regina: The Historicity of Denial: Sexual Violence against Jewish Women during the War of Annihilation, 1941–1945. In: Altınay, Ayşe Gül – Pető, Andrea (eds.): Gendered Memories, Gendered Wars. Feminist Conversations on War, Genocide and Political Violence. New York – London, Routledge, 2016, 29–55.

Nelson, Keith L.: The "Black Horror on the Rhine": Race as a Factor in post-World War I Diplomacy. The Journal of Modern History 42.4 (1970) 606–627.

Ö. Kovács József: Földindulás. A leplezett kommunista diktatúra társadalmi gyakorlata a vidéki Magyarországon 1945-ben. In: Csikós Gábor – Kiss Réka – Ö. Kovács József (szerk.): Váltóállítás. Diktatúrák a vidéki Magyarországon 1945-ben (Magyar vidék a 20. században I). Budapest, MTA BTK, Nemzeti Emlékezet Bizottsága, 2017, 19–65.

Pankhurst, Donna: Sexual Violence in War. In: Shepherd, Laura (ed.): Gender Matters in Global Politics: A Feminist Introduction to International Relations. London, Routledge, 2009, 148–160.

Pető, Andrea: "As He Saw Her": Gender Politics in Secret Party Reports in Hungary During 1950s. In: Pető, Andrea – Pittaway, Mark (eds.): Women in History – Women's History: Central and Eastern European Perspectives (Working Paper Series 1). Budapest, CEU History Department, 1994, 107–117.

Pető, Andrea: Hungarian Women in Politics. In: Scott, Joan W. – Kaplan, Cora – Keates, Debra (eds.): Transitions, Environments, Translations: The Meanings of Feminism in Contemporary Politics. London – New York, Routledge, 1997, 153–161.

Pető, Andrea: A Missing Piece? How Women in the Communist Nomeclature are not Remembering. East European Politics and Society 16.3 (2003) 948–958.

Pető Andrea: Társadalmi nemek és a nők története. In: Bódy Zsombor – Ö. Kovács József (szerk.): Bevezetés a társadalomtörténetbe. Budapest, Osiris, 2003, 514–532.

Pető Andrea: Abortőrök és „bajba jutott nők" 1952-ben. In: Palasik Mária – Sipos Balázs (szerk): Házastárs? Munkatárs? Vetélytárs? A női szerepek változása a 20. századi Magyarországon. Budapest, Napvilág, 2005, 300–319.

Pető Andrea: „Több mint két bekezdés." A női történeti emlékezés keretei és 1956. Múltunk 4 (2006) 82–91.

Pető, Andrea: Death and the Picture. Representation of War Criminals and Construction of Divided Memory about WWII in Hungary. In: Pető, Andrea – Schrijvers, Klaaertje (eds.): Faces of Death. Visualising History. Pisa, Edizioni Plus – Pisa University Press, 2009, 39–57.

Pető, Andrea: Who is Afraid of the "Ugly Women"? Problems of Writing Biographies of Nazi and Fascist Women in Countries of the Former Soviet Block. Journal of Women's History 21.4 (2009) 147–151.

Pető Andrea: „Mézcsapda"? Az információ megszerzésének neme. In: Horváth Sándor (szerk.): Az ügynök arcai. Budapest, Libri, 2014, 355–376.

Pető Andrea: A holokauszt digitalizált emlékezete Magyarországon a VHA gyűjteményében. In: Randolph L. Braham – Kovács András (szerk.): A holokauszt Magyarországon hetven év múltán. Történelem és emlékezet. Budapest, Múlt és Jövő, 2015, 220–229.

Pető, Andrea: Digitalized Memories of the Holocaust in Hungary in the Visual History Archive. In: Braham, Randolph L. – Kovács, András (eds.): Holocaust in Hungary 70 years after. Budapest, CEU Press, 2016, 253–261.

Pető, Andrea: Hungary's Illiberal Polypore State. European Politics and Society Newsletter 21 (2017) 18–21.

Pető, Andrea: Roots of Illiberal Memory Politics: Remembering Women in the 1956 Hungarian Revolution. Baltic Worlds 10.4 (2017) 42–58.

Pető, Andrea: Revisionist Histories, "Future Memories": Far-right Memorialization Practices in Hungary. European Politics and Society 18.1 (2017) 41–51.

Petrenko, Olga: Anatomy of the Unsaid: Along the Taboo Lines of Female Participation in the Ukrainian Nationalistic Underground. In: Röger, Maren – Leiserowitz, Ruth (eds.): Women and Men at War: A Gender Perspective on World War II and its Aftermath in Central and Eastern Europe. Osnabrück, Fibre, 2012, 241–262.

Pommerin, Reiner: The Fate of Mixed Blood Children in Germany. German Studies Review 5.3 (1982) 315–323.

Porter, Roy: Does Rape Have a Historical Meaning? In: Tomaselli, Sylvana – Porter, Roy (eds.): Rape. Oxford, Blackwell, 1986, 216–236.

Pötzsch, Holger: Rearticulating the Experience in War in Anonyma: Eine Frau in Berlin. Nordlit 30 (2012) 15–32.

Prokop, Tomek: Life with Soviet troops in Czechoslovakia and After their Withdrawal. Folklore (Estonia) 70 (2017) 97–120.

Raphael, Jody: Silencing Report of Sexual Assault. The Controversy over A Women in Berlin. Violence Against Women 12.7 (2006) 693–699.

Reid-Cunningham, Allison Ruby: Rape as a Weapon of Genocide. Genocide Studies and Prevention 3.3 (2008) 279–296.

Ringelheim, Joan: Genocide and Gender: A Split Memory. In: Lentin, Ronit (ed.): Gender and Catastrophe. London, Zed, 1997, 18–33.

Sántha István: A front emlékezete. A Vörös Hadsereg kötelékében tömegesen és fiatalkorúakon elkövetett nemi erőszak kérdése a Dél-Vértesben. In: Csikós Gábor – Kiss Réka – Ö. Kovács József: Váltóállítás. Diktatúrák a vidéki Magyarországon 1945-ben (Magyar vidék a 20. században I). MTA Bölcsészettudományi Kutatóközpont, Nemzeti Emlékezet Bizottsága, Budapest, 2017, 127–165.

Satjukow, Silke: Kinder des Feindes – Kinder der Freunde. Die Nackommen sowjetischer Besatzungssoldaten in Deutschland nach 1945. In: Kleinau, Elke – Mochmann, Ingvill C. (Hrsg.): Kinder des Zweiten Weltkrieges. Stigmatisierung, Ausgrenzung, Bewaltigungsstrategien. Frankfurt, Campus Verlag, 2016, 31–47.

Schaumann, Caroline: "A Different Family Story": German Wartime Suffering in Women's Writing by Wibke Bruhns, Ute Scheub, and Christina von Braun. In: Taberner, Stuart – Berger, Karina Rochester (eds.): Germans as Victims in the Literary Fiction of the Berlin Republic. Rochester, NY, Camden House, 2009, 102–117.

Schott, Robin May: The Atrocity Paradigm and the Concept of Forgiveness. Hypatia 19.4 (2004) 202–209.

Seifert, Ruth: War and Rape: A Preliminary Analysis. In: Stiglmayer, Alexandra (ed.): Mass Rape: The War against Women in Bosnia-Herzegovina. Lincoln, University of Nebraska Press, 1994, 54–72.

Séllei Nóra: A női test mint áldozat. Polcz Alaine: Asszony a fronton. Korall 16. 5 (2015) 108–132.

Shadle, Brett L.: Rape in the Courts of Gusiiland, Kenya, 1940s–1960s. African Studies Review 51.2 (2008) 27–50.

Sinnreich, Helene: "And It Was Something We Didn't Talk About": Rape of Jewish Women During the Holocaust. Holocaust Studies 14.2 (2008) 1–22.

Skjelsbæk, Inger: Sexual Violence and War: Mapping Out a Complex Relationship. European Journal of International Relations 7.2 (2001) 211–237.

Soh, Chunghee Sarah: The Korean "Comfort Women". Movement for Redress. Asian Survey 36.12 (1996) 1226–1240.

Soh, Chunghee Sarah: Human Rights and the "Comfort Women". Peace Review 12.1 (2000) 123–129.

Soós Viktor Attila: Apor Vilmos vértanúsága. Rubicon 2 (2014) 57–59.

Stelz-Marx, Barbara: Soviet Children of Occupation in Austria: The Historical, Political and Social Background and its Consequences. European Review of History 22.2 (2015) 277–291.

Summerfield, Penny: Culture and Composure: Creating Narratives of the Gendered Self in Oral History Interviews. Cultural and Social History 1.1 (2004) 65–93.

Szabó Péter: A magyar királyi honvédség és a tudatos népirtás vádja. Történelmi Szemle 55. 2. (2013) 307–323.

Számvéber Norbert: Egy forráskiadvány margójára. Hadtörténelmi Közlemények 126. 2 (2013) 571–583.

Tai, Eika: Museum Activism against Military Sexual Slavery. Museum Anthropology 39.1 (2016) 35–47.

Teo, Hsu-Ming: The Continuum of Sexual Violence in Occupied Germany, 1945–49. Women's History Review 5.2 (1996) 191–218.

Timm, Annette F.: Sex with a Purpose. Prostitution, Venereal Disease, and Militarized Masculinity in the Third Reich. Journal of the History of Sexuality 11.1–2 (2002) 223–255.

Timm, Annette F.: The Challenges of Including Sexual Violence and Transgressive Love in Historical Writing on World War II and the Holocaust. Journal of the History of Sexuality 26.3 (2017) 351–365.

Touqueta, Heleen – Gorris, Ellen: Out of the Shadows? The Inclusion of Men and Boys in Conceptualisations of Wartime Sexual Violence. Reproductive Health Matters 24 (2016) 36–46.

Tröger, Annemarie: Between Rape and Prostitution: Survival Strategies and Chances of Emancipation for Berlin Women after WWII. In: Friedlander, Judith (ed.): Women in Culture and Politics. Bloomington, Indiana University Press, 1986, 97–117.

Tröger Annemarie: German Women's Memories of World War II. In: Randolph-Higonnet, Margaret et al. (eds.): Behind the Lines: Gender and the Two World Wars. New Haven, Yale University Press, 1987, 285–300.

Voisin, Vanessa: The Soviet Punishment of an All-European Crime, "Horizontal Collaboration". In: Grinchenko, Gelinada – Narvselius, Eleonora (eds.): Traitors, Collaborators and Deserters in Comtemporary European Politic of Memory. Basingstoke, Palgrave Macmillan, 2018, 241–264.

Volkan, Vamik D.: Transgenerational Transmissions and Chosen Traumas: An Aspect of Large-Group Identity. Group Analysis 34.1 (2001) 79–97.

Warring, Anette: War, Cultural Loyality and Gender. In: Ericsson, Kjersti – Simonsen, Eva (eds.): Children of World War II. The Hidden Enemy Legacy. Oxford, Berg, 2005, 35–52.

Warring, Anette: Intimate and Sexual Relations. In: Gildea, Robert – Warring, Anette – Wieviorka, Olivier (eds.): Surviving Hitler and Mussolini. Daily Life in Occupied Europe 1939–1945. Oxford, Berg, 2006, 88–129.

Waxman, Zoe: Unheard Testimony, Untold Stories: The Representation of Women's Holocaust Experiences. Women's History Review 12.4 (2003) 661–677.

Zarkov, Dubravka: War Rapes in Bosnia: On Masculinity, Femininity and Power of the Rape Victim Identity. Tijdschrift voor Criminologie 39.2 (1997) 140–151.

Zvereva, Vera: Historical Events and the Social Network "V Kontakte". East European Memory Studies 7 (2011) 1–6.

Статьи в Интернете

Alison, Miranda – Bergoffen, Debra – Bos, Pascale – Toit, Louise – Mühlhäuser, Regina – Zipfel, Gaby: „My plight is not unique". Sexual violence in conflict zones: a roundtable discussion. Eurozine, http://www.eurozine.com/articles/2009-09-02-zipfel-en.html

Dobos László: Sára Sándor Vád című filmjéről. Filmvilág online, 1997. november. http://filmvilag.hu/xista_frame.php?cikk_id=1701

Dr. Csepregi Imre: Napló 1. 1944–1946. Makó, Makó Város Önkormányzata, 2011. http://www.sulinet.hu/oroksegtar/data/egyhaztortenet/dr_csepregi_imre_naplo_1_1944_1946/index.htm

Fóris Ákos: Menyasszony-szöktetés a hátországba – magyar katonák és nők a keleti fronton. Napi Történelmi Forrás, 2018. január. 24.

http://ntf.hu/index.php/2018/01/24/menyasszony-szoktetes-a-hatorszagba-magyar-katonak-es-nok-a-keleti-fronton/

Fóris Ákos: Zsákmányjog a keleti hadszíntéren. Újkor, 2018. január. 26. http://ujkor.hu/content/zsakmanyjog-keleti-hadszinteren

G. Vass István: Dokumentumok a magyar-szovjet jóvátételi egyezmény létrejöttéhez. Archívnet: XX. századi történeti források. 11. 2 (2011) http://www.archivnet.hu/diplomacia/dokumentumok_a_magyarszovjet_jovateteli_egyezmeny_letrejottehez.html?oldal=1&page=2

Gellért Ádám: Magyar csapatok a „véres övezetben". Betekintő, 1 (2016) 1–23. http://www.betekinto.hu/2016_1_gellert

Hunter, Lynn Joyce: 'Silenced Shame': Hungarian Women Remember Wartime Rapes.

The Washington Post, November 24, 2013. https://www.washing-tonpost.com/blogs/she-the-people/wp/2013/11/24/silenced-shame-hungarian-women-remember-wartime-rapes/?noredi-rect=on&utm_term=.3976ba23b839

Lóránd Zsófia: Megszólaltatott félhangok. Kettős Mérce, 2014. január. 24. http://kettosmerce.blog.hu/2014/01/27/megszolaltatott_fel-hangok

Maier, Charles S.: Hot Memory, Cold Memory. On the Political Half-Life of Fascist and Communist Memory. IWM Newsletter, Transit Online, 22 (2002) http://www.iwm.at/transit/transit-online/hot-memory-cold-memory-on-the-political-half-life-of-fascist-and-communist-memory/

Molnár György: A Vörös Hadsereg Magyarországi Hadjárata 1956-ban. Beszélő online, 2.11 (1997). http://beszelo.c3.hu/cikkek/a-voros-hadsereg-magyarorszagi-hadjarata-1956-ban

Molnár György: Megszállók a homályban. Beszélő online, 1. 9 (1996). http://beszelo.c3.hu/cikkek/megszallok-homalyban

Nőnek lenni a történelem színpadán. Benke Attila interjúja Mészáros Már-tával. Jelenkor online, 2018. március. 3. http://www.jelenkor.net/in-terju/983/nonek-lenni-a-tortenelem-szinpadan

Nyáry Krisztián: A hit vértanúja és szovjet gyilkosa. Index, 2017. szeptem-ber   3.   https://index.hu/tudomany/torten-elem/2017/09/03/a_hit_vertanuja_es_szovjet_gyilkosa/

Pető, Andrea: „Hungary 70": Non-remembering the Holocaust in Hun-gary". Culture and History Digital Journal 3.2 (2014) http://dx.doi.org/10.3989/chdj.2014.016)

Regamey, Amedine: Women at War in the Red Army. Politika, 2017. szeptember 6. https://www.politika.io/en/notice/women-at-war-in-the-red-army

Schechter, Brandon M.: „Girls" and „Women". Love, Sex, Duty and Sexual Harassment in the Ranks of the Red Army 1941–1945. The Journal of Power Institutions of Post-Soviet Societies, 17 (2016). http://jour-nals.openedition.org/pipss/4202

Schwartz, Agatha: Creating a "Vocabulary of Rupture" Following WWII Sexual Violence in Hungarian Women Writers' Narratives. Hungar-ian Cultural Studies 10 (2017). https://ahea.pitt.edu/ojs/in-dex.php/ahea/article/viewFile/281

Schwartz, Agatha: Narrating Wartime Rapes and Trauma in A Woman in Berlin. CLCWeb: Comparative Literature and Culture 17.3 (2015). https://docs.lib.purdue.edu/clcweb/vol17/iss3/11/

Skrabski Fruzsina: Az Elhallgatott gyalázatról vitatkoztunk. Mandiner, 2017. március 3. http://mandiner.hu/cikk/20170303_skrabski_fruzsina_az_elhallgatott_gyalazatrol_vitatkoztunk

Szilágyi Ákos: A vád tanúja. Filmvilág online, 1997. november. http://www.filmvilag.hu/xista_frame.php?cikk_id=1702

Szilágyi Ákos: Tájkép Filmszemle után. Filmvilág online, 1997. április. http://www.filmvilag.hu/xista_frame.php?cikk_id=1450

Vasvári, Louise O.: A töredezett (kulturális) test írása Polcz Alaine Asszony a fronton című művében. Hungarian Cultural Studies 3 (2011). http://ahea.pitt.edu/ojs/index.php/ahea/article/view/20

Статьи автора

Magyar nők és orosz katonák. Elmondani vagy elhallgatni? Magyar Lettre Internationale 32 (1999) 68–71.

Stimmen des Schweigens. Erinnerungen an Vergewaltigungen in den Haupstädten des „ersten Opfers" (Wien) und des „letzten Verbundenten" Hitlers (Budapest). Zeitschrift für Geschichtswissenshaften 47 (1999) 892–914.

Memory Unchanged. Redefinition of Identities in Post WWII Hungary. In: In Andor, Eszter –Pető, Andrea – Tóth, István György (eds.): CEU History Department Yearbook 1997–98. Budapest, CEU, 1999, 135–153.

Women, War and Military in Eastern Europe. Special Issue (Women in the Armed Forces) of MINERVA: Quarterly Report on Women and Military 17. 3–4 (1999) 5–13.

Budapest ostroma 1944–1945-ben – női szemmel. Budapesti Negyed 8. 3–4. (2000) 203–221.

Átvonuló hadsereg, maradandó trauma. Az 1945-ös budapesti nemierőszak-esetek emlékezete. Történelmi Szemle 49. 1–2 (1999) 85–107; illetve Valuch Tibor (szerk.): Magyar társadalomtörténeti olvasókönyv. Budapest, Osiris, 2005, 88–96.

Női emlékezet és ellenállás. In: Markó György (szerk.): Az elsodort város. Emlékkötet a Budapestért folytatott harcok 60. évfordulójára. Budapest, PolgarArt, 2005, 351–379.

Az elmondhatatlan emlékezet. A szovjet katonák által elkövett nemi erőszak Magyarországon. Rubicon 2 (2014) 44–49.

A II. világháborús nemi erőszak történetírása Magyarországon. Mandiner blog, 2015. március 31. http://mandiner.blog.hu/2015/03/31/a_ii_vilaghaborus_nemi_eroszak_tortenetirasa_magyarorszagon

Szovjet katonák és nemi erőszak az orosz internetetes források tükrében. Mandiner, 2015. július 9. http://m.mandiner.hu/cikk/20150708_peto_andrea_szovjet_katonak_es_a_nemi_eroszak_orosz_internetes_forrasok_tukreben

Törvényesített emlékezés. (Barna Ildikóval közösen) In: Bódy Zsombor – Horváth Sándor (szerk.): 1944/1945: társadalom a háborúban. Folytonosság és változás Magyarországon. Budapest, MTA BTK Történettudományi Intézet, 2015, 191–207.

Silence and Denial in Teaching About Rape. In: Rittner, Carol – Roth, John K. (eds.): War and Genocide. Basingstoke, Palgrave Macmillan, 2016, 75–78.

Miten lukea seksuaalisen väkivallan historiankirjoitusta? [Hogyan olvassuk a nemi erőszak történetírását?] In: Karkulehto, Sanna – Rossi, Leena-Maija (eds.): Sukupuoli ja väkivalta – lukemisen etiikkaa ja politiikkaa. Helsinki, The Finnish Literature Society, 2017, 247–259.

Silencing and Unsilencing Sexual Violence in Hungary. In: Kivimäki, Ville – Karonen, Petri (eds.): Continued Violence and Troublesome Pasts – Post War Europe Between Victors after Second World War. Helsinki, The Finnish Literaure Society, 2017, 132–148.

Диссертации

Baumgartner, Marianne: Das Kriegsende und die unmittelbare Nachkriegszeit in lebensgeschichtlichen Erzählungen von Frauen aus dem Mostviertel. Magisterarbeit, Universität Wien, 1992.

Cseh Gergő Bendegúz: Amerikai és brit részvétel az olaszországi, romániai, bulgáriai és magyarországi Szövetséges Ellenőrző Bizottságok tevékenységében (1943–1947). PhD-disszertáció, Budapest, ELTE, 2009.

Flaschka, Monika: Race, Rape and Gender in Nazi Occupied Territories. PhD diss., Kent State University, 2009.

Mesner, Maria: Die Auseinandersetzung um den Schwangerschaftsabbruch in Österreich. Magisterarbeit, Universität Wien, 1993.

Pető Andrea: Láthatatlan elkövetők. MTA doktori disszertáció, Budapest, 2012.

Rossy, Katherine: Forgotten Agents in a Forgotten Zone: German Women under French Occupation in Post-Nazi Germany, 1945–1949. MA thesis, Concordia University, Montreal, 2013.

Tutuskó Ágnes: Az 1914–1915. évi orosz betörések nemzetiségpolitikai vonatkozásai, PhD-disszertáció, PPKE, Budapest, 2016.

Публикации в Интернете на русском языке

Борис Соколов. Закон о военном времени. 25.06.2013. http://grani.ru/opinion/sokolov/m.216084.html

Советский солдат насильник. 14.05.2007. http://tapirr.livejournal.com/672064.html

Весна победы. Забытое преступление Сталина. 15.02.09. http://www.solonin.org/article_vesna-pobedyi-zabyitoe

Берлин 1945 года. Русские солдаты изнасиловали 2 миллиона женщин. 02.03.2009.http://censor.net.ua/forum/460598/berlin_1945_goda_r usskie_soldaty_iznasilovali_2_milliona_jenschin

Могила Неизвестного Насильника - Алексей Широпаев. 03.05.2009. http://shiropaev.livejournal.com/29142.html

Misha Verbitsky: массовые изнасилования людей советскими. 22.12.2014. http://lj.rossia.org/users/tiphareth/1877390.html

Бессрочная Акция «Антипобеда». http://yun.complife.info/miscell/antivict.htm

Йоанна Островска, Мартин Заремба: Чистилище. 04.11.2009. http://yun.complife.info/miscell/kobieca-gehenna.html

Нравы «воинов-освободителей». http://yun.complife.info/miscell/nikulin.htm

Обобщенный банк данных «Мемориал». http://www.obd-memorial.ru/html/default.htm

Донесение о безвозвратных потерях. http://www.obd-memorial.ru/html/info.htm?id=4388906&page=3

Иногда, советский судпроявлял необъяснимый гуманизм... 10.09.2012. http://allin777.livejournal.com/166277.html

Алэн Польц: Женщина и война. Нева 2004/2. http://magazines.russ.ru/neva/2004/2/po9.html

Елена Вольгуст: «Всякий перед всеми за всех и за все виноват...». 04.03.2013. http://ptj.spb.ru/blog/vsyakij-pered-vsemi-zavsex-izavse-vinovat/

Вот такой спектакль... 21.03.2013. http://sefeol.livejournal.com/160320.html

В Германии вышла книга о зверствах советских солдат, написанная жертвой? http://podrobnosti.ua/769633-v-germanii-vyshla-kniga-o-zverstvah-sovetskih-soldatnapisannaja-zhertvoj.html

«Мы вдесятером насиловали немецкую двенадцатилетнюю девочку. Боялись только, чтобы наши медсестры не узнали – стыдно». Из запрещенной книги Алексиевич. 10.05.2015. http://gordonua.com/publications/Aleksievich-80220.html

Леонид Рабичев: «Война все спишет». Знамя 2005/2. http://magazines.russ.ru/znamia/2005/2/ra8.html

«Мемориал» собирает средства на книгу о Катыни. 19.06.2015. http://www.colta.ru/news/7716

Публикации в иностранных СМИ

„Csak néger udvarló jut a Fräulein-nek". Világ, 1947. április. 26.

Elhallgatott gyalázat: Nem merülhet feledésbe! Skrabski Fruzsina bűnről, büntetlenségről, megszálló hatalomról és tabukról. Magyar Nemzet, 2013. szeptember 24. https://mno.hu/grund/nem-merulhet-feledesbe-1185943

"A Taiwanese rights group opens a comfort women museum in Taipei". The Japan Times, 10 December 2016.

https://www.japantimes.co.jp/news/2016/12/10/national/taiwanese-rights-group-opens-comfort-women-museum-taipei/#.WrEziqjwY2w

"New 'comfort women' memorial removed from thoroughfare in Manila under pressure from Japanese Embassy". The Japan Times, 8 April 2018. https://www.japantimes.co.jp/news/2018/04/28/national/politics-diplomacy/new-comfort-women-memorial-removed-thoroughfare-manila-pressure-japanese-embassy/#.WuguboiFM2w

"South Korea to build 'comfort women' museum in Seoul". The Indian Express, 11 May, 2018. http://indianexpress.com/article/world/south-korea-to-build-comfort-women-museum-in-seoul-4744198/

Kelen Károly: „Megint egy magyar alkotás változtatta meg a filmművészetet". Népszabadság, 2015. július 23. http://nol.hu/kultura/ket-asszony-elete-1553225

McCurry, Justin: "Buses in Seoul install 'comfort women' statues to honour former sex slaves". The Guardian, 16 August 2017.

https://www.theguardian.com/cities/2017/aug/16/buses-seoul-comfort-women-statues-korea-japan

Ostrowska, Joanna – Zaremba, Marcin: „Kobieca gehenna" [Női szenvedés]. Polityka, 2009. március 7.

Standeisky Éva: „Dokumentumok a megszállásról." Élet és Irodalom 59. 33. 2015. augusztus 14. https://www.es.hu/cikk/2015-08-14/standeisky-eva/dokumentumok-a-megszallasrol.html

Tren, Mark: "Dresses on washing lines pay tribute to Kosovo survivors of sexual violence". The Guardian, 11 June 2015. https://www.theguardian.com/world/2015/jun/11/kosovo-sexual-violence-survivors-art-dresses

Ungváry Krisztián: „Szovjet jogsértések Magyarországon." Magyar Nemzet 1997. november 29.

Воспоминания в Интернете

Szovjet katona visszaemlékezése a német nők tömeges megerőszakolásáról: Всё тайное становится явным. Русские солдаты массово насиловали мирных немецких женщин, в чём признается ветеран Второй мировой войны. 2013. december 2. https://www.youtube.com/watch?v=dxS2e0RIdGc

Художественные произведения

Alekszijevics, Szvetlana: A háború nem asszonyi dolog. Ford. Kulcsár Valéria. Budapest, Zrínyi, 1988. Új kiadása: Nők a tűzvonalban. Budapest, Helikon, 2016.

Konrád György: A cinkos. Budapest, Európa, 2009.

Kováts Judit: Megtagadva. Budapest, Magvető, 2012.

Kölcsey Ferenc: Dobozi. In: Kölcsey Ferenc: Versek és versfordítások (Kölcsey Ferenc minden munkái). Sajtó alá rendezte Szabó G. Zoltán. Budapest, Universitas, 2001, 89–94.

Rubin Szilárd: Aprószentek. Budapest, Magvető, 2012

Solzhenitsyn, Aleksandr: Prussian Nights: A Poem. Ford. Robert Conquest. New York, Farrar, Straus and Giroux, 1977.

Stachniak, Eva: Necessary Lies. Toronto, Dundurn Press, 2000.

Кино

Krónika – A 2. magyar hadsereg a Donnál, Sára Sándor (1982)

Pergőtűz, Sára Sándor (1982)

A vád, Sára Sándor (1996)

Doni tükör, Erdélyi Péter (2003)

Eine Frau in Berlin, Max Färberböck (2008)

Élet és halál városa [Nanjing! Nanjing! City of Life and Death], Chuan Lu (2009)

A háború virágai [War Flowers], Yimou Zhang (2011)

Róża, Wojciech Smarzowski (2011)

Elhallgatott gyalázat, Skrabski Fruzsina (2013)

A láthatatlan generáció 1–2, Mészáros Márta (2014)

Ártatlanok [Les Innocentes], Anne Fontaine (2016)

Aurora Borealis, Mészáros Márta (2017)

Коллекции фотографий

Fortepan, www.fortepan.hu

Getty Images, gettyimages.com

Központi Szabó Ervin Könyvtár fotógyűjteménye, Budapest

Magyar Fotográfiai Múzeum gyűjteménye, Budapest, fotomuzeum.hu

Magyar Távirati Iroda fotóarchívuma, mti.hu

Retro-fotr fotógyűjtemény, retrofotr.cz

Orosz Állami Film- és Fényképgyűjtemény, Moszkva (РГАКФД)

Каталоги выставок

Crimes of Wehrmacht. Dimensions of War Annihilation 1941–1944. An outline of the exhibition of Hamburg Institute for Social Research. Hamburg, Hamburger Edition HIS, 2004. http://www.verbrechen-der-wehrmacht.de/pdf/vdw_en.pdf

Frauenleben 1945: Kriegsende in Wien. 205. Sonderausstellung des Historischen Museums der Stadt Wien 21.09.–19.11.1995. Wien, Eigenverlag der Museen der Stadt Wien, 1995.

Список иллюстраций

24 страница. Встреча советских солдат. Fortepan – ID 94028.

68 страница. Венгерские женщины позируют с советскими солдатами в г. Сомбатхей.   Фотография Терезии Кнебел, Фотостудия Кнебел, Сомбатхей, Городской музей графства Шавария.

112 страница. Пропагандистский плакат периода Второй мировой войны. Fortepan – ID 71794.

155 страница. Советские пропагандистские плакаты в Будапеште, 1945 год. Fortepan – ID 32049.

179 страница. Советские военные в фотостудии. Будапешт, 1946. Fortepan – ID 126882.

210 страница. Памятная доска жертвам насилия. Чонград, Венгрия. Foto: Délmagyar, Médiaworks, Szeged.

237   страница. Советские солдаты в Кечкемете. Коллекция фотографий музея им. Йожефа Катоны, Кечкемет, 28020.

SOVIET AND POST-SOVIET POLITICS AND SOCIETY
Edited by Dr. Andreas Umland | ISSN 1614-3515

49 *Marlies Bilz* | Tatarstan in der Transformation. Nationaler Diskurs und Politische Praxis 1988-1994 | Mit einem Vorwort von Frank Golczewski | ISBN 978-3-89821-722-4

50 *Марлен Ларюэль (ред.)* | Современные интерпретации русского национализма | ISBN 978-3-89821-795-8

51 *Sonja Schüler* | Die ethnische Dimension der Armut. Roma im postsozialistischen Rumänien | Mit einem Vorwort von Anton Sterbling | ISBN 978-3-89821-776-7

52 *Галина Кожевникова* | Радикальный национализм в России и противодействие ему. Сборник докладов Центра «Сова» за 2004-2007 гг. | С предисловием Александра Верховского | ISBN 978-3-89821-721-7

53 *Галина Кожевникова и Владимир Прибыловский* | Российская власть в биографиях I. Высшие должностные лица РФ в 2004 г. | ISBN 978-3-89821-796-5

54 *Галина Кожевникова и Владимир Прибыловский* | Российская власть в биографиях II. Члены Правительства РФ в 2004 г. | ISBN 978-3-89821-797-2

55 *Галина Кожевникова и Владимир Прибыловский* | Российская власть в биографиях III. Руководители федеральных служб и агентств РФ в 2004 г.| ISBN 978-3-89821-798-9

56 *Ileana Petroniu* | Privatisierung in Transformationsökonomien. Determinanten der Restrukturierungs-Bereitschaft am Beispiel Polens, Rumäniens und der Ukraine | Mit einem Vorwort von Rainer W. Schäfer | ISBN 978-3-89821-790-3

57 *Christian Wipperfürth* | Russland und seine GUS-Nachbarn. Hintergründe, aktuelle Entwicklungen und Konflikte in einer ressourcenreichen Region| ISBN 978-3-89821-801-6

58 *Togzhan Kassenova* | From Antagonism to Partnership. The Uneasy Path of the U.S.-Russian Cooperative Threat Reduction | With a foreword by Christoph Bluth | ISBN 978-3-89821-707-1

59 *Alexander Höllwerth* | Das sakrale eurasische Imperium des Aleksandr Dugin. Eine Diskursanalyse zum postsowjetischen russischen Rechtsextremismus | Mit einem Vorwort von Dirk Uffelmann | ISBN 978-3-89821-813-9

60 *Олег Рябов* | «Россия-Матушка». Национализм, гендер и война в России XX века | С предисловием Елены Гощило | ISBN 978-3-89821-487-2

61 *Ivan Maistrenko* | Borot'bism. A Chapter in the History of the Ukrainian Revolution | With a new Introduction by Chris Ford | Translated by George S. N. Luckyj with the assistance of Ivan L. Rudnytsky | Second, Revised and Expanded Edition ISBN 978-3-8382-1107-7

62 *Maryna Romanets* | Anamorphosic Texts and Reconfigured Visions. Improvised Traditions in Contemporary Ukrainian and Irish Literature | ISBN 978-3-89821-576-3

63 *Paul D'Anieri and Taras Kuzio (Eds.)* | Aspects of the Orange Revolution I. Democratization and Elections in Post-Communist Ukraine | ISBN 978-3-89821-698-2

64 *Bohdan Harasymiw in collaboration with Oleh S. Ilnytzkyj (Eds.)* | Aspects of the Orange Revolution II. Information and Manipulation Strategies in the 2004 Ukrainian Presidential Elections | ISBN 978-3-89821-699-9

65 *Ingmar Bredies, Andreas Umland and Valentin Yakushik (Eds.)* | Aspects of the Orange Revolution III. The Context and Dynamics of the 2004 Ukrainian Presidential Elections | ISBN 978-3-89821-803-0

66 *Ingmar Bredies, Andreas Umland and Valentin Yakushik (Eds.)* | Aspects of the Orange Revolution IV. Foreign Assistance and Civic Action in the 2004 Ukrainian Presidential Elections | ISBN 978-3-89821-808-5

67 *Ingmar Bredies, Andreas Umland and Valentin Yakushik (Eds.)* | Aspects of the Orange Revolution V. Institutional Observation Reports on the 2004 Ukrainian Presidential Elections | ISBN 978-3-89821-809-2

68 *Taras Kuzio (Ed.)* | Aspects of the Orange Revolution VI. Post-Communist Democratic Revolutions in Comparative Perspective | ISBN 978-3-89821-820-7

69 *Tim Bohse* | Autoritarismus statt Selbstverwaltung. Die Transformation der kommunalen Politik in der Stadt Kaliningrad 1990-2005 | Mit einem Geleitwort von Stefan Troebst | ISBN 978-3-89821-782-8

70 *David Rupp* | Die Rußländische Föderation und die russischsprachige Minderheit in Lettland. Eine Fallstudie zur Anwaltspolitik Moskaus gegenüber den russophonen Minderheiten im „Nahen Ausland" von 1991 bis 2002 | Mit einem Vorwort von Helmut Wagner | ISBN 978-3-89821-778-1

71 *Taras Kuzio* | Theoretical and Comparative Perspectives on Nationalism. New Directions in Cross-Cultural and Post-Communist Studies | With a foreword by Paul Robert Magocsi | ISBN 978-3-89821-815-3

72 *Christine Teichmann* | Die Hochschultransformation im heutigen Osteuropa. Kontinuität und Wandel bei der Entwicklung des postkommunistischen Universitätswesens | Mit einem Vorwort von Oskar Anweiler | ISBN 978-3-89821-842-9

121 *Mykhaylo Banakh* | Die Relevanz der Zivilgesellschaft bei den postkommunistischen Transformationsprozessen in mittel- und osteuropäischen Ländern. Das Beispiel der spät- und postsowjetischen Ukraine 1986-2009 | Mit einem Vorwort von Gerhard Simon | ISBN 978-3-8382-0499-4

122 *Michael Moser* | Language Policy and the Discourse on Languages in Ukraine under President Viktor Yanukovych (25 February 2010–28 October 2012) | ISBN 978-3-8382-0497-0 (Paperback edition) | ISBN 978-3-8382-0507-6 (Hardcover edition)

123 *Nicole Krome* | Russischer Netzwerkkapitalismus Restrukturierungsprozesse in der Russischen Föderation am Beispiel des Luftfahrtunternehmens „Aviastar" | Mit einem Vorwort von Petra Stykow | ISBN 978-3-8382-0534-2

124 *David R. Marples* | 'Our Glorious Past'. Lukashenka's Belarus and the Great Patriotic War | ISBN 978-3-8382-0574-8 (Paperback edition) | ISBN 978-3-8382-0675-2 (Hardcover edition)

125 *Ulf Walther* | Russlands „neuer Adel". Die Macht des Geheimdienstes von Gorbatschow bis Putin | Mit einem Vorwort von Hans-Georg Wieck | ISBN 978-3-8382-0584-7

126 *Simon Geissbühler (Hrsg.)* | Kiew – Revolution 3.0. Der Euromaidan 2013/14 und die Zukunftsperspektiven der Ukraine | ISBN 978-3-8382-0581-6 (Paperback edition) | ISBN 978-3-8382-0681-3 (Hardcover edition)

127 *Andrey Makarychev* | Russia and the EU in a Multipolar World. Discourses, Identities, Norms | With a foreword by Klaus Segbers | ISBN 978-3-8382-0629-5

128 *Roland Scharff* | Kasachstan als postsowjetischer Wohlfahrtsstaat. Die Transformation des sozialen Schutzsystems | Mit einem Vorwort von Joachim Ahrens | ISBN 978-3-8382-0622-6

129 *Katja Grupp* | Bild Lücke Deutschland. Kaliningrader Studierende sprechen über Deutschland | Mit einem Vorwort von Martin Schulz | ISBN 978-3-8382-0552-6

130 *Konstantin Sheiko, Stephen Brown* | History as Therapy. Alternative History and Nationalist Imaginings in Russia, 1991-2014 | ISBN 978-3-8382-0665-3

131 *Elisa Kriza* | Alexander Solzhenitsyn: Cold War Icon, Gulag Author, Russian Nationalist? A Study of the Western Reception of his Literary Writings, Historical Interpretations, and Political Ideas | With a foreword by Andrei Rogatchevski | ISBN 978-3-8382-0589-2 (Paperback edition) | ISBN 978-3-8382-0690-5 (Hardcover edition)

132 *Serghei Golunov* | The Elephant in the Room. Corruption and Cheating in Russian Universities | ISBN 978-3-8382-0570-0

133 *Manja Hussner, Rainer Arnold (Hgg.)* | Verfassungsgerichtsbarkeit in Zentralasien I. Sammlung von Verfassungstexten | ISBN 978-3-8382-0595-3

134 *Nikolay Mitrokhin* | Die „Russische Partei". Die Bewegung der russischen Nationalisten in der UdSSR 1953-1985 | Aus dem Russischen übertragen von einem Übersetzerteam unter der Leitung von Larisa Schippel | ISBN 978-3-8382-0024-8

135 *Manja Hussner, Rainer Arnold (Hgg.)* | Verfassungsgerichtsbarkeit in Zentralasien II. Sammlung von Verfassungstexten | ISBN 978-3-8382-0597-7

136 *Manfred Zeller* | Das sowjetische Fieber. Fußballfans im poststalinistischen Vielvölkerreich | Mit einem Vorwort von Nikolaus Katzer | ISBN 978-3-8382-0757-5

137 *Kristin Schreiter* | Stellung und Entwicklungspotential zivilgesellschaftlicher Gruppen in Russland. Menschenrechtsorganisationen im Vergleich | ISBN 978-3-8382-0673-8

138 *David R. Marples, Frederick V. Mills (Eds.)* | Ukraine's Euromaidan. Analyses of a Civil Revolution | ISBN 978-3-8382-0660-8

139 *Bernd Kappenberg* | Setting Signs for Europe. Why Diacritics Matter for European Integration | With a foreword by Peter Schlobinski | ISBN 978-3-8382-0663-9

140 *René Lenz* | Internationalisierung, Kooperation und Transfer. Externe bildungspolitische Akteure in der Russischen Föderation | Mit einem Vorwort von Frank Ettrich | ISBN 978-3-8382-0751-3

141 *Juri Plusnin, Yana Zausaeva, Natalia Zhidkevich, Artemy Pozanenko* | Wandering Workers. Mores, Behavior, Way of Life, and Political Status of Domestic Russian Labor Migrants | Translated by Julia Kazantseva | ISBN 978-3-8382-0653-0

142 *David J. Smith (Eds.)* | Latvia – A Work in Progress? 100 Years of State- and Nation-Building | ISBN 978-3-8382-0648-6

143 *Инна Чувычкина (ред.)* | Экспортные нефте- и газопроводы на постсоветском пространстве. Анализ трубопроводной политики в свете теории международных отношений | ISBN 978-3-8382-0822-0

168 *Anna Sanina* | Patriotic Education in Contemporary Russia. Sociological Studies in the Making of the Post-Soviet Citizen | With a foreword by Anna Oldfield | ISBN 978-3-8382-0993-7

169 *Rudolf Wolters* | Spezialist in Sibirien Faksimile der 1933 erschienenen ersten Ausgabe | Mit einem Vorwort von Dmitrij Chmelnizki | ISBN 978-3-8382-0515-1

170 *Michal Vít, Magdalena M. Baran (Eds.)* | Transregional versus National Perspectives on Contemporary Central European History. Studies on the Building of Nation-States and Their Cooperation in the 20th and 21st Century | With a foreword by Petr Vágner | ISBN 978-3-8382-1015-5

171 *Philip Gamaghelyan* | Conflict Resolution Beyond the International Relations Paradigm. Evolving Designs as a Transformative Practice in Nagorno-Karabakh and Syria | With a foreword by Susan Allen | ISBN 978-3-8382-1057-5

172 *Maria Shagina* | Joining a Prestigious Club. Cooperation with Europarties and Its Impact on Party Development in Georgia, Moldova, and Ukraine 2004–2015 | With a foreword by Kataryna Wolczuk | ISBN 978-3-8382-1084-1

173 *Alexandra Cotofana, James M. Nyce (Eds.)* | Religion and Magic in Socialist and Post-Socialist Contexts II. Baltic, Eastern European, and Post-USSR Case Studies | With a foreword by Anita Stasulane | ISBN 978-3-8382-0990-6

174 *Barbara Kunz* | Kind Words, Cruise Missiles, and Everything in Between. The Use of Power Resources in U.S. Policies towards Poland, Ukraine, and Belarus 1989–2008 | With a foreword by William Hill | ISBN 978-3-8382-1065-0

175 *Eduard Klein* | Bildungskorruption in Russland und der Ukraine. Eine komparative Analyse der Performanz staatlicher Antikorruptionsmaßnahmen im Hochschulsektor am Beispiel universitärer Aufnahmeprüfungen | Mit einem Vorwort von Heiko Pleines | ISBN 978-3-8382-0995-1

176 *Markus Soldner* | Politischer Kapitalismus im postsowjetischen Russland. Die politische, wirtschaftliche und mediale Transformation in den 1990er Jahren | Mit einem Vorwort von Wolfgang Ismayr | ISBN 978-3-8382-1222-7

177 *Anton Oleinik* | Building Ukraine from Within. A Sociological, Institutional, and Economic Analysis of a Nation-State in the Making | ISBN 978-3-8382-1150-3

178 *Peter Rollberg, Marlene Laruelle (Eds.)* | Mass Media in the Post-Soviet World. Market Forces, State Actors, and Political Manipulation in the Informational Environment after Communism | ISBN 978-3-8382-1116-9

179 *Mikhail Minakov* | Development and Dystopia. Studies in Post-Soviet Ukraine and Eastern Europe | With a foreword by Alexander Etkind | ISBN 978-3-8382-1112-1

180 *Aijan Sharshenova* | The European Union's Democracy Promotion in Central Asia. A Study of Political Interests, Influence, and Development in Kazakhstan and Kyrgyzstan in 2007–2013 | With a foreword by Gordon Crawford | ISBN 978-3-8382-1151-0

181 *Andrey Makarychev, Alexandra Yatsyk (Eds.)* | Boris Nemtsov and Russian Politics. Power and Resistance | With a foreword by Zhanna Nemtsova | ISBN 978-3-8382-1122-0

182 *Sophie Falsini* | The Euromaidan's Effect on Civil Society. Why and How Ukrainian Social Capital Increased after the Revolution of Dignity | With a foreword by Susann Worschech | ISBN 978-3-8382-1131-2

183 *Valentyna Romanova, Andreas Umland (Eds.)* | Ukraine's Decentralization. Challenges and Implications of the Local Governance Reform after the Euromaidan Revolution | ISBN 978-3-8382-1162-6

184 *Leonid Luks* | A Fateful Triangle. Essays on Contemporary Russian, German and Polish History | ISBN 978-3-8382-1143-5

185 *John B. Dunlop* | The February 2015 Assassination of Boris Nemtsov and the Flawed Trial of his Alleged Killers. An Exploration of Russia's "Crime of the 21st Century" | ISBN 978-3-8382-1188-6

186 *Vasile Rotaru* | Russia, the EU, and the Eastern Partnership. Building Bridges or Digging Trenches? | ISBN 978-3-8382-1134-3

187 *Marina Lebedeva* | Russian Studies of International Relations. From the Soviet Past to the Post-Cold-War Present | With a foreword by Andrei P. Tsygankov | ISBN 978-3-8382-0851-0

188 *Tomasz Stępniewski, George Soroka (Eds.)* | Ukraine after Maidan. Revisiting Domestic and Regional Security | ISBN 978-3-8382-1075-9

189 *Petar Cholakov* | Ethnic Entrepreneurs Unmasked. Political Institutions and Ethnic Conflicts in Contemporary Bulgaria | ISBN 978-3-8382-1189-3

190 *A. Salem, G. Hazeldine, D. Morgan (Eds.)* | Higher Education in Post-Communist States. Comparative and Sociological Perspectives | ISBN 978-3-8382-1183-1

191 *Igor Torbakov* | After Empire. Nationalist Imagination and Symbolic Politics in Russia and Eurasia in the Twentieth and Twenty-First Century | With a foreword by Serhii Plokhy | ISBN 978-3-8382-1217-3